- 本书为国家社科基金项目"汉英全称量化结构的语义解释模型建构研究"（项目编号：21BYY054）的阶段性成果
- 扬州大学出版基金资助

"都"的句法、语义与语用界面研究

周永 / 著

苏州大学出版社
Soochow University Press

图书在版编目(CIP)数据

"都"的句法、语义与语用界面研究/周永著. —
苏州:苏州大学出版社,2021.12
ISBN 978-7-5672-3838-1

Ⅰ. ①都… Ⅱ. ①周… Ⅲ. ①现代汉语-句法-研究
Ⅳ. ①H146.3

中国版本图书馆 CIP 数据核字(2021)第 267457 号

"Dou" de Jufa、Yuyi yu Yuyong Jiemian Yanjiu

书　　名:	"都"的句法、语义与语用界面研究
著　　者:	周　永
责任编辑:	杨　华
装帧设计:	刘　俊
出版发行:	苏州大学出版社(Soochow University Press)
社　　址:	苏州市十梓街1号　邮编:215006
印　　装:	广东虎彩云印刷有限公司
网　　址:	www.sudapress.com
邮　　箱:	sdcbs@suda.edu.cn
邮购热线:	0512-67480030
销售热线:	0512-67481020
开　　本:	700 mm × 1 000 mm　1/16　印张:15.75　字数:291千
版　　次:	2021年12月第1版
印　　次:	2021年12月第1次印刷
书　　号:	ISBN 978-7-5672-3838-1
定　　价:	68.00元

凡购本社图书发现印装错误,请与本社联系调换。服务热线:0512-67481020

序

XU

众所周知,语言是一个纷繁复杂的现象。但无论多么复杂,语言的产出和理解始终是一个编码和解码的过程,而编码和解码又自然离不开结构、语义和语用之间的交互作用。周永博士的这本专著即在此宏观视角下写就的。该书是在其博士论文和研究论文的基础上完成的,可谓作者近几年来对貌似非常棘手的一个语言学课题——"都"字句研究的结晶。

从历时演变的视角看,现代汉语里的副词"都"曾作为动词使用,意为"汇聚""聚集"等,后来褪去动词的外衣而换上副词的装束,从句法位置上看符合词语演变的逻辑。所谓"聚集",是把离散的个体拢到一起,结果自然会产生一个域或范围或集合。因此,传统语法学家们(王力 1954;吕叔湘 1980;朱德熙 1982;等)一致地将"都"定性为范围副词。我们拿语言事实来检验的话,范围副词之说是完全正确的。例如,"我们班 5%/10%/20%/30%/40%/50%/60%/70%/80%/90%/99%/所有/同学都考试作弊过","都"之作用范围随量化短语(quantified/quantificational phrase)的不同而不同;如若像众多文献里那样把"都"视作与英语的 all 一样的全称量词,上面这些话语的结构就成了明显不合文法的"a few/several/half/many/most (of)/all/my classmates … all …"或"all a few/several/half/many/most (of)/all/my classmates …"。这里顺便提一下多年前我和林若望教授的对话。他说,谁能把"都"说清楚了,谁绝对是语言学大家。我说,那绝对是传统语法学大家。原因很简单,总的来讲,后辈们长于对语言学理论的把玩,前辈们则善于对语言事实的把握。语言学研究中,对相关事实全面准确的把握永远是第一位的。

自 20 世纪 80 年代以来,随着语言学理论研究的迅猛发展,对副词"都"的分析也在不断翻新。据不完全统计,海内外博士论文约有三十篇(研究时量总和竟达百年!),期刊论文有两百余篇。已有研究往往将"都"界定为算子类成分,具有所谓的全称、分配、加合、最大化或级差功能等,有些甚至将其视作汉语全称量词的代表。但通过对相关事实的详尽考察,周永博士发现已有研究多存在"只见树木,不见森林"之弊端。具体来讲,尽管形式理论研究承认汉语里只有一个"都",但对其范围属性的上述语言事实只字不提,其量化分析是否适用于所谓的"都$_2$"("甚至"义)和"都$_3$"("已经"义)也只字不提,其结果对这个四不像的副词只会得出五花八门的分析。

该书采用句法、语义与语用互动的视角,尽力揭开"都"的神秘面纱,进一步厘清其本质属性,可谓走出了"都"的量化迷途。在全面审视"都"的句法、语义与语用特征研究基础上,本书结合种种语言事实对其意义与功能重新进行定义,指出:(1)描写语法中所谓的"都$_1$"(总括)、"都$_2$"(甚至)和"都$_3$"(已经),只是根据"都"使用的句法环境给出的近义词,如果脱离语境,"都"并没有具体明确的意义。(2)它在句法属性上是传统语法学家定性的范围副词,其语义表达功能为程度加强,故可以称为强化词(intensifier),此即所谓"都$_1$""都$_2$""都$_3$"共享的义素,DEGREE = DOU1 ∩ DOU2 ∩ DOU3。(3)从语义演化的视角来看,"都"是从"汇聚"这个较为具体的初始义,虚化为表"程度加强"这个较为模糊的引申义;"都"能与所谓的近义词共现且能够互换位置的事实,体现了其表程度加强的功能(如"山民们甚至都/都甚至没去过北京""孩子们都已经/已经都睡着了")。(4)"都"的使用能够增强句子的语力,同时又能够触发某个关涉域:其作用范围可为显性,即可由所在的形态句法结构得以确定;其作用范围也可为隐性,即存在于语用层面,常需要听者基于世界知识进行语用推理。

人无完人,书亦无完书。该书自然也有一些不足,如研究范围应该有所扩充,技术部分也应该对读者更友好些。欣喜的是周永博士已经行动起来,其申报的国家社科基金项目——"汉英全称量化结构的语义解释模型建构"已经立项,这无疑会进一步拓展本书的研究。希望作者能深耕汉语量化研究,并不断取得优秀的成果。

是为序。

吴义诚

2021年11月

目 录
MULU

1 绪论 ·· 1
  1.1 研究背景 ·· 1
  1.2 研究目标与内容 ·· 2
      1.2.1 研究目标 ·· 2
      1.2.2 研究内容 ·· 3
  1.3 研究框架与方法 ·· 3
      1.3.1 研究框架 ·· 3
      1.3.2 研究方法 ·· 4
  1.4 结构 ·· 5

2 "都"的意义与功能研究综述 ··· 7
  2.1 "都"的意义研究回顾 ··· 7
      2.1.1 "都"的"三分说" ··· 8
      2.1.2 "都"的"两分说" ··· 9
      2.1.3 "都"的"一元论" ·· 11
  2.2 "都"的句法和语义功能研究 ···································· 13
      2.2.1 "都"的句法功能研究 ······································ 13
      2.2.2 "都"的语义功能研究 ······································ 20
  2.3 本章小结 ·· 42

3 动态句法学理论 ································· 44

3.1 动态句法学理论缘起 ································· 45
3.2 动态句法学模型与工具 ································· 47
3.2.1 树逻辑 ································· 48
3.2.2 树节点修饰 ································· 49
3.2.3 需求与树的生长 ································· 50
3.3 动态句法学解析的动态性与运作机制 ································· 52
3.3.1 计算规则 ································· 52
3.3.2 词项行为 ································· 60
3.3.3 语用行为 ································· 63
3.3.4 动态句法学实例分析 ································· 65
3.4 动态句法学理论的新发展：事件节点的引入 ································· 72
3.4.1 语义学中的事件论元及其发展 ································· 73
3.4.2 动态句法学中事件节点的引入 ································· 74
3.4.3 动态句法学事件节点的解释力 ································· 76
3.5 本章小结 ································· 85

4 "都"的意义与功能：初步分析 ································· 87

4.1 "都"的程度加强功能及其语义源流 ································· 87
4.1.1 程度加强功能与程度加强词简介 ································· 89
4.1.2 "都"的程度加强功能："都"的浮现 ································· 91
4.1.3 "都"的程度加强功能的源流 ································· 93
4.2 "都"的关涉域分析：显域与隐域 ································· 95
4.2.1 "都"的显域 ································· 96
4.2.2 "都"的隐域 ································· 97
4.3 "都"的事件关联性分析 ································· 99
4.3.1 "都"的关联对象：个体或事件？ ································· 99
4.3.2 "都"的事件关联性："都"的易位分析 ································· 101

4.4 本章小结 …… 104

5 现代汉语动态句法模型及"都"动态解析模型的构建 …… 106

 5.1 现代汉语动态解析模型 …… 106
  5.1.1 现代汉语计算规则 …… 110
  5.1.2 现代汉语词项行为 …… 112
  5.1.3 现代汉语语用行为 …… 120
 5.2 "都"的动态解析模型 …… 122
  5.2.1 动态句法学的域评估与"都"的域说明 …… 122
  5.2.2 "都"的动态句法解析模型 …… 125
 5.3 本章小结 …… 131

6 "都"显性强化的动态解析 …… 133

 6.1 "都"显性强化在现代汉语中的分布 …… 133
 6.2 "都"强制出现结构的动态解析 …… 135
  6.2.1 "全量表达+都"结构的解析 …… 135
  6.2.2 "疑问词+都"结构的解析 …… 142
 6.3 "都"非强制出现结构的动态解析 …… 152
  6.3.1 "单数名词+都"结构的解析 …… 152
  6.3.2 "都+疑问代词"结构的解析 …… 162
 6.4 本章小结 …… 168

7 "都"隐性强化的动态解析 …… 169

 7.1 "都"隐性强化在现代汉语中的分布 …… 169
 7.2 "都"左向强化结构的动态解析 …… 173
  7.2.1 "焦点+都"结构的解析 …… 173
  7.2.2 "都"字句中重动结构的解析 …… 186
 7.3 "都"右向强化结构的动态解析 …… 194
  7.3.1 "都+名词"结构的解析 …… 194

7.3.2 "都+数量短语"结构的解析 …………………… 199

7.4 本章小结 …………………………………………… 204

8 "都"易位结构的动态解析 …………………………… 205

8.1 "都"易位结构的移位与原位分析 ………………… 205

    8.1.1 "都"易位的移位分析 ……………………… 205

    8.1.2 "都"易位的原位分析 ……………………… 209

8.2 "都"易位结构的动态解析 ………………………… 212

    8.2.1 "单都"易位结构的动态解析 ……………… 212

    8.2.2 "双都"易位结构的动态解析 ……………… 219

8.3 本章小结 …………………………………………… 225

9 结语 …………………………………………………… 226

9.1 本研究的要点 ……………………………………… 226

9.2 本研究的创新与不足 ……………………………… 227

参考文献 ……………………………………………… 229

1 绪 论

1.1 研究背景

副词"都"一直以来都是汉语语言学研究的热点,以"都"作为关键词在中国知网的搜索结果显示共有191篇相关论文,这还不包括国外发表的论文。[1] 近几年来,《中国语文》又相继刊发了"都"的系列专题研究论文(相关研究包括:蒋静忠、潘海华2013;黄瓒辉2013;徐烈炯2014;沈家煊2015;熊仲儒2016;李强、袁毓林2018;冯予力、潘海华2018;等),将其研究推向一个新的高潮。总之,"都"俨然已成为汉语言研究的"万人迷"。

已有研究主要聚焦于"都"的意义与功能,即"都"究竟有什么意义?它的意义是由什么样的功能所决定的?在描写语法体系中,"都"被分析为范围副词(黎锦熙1924;王力1954;朱德熙1982;等)。吕叔湘等(1980)根据其使用的句法环境进一步将其细分为三个义项:"都$_1$"(表"总括")、"都$_2$"(表"甚至")和"都$_3$"(表"已经"),如下面三个例句(转自《现代汉语八百词》,以下简称《八百词》):

(1) a. 不论大小工作,我们都要把它做好。(都$_1$)
    b. 真抱歉,我都忘了你的名字。(都$_2$)
    c. 饭都凉了,快吃吧。(都$_3$)

例(1)的三个例句基本归纳出了"都"在具体句法环境下的意义。随着形式语义学的成果在20世纪80年代的引入,"都"的功能研究又进一步得到了挖掘。一些学者发现,在某些情况下"都"好像兼有量化词的功能。如下面两例

---

[1] 搜索截止日期为2018年12月20日。另根据黄瓒辉(2004)所做的统计,截至2004年,国外发表的相关论文有20篇左右。新近发表的国外博士论文主要包括Cao(2013)、Liao(2011)、Tsai(2015)、Xiang(2016a)、Liu(2016)等。

[例(2a)转自 Li 1986 例 20d,例(3a)转自 Lin 1996 例 1]:

(2) a. 所有的学生都会开车。
    b. ?所有的学生会开车。
(3) a. 他们都买了一部车子。
    b. 他们买了一部车子。

例(2a)中的"都"必须与"所有"共现,它似乎与英文中的"all"相似,具有全称量化的功能,其意为:学生们无一例外地会开车。例(3a)则与英文中的"every"相似,所传达的意思为:他们每个人都买了一部车子,而例(3b)则不具有这样的分配性(distributivity)功能。随着形式语义学研究方法的应用,令人捉摸不透的"都"一度曾让学界"柳暗花明"(徐烈炯 2014),相关研究分别从全称量化词(universal quantifier)、加合算子(sum operator)、分配性算子(distributive operator)及最大化算子(maximal operator)等角度深化了"都"的研究。那么,"都"是否具有统一的功能?究竟是什么样的功能决定了"都"的意义?这依然是一桩悬案,不断地吸引着更多的学者投入"都"的研究。

综观现有的研究,仅靠描写无法穷尽"都"的意义。传统的描写语法研究也仅仅归纳了"都"的惯常用法,在不同的句法环境下,"都"的其他意义还会不断地涌现出来。而"都"的形式语义学研究所关照的也只是其部分功能,并没有抓住"都"的本质属性。换言之,已有研究往往从句法、语义或语用等某个单一层面入手来解析"都",缺少基于三者互动关系的有机统一解释。

1.2 研究目标与内容

1.2.1 研究目标

本研究立足现有的汉语语料库,通过分析真实的汉语语料来揭示"都"的意义与功能,并从历时的角度分析"都"的语义演变过程。在此基础之上,本书以动态句法学(dynamic syntax,简称 DS)为理论框架,采用从左至右递增式的解析方法刻画典型的"都"字句,即从线性的动态视角对真实话语环境下汉语"都"字句的解析过程做出刻画,以期能够厘清学界对"都"的认识,进一步拓展动态句法学理论在汉语中的应用研究,从而为语言的句法、语义及语用的界面研究及汉语的形式化实践提供有益的借鉴。

1.2.2 研究内容

本书的研究对象是汉语中的"都"字句。通过分析"都"的句法、语义与语用研究现状,本书指出,"都"并非真正的全称量词,也并非是什么分配性算子、加合算子或最大化算子:它与量幅有一定关系,但主要功能不是为了量化、分配、加合或最大化。"都"的种种语言事实表明,"都"是由表"汇聚"等较为具体的初始义,虚化为表"程度"这个较为模糊的引申义,即当汇聚达到一定的范围,它就具有程度加强功能。因此,"都"本质上是一个程度加强副词(intensifier),它的使用同时能够触发某个关涉域。其作用范围可为显性,即可由所在的形态句法结构得以确定;其作用范围也可为隐性,即存在于语用层面,常需要听者基于世界知识进行语用推理。

总的来说,"都"的使用涉及句法、语义和语用三个层面的互动,只有将三个层面结合在一起才能合理阐释所有的"都"字句。而动态句法学理论正是秉承动态的观点,力求将已有的音系学、句法学、语义学和语用学知识纳入统一的理论分析框架之中,它可以在形式化刻画句子解析过程的同时,把语境因素纳入语法模型中,这也使得"都"的动态解析成为可能。具体来说,程度加强词"都"的出现能够触发一个由事件构成的域,即在"都"字句投射的命题结构中可以引入一个事件节点,通过域评估(scope evaluation)的解析方式,"都"可以从其所在的句法结构或语用环境中选取其所加强的域。"都"字句的动态解析体现了前文所陈述的主题思想:"都"的程度加强功能决定了强化域的存在,其显域和隐域的动态解析与刻画则依赖于句法、语义和语用之间的互动关系。

本研究的分析有助于廓清学界对"都"本质属性的理解,走出所谓"都"的量化迷途(沈家煊 2015);同时对于"都"的实验和语言习得研究具有理论指导作用,也可以为汉语语言教学尤其是对外汉语教学提供有益的借鉴。

1.3 研究框架与方法

1.3.1 研究框架

一直以来,形式语言学理论立足于合乎语法句子的描写,而不涉及语言行为的动态性,这就是所谓的句法自治(autonomy of syntax)。而功能语言学的学者在研究中发现,语言的使用往往是混乱无序的,根本无法给出严密的系统化描写,并就此衍生出诸多的语用学理论。那么,语言的形式化与语言使用的动态性会不会一直都是不可调和的呢？21世纪之初，英国语言学家Ruth Kempson等人创立了动态句法学(Kempson et al. 2001;Cann et al. 2005)。该理论认为"语言能力"就是人们处理语言时运用语言知识的能力，即从语音单位中提取语义信息的能力，并强调句法、语义和语用之间的互动关系在自然语言表达和理解中的重要作用，从而将语言的形式化与语言使用的动态性有机地结合起来。动态句法学由此认为，语言的理解是一个实时加工的过程，语言形式化的基础是信息的标示不足(underspecification)与持续更新，即语句的构建都是由语义驱动的，是语义表征的动态构建过程。换言之，动态句法学的输出并不是表征某种层次结构或句子类型的字符串，该线性呈现的字符串只具有泛化的语音、形态和词汇边界特征，其本质上是具有语义表征的逻辑式，一个完整句子所表达的就是一个命题，这才是自然语言分析的核心。

作为基于解析的形式句法(parsing-based grammar formalism)理论，动态句法学认为语言的理解就是依据语境并按照线性序列逐步构建逻辑式的动态过程。自然语言的表达与理解具有心理现实性与高度渐进性的特征，动态句法学由此采用由左至右的递增式解析方法，以扩展树结构的方式来构建语句命题逻辑式。值得注意的是，动态句法学中的树结构所表征的是词语的语义信息，是词汇化的语法，整个解析过程以命题意义为导向，此时，语句的结构特征也不是静态的，而是在一个结构向另一结构动态转换中得到解释，此即句法的动态性。动态句法学与生成语法的最简方案具有相似之处，它们都强调自然语言表征的最简性，即只有一个逻辑式表征层面。但与最简方案不同的是，动态句法学中的逻辑式是对语义内容的表征，所反映的是语句的函项与论元结构。总而言之，动态句法学力求将不同的语言知识纳入统一的理论分析框架之中，利用词汇信息和语境信息构建语句的命题意义，而语句的结构特征也可以随之在动态解析过程中得到解释。换言之，动态句法学理论框架较好地完成了句法、语义与语用的一体化工作。而汉语"都"的研究所缺少的正是基于句法、语义与语用互动关系的统一解释。由此可见，动态句法学理论框架与"都"的研究导向高度契合，并为"都"字句的进一步形式化解析提供了理论支撑。

1.3.2 研究方法

本书主要采用定性和定量相结合、理论和实证相结合、历时与共时相结合的研究方法，在兼顾语言共性与个性的基础上，对汉语中"都"字句给出统一的解释。在理论语言学研究中，描写充分性是实现解释充分性的前提。本书在充分描写的基础上对汉语"都"的使用情况进行定量分析，通过与英语副词

"even"等成分的跨语言对比,对"都"的主要功能进行定性分析,即"都"的主要功能是程度加强,它的存在会带来丰富的语义与语用信息,并在动态句法学理论框架下统一解释所有的"都"字句。

本书还依托于动态句法学理论,在充分考察汉语语言事实的基础上,进一步修正完善该理论,进而采用动态句法学理论的最新进展,即事件节点的引入,建立起汉语"都"的动态句法解析模型,并对"都"字句中的显域与隐域进行形式刻画。此外,为了凸显理论解释的说服力,本书所使用的汉语语料主要来自以下三大语料库:北京大学中国语言学研究中心语料库、北京语言大学汉语语料库和中国传媒大学有声媒体文本语料库。北京大学中国语言学研究中心语料库涵盖了约7亿字规模的现代汉语与古代汉语语料,时间跨度为公元前11世纪至当代(网址为:http://ccl.pku.edu.cn:8080/ccl_corpus)。北京语言大学汉语语料库总字数约150亿字,包括报刊、文学、微博、科技、综合和古汉语等多领域语料,是全面反映当今社会语言生活的大规模语料库(网址为:http://bcc.blcu.edu.cn/)。中国传媒大学有声媒体文本语料库的总汉字数为2亿多字次,包括了2008年至2013年六年间的3万多个广播和电视节目的转写文本(网址为:http://ling.cuc.edu.cn/RawPub/)。这三个语料库涵盖了主要的文体形式,较好地代表了现代汉语的使用风格,既包含正式文体,也包含非正式文体。除此之外,为了更好地展现"都"字用法的新发展,本书还采用了少量的内省语料与微博语料(选自新浪微博,网址为:http://weibo.com)。

本研究在分析中还注意共时与历时相结合。通过考察"都"语义的历时演变指出,"都"由"汇聚"这个比较具体的初始义素,虚化为表可高可低的"程度"这个较为模糊的引申义。正是基于"都"的语义历时演变的描写,我们才可以在共时层面对其进行统一的形式刻画。

1.4 结构

本书共分9章,其结构和内容安排如下。

第1章绪论,介绍本书的研究背景、研究目标与内容、研究框架与方法及结构。

第2章介绍"都"的意义与功能研究现状。"都"的意义研究重点梳理"都"意义的"三分说""两分说""一元论"。"都"的功能研究则分别从句法与语义角度回顾"都"的相关研究,特别是学界主流把"都"分析为全称量化词、分配性算子、加合算子及最大化算子的分析,并评介相关研究的优缺点,为下文从动态句法学角度解析"都"字句奠定基础。

第3章主要介绍本书分析的理论工具:动态句法学理论。本章首先简述动态句法学理论的缘起及其理论特点与运作机制。重点介绍动态句法学理论的动态递增性和语境性等特点,并详述在语义逻辑树构建过程中,动态句法学所运用的计算规则、词项行为和语用行为。此外,本章还详细介绍动态句法学理论的最新进展:事件节点的引入与运用,这一新发展将极大提高动态句法学理论的解释力,也为下文汉语"都"字句解析模型的提出打下基础。

第4章是对"都"的意义与功能的初步分析。本章首先通过"都"在句法环境中的浮现与易位分析,初步得出"都"的主要功能是程度加强。随后,通过对"都"意义的历时演变的梳理,进一步验证"都"的程度加强功能是由其表"汇聚"这一较为具体的初始义虚化而来的。"都"的使用还能够同时触发某个显性或隐性的关涉域,并展现出所谓的事件关联性。

第5章主要阐述"都"的动态句法解析模型。"都"的使用会触发事件节点进一步投射,该节点所引入的事件会与主句事件产生真值依存关系,这一真值依存关系与事件节点引入的 τ 项共同协作以实现句子的强化解读。

第6章至第8章主要运用动态句法学理论,结合第5章提出的"都"的动态句法解析模型对汉语中各类"都"字句进行解析,并给出形式刻画。其中,第6章主要分析"都"的显性关涉域,并依据它在汉语中的分布情况,从"都"强制出现结构与非强制出现结构中挑选典型的例句,分别给出各类显性强化句的动态解析。第7章主要分析"都"的隐性关涉域,并按照"都"与其所强化事件变量的位置把隐性强化句分为"左向强化句"与"右向强化句",再分别做出各类隐性强化句的动态解析。第8章则主要分析"都"的易位结构,在梳理以往研究的基础上给出"都"易位结构的动态解析。

第9章为结语,对全书进行归纳与总结,指出本研究的创新点与不足,并对未来的研究做出展望。

2 "都"的意义与功能研究综述

已有文献对汉语"都"的研究主要集中于两个方面:"都"的意义与功能,即"都"究竟有什么意义?它的意义是由什么样的功能所决定的?在描写语法分析中,"都"被定性为范围副词(黎锦熙 1924;王力 1954;朱德熙 1982;等)。[1]在此基础上,根据"都"字使用的句法环境,它的意义研究可以相应地分为"三分说"和"两分说"。而形式语言学研究则大多认为现代汉语只有一个"都",坚持"一元论"的观点,研究重点也逐渐转移到对其结构与语义功能的研究。[2]下文将从"都"的意义与功能的角度回顾"都"的研究,重点放在经典文献及近几年的文献上。

2.1 "都"的意义研究回顾

在传统的描写语法研究中,"都"的基础用法是范围副词。在此基础之上,吕叔湘等(1980)及《现代汉语词典》(第 7 版)皆将"都"的意义分为三类:"都$_1$"(表"总括")、"都$_2$"(表"甚至")和"都$_3$"(表"已经")。有些学者认为,传统的"三分说"可以压缩为表客观全量的"都"和表主观强调的"都"(张莉莉 2001;张谊生 2003,2005;蒋静 2003;李文浩 2013;等)。而形式句法学和形式语义学则坚持只有一个"都",也就是下文即将提到的全称量化词、加合算子、分配性算子和最大化算子等。[3]下文将具体阐述上述观点。

---

[1] Wang(1967)曾把"都"分析为连词,连接多个量化成分,但这并不是学界的主流观点。

[2] 鉴于意义研究主要是从语用角度归纳"都"的意义,为避免重复,"都"的功能研究主要聚焦于句法与语义的相关研究。

[3] 本小节主要回顾传统语法学对"都"的意义的研究。需要指出的是,形式句法学和形式语义学研究内部也存在不同的观点,如 Zhang(1997)、Lin(2000)、Hole(2004)及 Chen(2008)等认为汉语中有两个"都",而主流的观点则认为汉语中只有一个"都"(参见 Lee 1986;Lin 1996,1998;Huang 1996;蒋严 1998;潘海华 2006;Xiang 2008;等)。

2.1.1 "都"的"三分说"

在吕叔湘等(1980)所编著的《八百词》中,根据"都"使用的句法环境,把它描写为三个义项:范围副词"都$_1$"(表"总括")、语气副词"都$_2$"(表"甚至")和时间副词"都$_3$"(表"已经")。现分述如下。

"都$_1$"是范围副词,表示总括全部。吕叔湘等(1980)指出:"表示总括全部。除问话外,所总括的物件必须放在'都'前。"这时的"都"可以用"全都"来代替,所总括的对象可以是表任指的疑问指代词,也可以是连词"不论、无论、不管"引导的条件句。如以下各例(转自《八百词》):

(1) 所有产品出厂前全都要经过质量检查。
(2) 什么时候都可以来找我。
(3) 无论干什么事情,他都非常认真。

上述例句中,"都"所总括的对象皆在"都"的左侧,但在问话时"都"所关联的疑问代词则必须后置。如下例(转自《八百词》):

(4) 老王刚才都说了些什么?

同样,如果"都"总括的对象有两个或多个,这时可以通过话语重音来偏指其中任何一个,体现出"都$_1$"也存在一定的主观性。

"都$_2$"是语气副词,表示程度强,表甚至义,"都"轻读。通常情况下,"都"会与"连"字同用以强调语气。如下面两例(转自《八百词》):

(5) 我都不知道你会来。
(6) 连书包里的东西都淋湿了。

此外,"都"还可以引导表示让步的小句,引出表示主要意义的小句。如下例(转自《八百词》):

(7) 你都搬不动,我更不行了。

而"都$_3$"则是时间副词,表已经义,句末常用"了"。如下例(转自《八百词》):

(8) 我都六十了,该退休了。

"都"的"三分说"是基于"都"出现的句法环境,也就是根据"都"的使用情况而进行的分类。但这一分类方法随后受到其他学者的质疑,他们认为"都"所承载的意义并不一定是"都"自身的意义,而是与"都"连用的成分所赋予的。如下面两例(转自蒋严 1998 例 78 和例 79):

(9) a. 都是我不好,让家务把你拖垮了。
    b. 这事都怪我,事先没联系好。

蒋文认为,例(9a)所谓的确认义源自"是"的使用,与"都"并无直接联系,因此,例(9b)就无确认义。此外,他还认为"都₃"的已经义来源于体标记"了",并非"都"本身的意义,"都"并没有那么多的意义。

2.1.2 "都"的"两分说"

"都"的"三分说"提出后得到了学界的普遍认同,大多数的教科书和工具书沿用了这一分类。但仍有部分学者提出了不同意见,他们认为汉语中只有两个"都",争论的焦点主要集中于"都₂"和"都₃"的分合。

张莉莉(2001)考察了"都……了"句式,并对表已经义的"都₃"提出了质疑。如下例[复述自例(8)]:

(10) 我都六十了,该退休了。

通过给例(10)中"都"后增加"已经"的方式,她认为此处的"都"并不表已经义,否则就会造成语义重复。"都"与句末助词"了"的连用已然蕴含了已经义,该意义是由"都"来激活的。"都……了"句式是一个认知事件,这里的"都"还是表示总括的范围副词。

蒋静(2003)也认为"都₃"表示时间全量,但其全量义与"都₁"相比已经弱化,是基于人们主观认识表达的全量,同时传递了说话人的语气。如下例(选自北京语言大学汉语语料库):

(11) 都 12 点了,我还没睡着呢,等着飞机声消失。

在上例中,"12 点"是一个主观极量,跟之前的时间段构成一个预设中的全量,同时也表达"太晚了且心烦气躁"这样的主观态度。蒋静(2003)还认为"都₂"的使用是基于人们主观认识的一种极性手段。以例(7)为例复述如下:

(12) 你都搬不动,我更不行了。

例(12)预设了一个{所有力气比"你"小的人,你}这样的序列,而"你"则是序列中的极值。由此,她认为"都₃"和"都₂"总括的对象都是从人们主观认识出发,以句中陈述对象的共有属性为标准所排成的一个序列,并从中选取任意一端的极性元素。汉语中只存在两个"都",范围副词"都₁"总括陈述对象所预设序列各项的相同点,而"都₂"和"都₃"则使用极性元素表示全量,传递了说话人的某种语气,应归为语气副词。

张谊生(2005)认为"都₃"仍然是语气副词,"都……了"句式的已然义主要由时态助词"了"来承担,且"了"还有完句的作用。他还认为"这样的已然义并不是严格的语法上的体意义,而是临时的语用伴随义"。"已经"可以出现在短语层,而"都 VP"则不可以。如下例(转自张谊生 2005 例 64 和例 64'):

(13) a. 已经睡着了的孩子
　　 b. *都睡着了的孩子

此外,通过与"都₂"的对比,他认为"(连)NP 都 VP"句式和"都……了"句式具有相同的隐含义。如下例(转自张谊生 2005 例 65 和例 66):

(14) a. 连爷爷都去了,你还不去。
　　 b. 妈都六十好几的人了,还让她带孩子。

例(14a)和例(14b)传达了"你不去"和"带孩子"都是不合适之意。也就是说,两个句式都隐含有"NP 都 VP"与预设具体情况不相容的否定性语用义。张文还从历时的角度考察了汉语副词"都"的发展演变。从历时和共时相结合的角度看,汉语中只有两个"都":一个是客观性的范围副词;另一个是主观性的语气副词。

关于主观性语气副词"都"的来源,吴平、莫愁(2016)认为不存在张谊生(2005)所提的从全称量词转向主观强调的演变过程,而是语义与语用两个层面不同的表义结果所致。在语义层面,"都"往往与表复数意义的句法成分相关联,并获得全称解读;在语用层面,"都"所关联的往往是单数或类指的成分,这些成分可以映射为说话人主观性多元素集合中的主观极量元素,进而传递说话人自己的语气。在"都"的解读过程中,语义解读会得到优先考虑,即"都"寻找复数量表达全称量的语义解读优先于其表示说话人主观极量的语用解读。

"都"的"两分说"无非是对"三分说"的再分类,即以主观性为标准,将"都₂"和"都₃"合并为一类。而且持"两分说"的大部分学者认为"都"的核心语义是全量义,其他意义都是全量义的衍生,那么还不如将"都"的意义归纳为一个。徐烈炯(2014)也认为"都₁"表客观总括和"都₂"表主观评价的说法并不准

确,因为"都₁"也可以包含主观成分。如下例(转自徐烈炯2014例54):

(15) a. 百分之七十的人都赞成。
　　 b. ?百分之三十的人都赞成。

一般情况下,我们会倾向于使用例(15a),因为例(15b)在主观程度上是个小量,但稍微调整一下语境就可以讲了。如下例(转自徐烈炯2014例55):

(16) 我还以为只会有百分之十的人会赞成,结果竟然有百分之三十的人都赞成。

由此可见,主观性也只是个相对的概念,并不能成为"都"意义界定和分类的标准。

2.1.3 "都"的"一元论"

对于"都"的意义,学界达成的共识是:"都"是一个范围副词,表示总括全部,但有时"都"也会凸显全体中的个体,具有"分配意义"(王还1983,1988;兰宾汉1988;等)。越来越多的学者从一个意义的内核来统一刻画"都"的功能,鉴于下一节将重点回顾形式语义学对"都"的统一解释,本节将主要关注句法与语用的相关研究。

蒋严(1998)从语用预设和关联理论的角度对"都"字句进行了分析,指出"都"所关联的对象不能在谓词的右边出现,我们不能全凭语句的表面来判断"都"的关联对象。他进一步指出,汉语只存在表总括用法的"都",它所呈现出来的各种意义都不是其本身的语言编码信息,而是使用中所引申出的语境变体。如下例(转自蒋严1998例57):

(17) 连我都认识他,不要说别人了。

蒋文援引崔希亮(1994)的看法,并认为理解上例分为以下四步:首先是字面信息"我认识他";其次得到的关联信息是"我认识他这件事有些不寻常";再次是预设信息"相对于其他人,我最不可能认识他";最后是推断信息"周围的其他人都认识他"。这些信息皆不是"都"自身的语义所带来的,而是由与"都"连用的词在语言使用中所带来的显义和寓意。再看下例(转自蒋严1998例74):

(18) 天都黑了,他还在工作。

例(18)中的已经义来源于与"都"连用的"了",如果"都"本身已经表"已经"义,那为什么"都"后面还可以使用"了"这个冗余成分呢? 可见,已经义与"都"本身的意义并无多大联系。也就是说,"都"只具有一个核心义,尽管在使用中会带来不同的语境义,但其本质上仍是一词一义。随后,蒋严(2009,2011)又提出"都"字句中存在语用量级(pragmatic scale)(参见 Horn 1972;Fauconnier 1975;Levinson 1983;等),作为梯级算子的"都$_2$"和"都$_3$"是"都$_1$"的语义加强,进一步修正了自己的观点。在"都"的主观性用法研究中,学者们也都认为本质上只存在一个表总括的"都"(蒋静 2003;徐以中、杨亦鸣 2005;等),只不过在实际使用中分化为表示描述客观事物范围的"都"和表示主观态度(语气)的"都"。

沈阳(2017)对此持不同的观点。他依托制图理论指出,"都"之所以在实际使用中会有不同的意思,那是因为"都"的句法位置比较灵活。也就是当"都"跑到某个副词位置时,就可以"寄生"在这个位置上,或者跟这个副词一起表达某个意义,或者就代替这个副词表达某个意义。他认为表已经义的"都$_3$"比较靠近"体态层"(AspP),其位置比较高,只能出现在助动词"可以"之前,而不能出现在它的后面。至于"都"作"甚至"义解则属于"语气模态层"(ModP),其位置更高,通常对应出现在"(连)……都"的句型中,此时"都"就不能出现在助动词后了。如下面两例(转自沈阳 2017 例 10a 和例 11a):

(19) a. 他屋子里的书都可以堆成山了/*可以都堆成山了! (都 = 已经)
　　 b. (甚至)连小孩都敢/*敢都坐过山车,你却不敢。(都 = 甚至)

在例(19a)中,"都"是处在表"已经"的完成义时体副词附近(即"都"靠近了"已经"的位置,而且"已经"也可以与之共现),才获得已经义的,而并非"都"本身有已经义。同样的道理,在例(19b)中,"都"出现在表"甚至"的强调义语气副词位置附近(即"都"靠近了"甚至"的位置,句子中"甚至"可以共现而全句意义不变就是证明),所以才获得甚至义,即并非"都"本身有甚至义。汉语中实际只有一个"都",而"都"之所以有不同的意义,全是通过同一种方法得到的,即通过"都"移动到不同的位置获得该位置所指派的意义。

从理论阐释力上来讲,"一元论"具有一定的说服力。但沈阳(2017)的句法位置赋予含义的提法缺少移位的动因,为什么"都"会移位或"定点投放"到该位置? 另外,按照制图理论的观点,不同的句法位置会赋予不同的语义解读,有多少个位置就会有多少个不同意义的"都"。而在文中,他又提到,"都"并没有实际的意义,只是邻近或依附于某些副词才获得意义。这明显与只有一个"都"的假设背道而驰。此外,"都"与近义副词共现的情况也难以在这一框架内得到合理解释。

2.2 "都"的句法和语义功能研究

形式语言学研究大多坚持现代汉语只有一个"都",研究重点也逐渐转移到对其句法和语义功能的探究。在句法研究中,学者们发现表总括的范围副词"都"与全称量词具有相似点,它可以通过一系列的句法操作实现"都"与其所量化的变量(variable)之间的关联,而且这种关联是单向性的左向关联(leftness)。在"都"的语义研究中,"都"除了具有全称量化功能之外,其他的诸如分配、加合、最大化等功能也得到了进一步挖掘。总而言之,"都"具有形形色色的算子功能,这样的定性研究能否展现"都"的本质属性?本节将重点回顾近三十年来"都"的句法与语义功能研究。

2.2.1 "都"的句法功能研究

Lee(1986)在生成语法管约论(GB)框架内对"都"进行了开拓性的研究。他认为"都"既可以充当句子层面的副词,也可以充当谓语层面的副词,并可以与其左侧的最大成分统制(m-commanding)[1]的成分共标。其句法位置如图2.1所示:

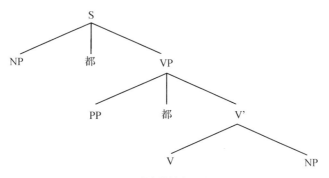

图 2.1 "都"的句法位置

---

[1] 最大成分统制定义如下:A 最大成分统制 B,当且仅当二者无支配关系,支配 A 的第一个最大投射也支配 B。

在图2.1中,S节点直接支配的"都"是句子层面的副词,它可以最大成分统制主语,并与之同标;而受VP节点支配的则是谓语层面的副词,它可以最大成分统制诸如"把"字结构这样的介词短语,并与之同标。此外,Lee(1986)还认为,"都"具有非选择性全称量词(unselective universal quantifier)的功能,即它可以不加选择地约束其辖域内的所有变量。如果"都"的辖域内有两个变量,"都"可以约束其中一个,或者同时约束两个变量。如下例(转自 Lee 1986 例62):

(20) [这些书]^i 我们^j 都^k 喜欢。

他认为例(20)是一个有三层意思的歧义句:"都"可以与话题"这些书"同标,即 k = i,意为"我们喜欢的是这些书";"都"也可以量化主语"我们",即 k = j,意为"喜欢这些书的是我们";"都"还可以同时约束"这些书"和"我们",即 k = i = j,意为"我们中的每个人喜欢所有的那些书"。[1]

Cheng(1995)认同 Lee(1986)的分析,并把"都"处理为全称量词。她认为"都"必须附接(adjoin)于其在逻辑式(logical form, LF)中所能量化的最大成分统制的名词短语之上,"NP + 都"的复合体在 LF 层同时还要经历量词提升(quantifier raising)。为了解释"都"量化中的阻隔效应(blocking effect)[2],她采用了 Chomsky(1991)所提出的推导经济原则(principle of economy of derivation),在逻辑层"都"只需经历最短移位,并选择最近的名词短语作为其辖域。以例(20)为例复述如下:

(21) [$_{CP}$[这些书]$_i$Top[$_{AspP}$ pro$_i$[$_{AspP}$我们都喜欢 t$_i$]]]

在例(21)这样的话题句中,左错位的"这些书"约束邻接(adjunction)于 AspP 的复指空代词(resumptive null pronoun),且主语"我们"最大成分统制"都",由于主语比复指空代词更靠近"都",因而只有主语才能被"都"量化。Cheng(1995)也认为例(21)是个歧义句,那么"都"对"这些书"的量化为什么没有违反推导经济原则?对此她并没有做出进一步解释。

---

[1] 如果将例(20)中的"都"翻译为真正的全称量词"all",相应的英译"These books, we all like"却并不会产生歧义。由此可见,"都"并不一定是真正的全称量词。

[2] 所谓的阻隔效应指的是当"都"的量化对象处于介词短语内,"都"无法跨越介词短语,展现出"阻隔效应"。如:

(i) 我们把这些书都送给李四。(转自 Lee 1986 例63)

在上例中,"都"不能跨越"把"字短语去量化"我们"。

Zhang(1997)则把"都"类比为指称语(anaphor)。她认为句子里非对称性成分统制(asymmetrically c-command)"都"的任何一个名词词组或所有的名词词组都可以通过多重联结(multiple linking)与"都"相关联。在 Higginbotham (1983,1985)基础之上,Zhang(1997)提出了"'都'量化的联结假设"(linking hypothesis on *dou*-quantification):

(22)"都"必须被至少一个其所联结的允准者所约束,且这一允准成分在本句中非对称性成分统制"都"。(Zhang 1997)

由此,Zhang(1997)的理论可以合理预测例(20)的三种解读。

Lin(1996,1998)则认为"都"是广义分配算子(generalized distributive operator),并采用了 Beghelli & Stowell(1997)所提出的域核查理论(scope checking theory)。该理论认为每一个量词无须经历量词提升(quantifier raising),而是在特定的位置上被允准的,即每个量词的域是由域投射所决定的。如图2.2所示(Beghelli & Stowell 1997):

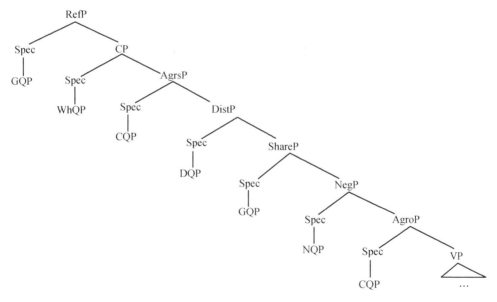

图2.2 量词的域投射示意图

在图2.2中,Beghelli & Stowell(1997)认为 DistP 节点可以存在一个隐形的分配算子作中心语。而在汉语中,量化成分必须要显性易位至[Spec, DistP],为了满足 EPP(extended projection principle)特征,Dist 必须被投射,"都"

必须强制出现,并在句法上投射为以"都"为中心语的分配性短语(DistP)。[1] 但此时"都"只能量化一个名词短语,即便任何一个名词短语都可以成为"都"的辖域。[2] 也就是说,为了核查"都"的分配性特征,某些句子成分必须移位到[Spec, DistP]位置,"都"通过约束这些句子成分的语迹实现句子的分配性解读。以例(20)为例示意如下:

(23) [$_{DistP}$[这些书]$_k$[$_{DistP}$我们$_j$[$_{Dist'}$都[t_j 喜欢 t_k]]]]

在例(23)中,"都"既可以约束话题的语迹 t_k,也可以约束主语的语迹 t_j,[3] 但它不可以同时约束这两个成分,从而预测例(23)只有前两种解读。Li(1997)、Wu(1999)、Tomioka & Tsai(2005)、Chen(2008)及 Tsai(2009)都持相似的观点。其中,Wu(1999)的分析最具代表性。他沿用 Barwise & Cooper(1981)强弱限定词的分析,把名词分为强式名词和弱式名词,"都"只能量化强式名词。[4] 他认为,"都"是分配性投射(distributivity projection)的中心语,带有[+Q]的强量化特征,该特征在拼读前必须通过合并或移位得到核查。"都"关联的 NP 均移位到[Spec, DistP]以进行特征核查,DistP 位于 AgrSP 和 VP 之间,"都"量化的对象只要在推导过程中经过[Spec, DistP]都可获得分配性解读。以例(20)为例,其句法操作如图 2.3 所示:

---

[1] Chiu(1993)和何元建(2011)等认为"都"是句法上的中心语,可以投射为 DouP,并通过将所量化成分移入[Spec, DouP],实现"都"的量化。其中,何元建(2011)也意识到"都"不可能是全称量化词,并提出了"量化轻动词"一说(何元建 2011),但他并没有对此进行界定。

[2] 对此,牛长伟、程邦雄(2015)认为,在涉及易位关联项时,不管"都"重读与否,它总是与距离最近的易位成分相关联。

[3] Lin(1996,1998)认为话题结构是通过话题化形成的,而不是左错位结构;同时他还采用了动词短语内主语假设(VP-internal subject hypothesis)。

[4] 所谓的强式名词,一般不可以出现在存现句中,汉语中表主观大量和有定指称的名词都属于这一类(详见张谊生 2003 的分类)。例如:
 (i) a. 所有的学生都来了。
     b. *教室里有所有学生。

2 "都"的意义与功能研究综述

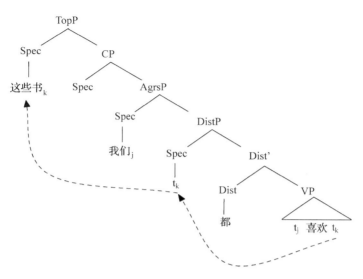

图 2.3　话题分配性的句法分析

在图 2.3 中,"都"所量化的对象"这些书"在 VP 的宾语位置基础上生成,它在话题化的过程中,先移位到[Spec,DistP]以核查并消除"都"的[+Q]特征,最后移位到[Spec,TopP]核查并消除自身携带的[Top]特征。而对于"把"字结构所造成的阻隔效应,Wu(1999)认为,"把"字结构先与 VP 合并成为新的 VP,随后移入[Spec,DistP]进行特征核查,并获得分配性解读。如下例(转自 Wu 1999 例 31a 和例 39):

(24) a. 张三把这些书都买了。
　　　b. [DistP [Dist' 都[VP 把这些书$_i$[VP 张三[V' 买了 t$_i$]]]]]

在例(24b)中,处于[Spec,VP]的"把"字结构与主语"张三"都可以移入[Spec,DistP],因为它们与"都"的距离相等,但主语与"都"的特征不匹配,所以"把"字结构移入[Spec,DistP]进行特征核查,由此,"都"不能跨过"把"字结构去量化前面的成分。[1]

温宾利、乔政蔚(2002)也认为"都"是 DistP 的中心语,但他们认为,"都"可以关联并量化句中多个成分。他们借鉴 Koizumi(1995)对多重 wh-前移(multiple wh-fronting)和 Ura(1994)对多重主语结构(multiple subjects construction)的分析,提出了"都"量化的多标志语分析。以例(20)为例,如图 2.4

---

[1] Wu(1999)认为其他介词短语的推导过程与"把"字结构不同,主语先移位至[Spec,DistP],然后介词短语再嫁接到 DistP,最后主语移到主格位置[Spec,AgrsP],因此不会产生阻隔效应。

所示(改写自温宾利、乔政蔚2002例31):

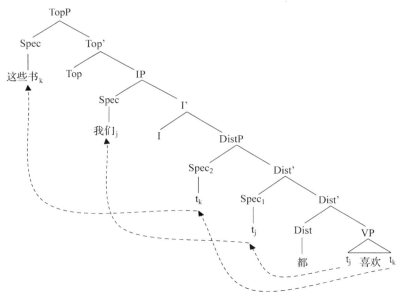

图2.4 "都"的多标志语分析

根据温宾利、乔政蔚(2002)的分析,DistP中心语的[Dist]特征可受到多次核查,从而经历多次中间投射,并产生多个标志语。在图2.4中,"我们"首先移到[Spec₁,DistP]以核查[Dist]特征,并得到分配解读。此时,这一特征虽被核查但还没有被清除(erase),因此可以被再次核查(Chomsky 1995)。其次,"这些书"移到[Spec₂,DistP],再次核查[Dist]特征并获得分配解读,从而使得"我们"和"这些书"都获得分配性解读。最后,"我们"和"这些书"分别从[Spec₁,DistP]和[Spec₂,DistP]移到[Spec,IP]和[Spec,TopP],核查并清除I⁰的EPP特征和中心语的[Top]特征,从而合理地解释"都"字句中出现的多个可量化成分。

薛小英、韩景泉(2008)对此持不同意见,他们认为并非所有的"都"都可以投射为功能语类短语DistP。在疑问词与"都"连用的句式中,"都"就是允准语。这是因为汉语中的疑问词本身就是变量(Cheng 1991等),受疑问算子约束时,它表疑问,而受"都"约束时则表任指,也就是"都"的存在把疑问词从变量转变为全称量词,"都"是其允准语。薛小英、韩景泉(2008)由此认为此时疑问词不具有[+Q]特征,"都"不能与之进行特征核查,也不能投射为DistP。关于"都"的句法位置,他们借用Cheng(1995)的观点,并认为"都"作为副词只能嫁接于带有动词特征的X'或X⁰位置,也就是Asp'、Asp、V'和V这几个句法位置。以下面两个句子为例,示意如下[例(25)和例(26)分别转自薛小英、韩景泉2008例25a和例26,图2.5和图2.6转自薛小英、韩景泉2008例29和例30]:

(25) 谁都会来。

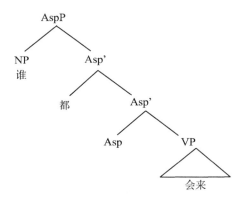

图2.5 "谁都会来"的树形图

(26) 谁什么都吃?

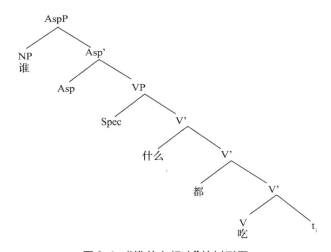

图2.6 "谁什么都吃"的树形图

例(25)中的"谁"表任指,而例(26)中的则表疑问,这是因为例(26)中的"都"不能同时约束两个变量,只能约束最近的疑问词"什么"。从句法位置来看,在图2.5中,"都"嫁接于Asp',"都"最大成分统制"谁","谁"表任指。在图2.6中,"都"嫁接于V',支配"都"的第一个最大投射为VP,"都"只能最大成分统制"什么",所以"什么"表任指,而"谁"仍表疑问。

总的来讲,"都"的句法研究阐释了"都"是如何与其量化成分构建起联系,并推导出正确语序的。但"都"的句法分析仍然存在难以克服的瓶颈。首先，在逻辑语义中，一个算子通常只能约束一个变量[1]，否则会违反双射原则（bijection principle）（见 Koopman & Sportiche 1982 等），这与 Lee（1986）和 Zhang（1997）等的预测相悖，即"都"不可能同时关联两个变量。其次，Cheng（1995）的推导经济原则分析无法排除例（21）中"都"对"这些书"的关联，即她所认为的歧义。而在汉语真实语料中，有时候"都"可以同时关联句中两个强全量成分，如下例（转自李文浩 2013 例 15）：

(27) 每一个米粒，每一片菜叶都那么入味，芳香满口。

可见，"都"并不一定是真正的全称量化成分。最后，Lin（1996，1998）等提出的特征核查分析则过分依赖于特定的假设，如 Lin（1998）就认为，"每个"等名词短语具有强分配性特征，必须在拼读（spell out）之前与"都"的强特征核查，而只有弱[+wh]特征的疑问词短语为什么也可以和"都"相核查？可见，特征核查并没有遵循强度一致的原则。此外，正如上文所述的那样，诸如"把"字结构这样的结构在 Wu（1999）的分析都可以移位到 [Spec, DistP] 进行特征核查，移位的成分过于复杂且缺乏动因（具体论述参见袁毓林 2005b）。

2.2.2 "都"的语义功能研究

随着形式句法学和形式语义学相关理论的引入，学界对"都"研究的重心也随之转向探究其语义功能，即"都"具有所谓的"全称量化功能""分配性功能""加合功能""最大化功能"等。本节将简要回顾学界对"都"上述功能的专项研究，并分析各项研究中的优缺点。

2.2.2.1 "都"的全称量化功能研究

全称量化是形式语义学研究较为充分的课题，而"都"与全称量词相似的特性一定程度上促进了"都"的全称量化研究。目前研究的焦点主要集中在"都"的关联方向上。除了上文句法分析提到的"都"的左向关联外，汉语还存在"都"的右向量化。吕叔湘等（1980）曾注意到"都"总括的对象是疑问代词时必须后置。如：老王刚才都说了些什么？马真（1983）把"都"总括其右侧成分的格式分为以下七类（转自马真 1983）：

---

[1] Ke et al.（2017）从实验的角度证明"都"只能关联一个变量，但具体有什么样的先后次序则不得而知。

2 "都"的意义与功能研究综述

(28) a. 都+疑问代词+动词:都什么样的牛给宰了?
b. 都+动词+疑问代词:(你)都看见谁了?
c. 都+动词+(一)些+名词:你都看些没用的东西。
d. 都+动词+人称代词:我都教过他们。
e. 都+把+代词+动词:你都把什么东西打碎了?
f. 都+动词+的+名词:他没吃别的,都吃的馒头。
g. 都+动词+名词:他不吃别的,都吃馒头。

蒋严(1998)对此给出了否定的答案。他认为上述出现在"都"右侧的成分并不是"都"真正的作用对象,我们可以通过语用推理,在其左侧补出隐含的作用对象。如例(28b)预设了"你看到了一些人",句子所想要表达的意思是"你看到的人都是谁";而例(28d)中的"他们"也只是复指代词(resumptive pronoun),"都"真正的作用对象是其先行语的集合。那么"都"的量化域是否也存在右向关联?很多学者(如袁毓林 2005b;潘海华 2006;熊仲儒 2008,2016;张蕾等 2012;蒋静忠、潘海华 2013;冯予力、潘海华 2018;李文山、唐浩 2021;等)认为汉语中存在"都"的右向量化,沈家煊(2015)甚至认为汉语中只存在"都"的右向关联。[1]本节将简要介绍其中的代表性观点。

蒋静忠、潘海华(2013)在潘海华(2006)的基础上,提出了"都"的语义解释模型。他们认为汉语只存在一个"都",表全称量化。"都"的量化可以分为左向量化和右向量化,左向量化无排他性,右向量化具有排他性。他们认为"都"可以引出一个由全称量化算子 DOU、限定部分和核心部分组成的三分结构,并制定了解释"都"的语义规则(转自蒋静忠、潘海华 2013):

(29) a. 左向量化规则 P1(也叫话题规则):"都"左边存在着可以充当量化域的短语,或者可以由焦点、语境等推导出"都"的量化域。
b. 右向量化规则 P2(也叫焦点规则):"都"右边述题中含有一个比焦点成分。

以上规则的使用顺序:P1 优于 P2。下面就以具体的例句来解释该语义规则的运作过程,如(转自蒋静忠、潘海华 2013 例 12a 与例 13a):

---

[1] 袁毓林(2005a)与熊仲儒(2008)皆认为"都"字句中存在"右向量化",但在实际操作中他们更倾向于统一处理为"左向关联"。

(30) a. 这些书他都看了。
　　　b. 他都写的小说。

例(30a)中"都"的左边存在可以充当量化域的短语,故可以采用左向量化规则,其语义表达式如下:

(31) DOU　　[x∈[这些书]]　　[他看了x]
　　　算子　　　限定部分　　　核心部分

意思是:对于每一个 x 来说,如果 x 是"这些书"中的一员,那么,他就看了 x。

而例(30b)中"都"的左侧不存在充当量化域的短语,但其述题里存在焦点,故可以采用右向量化规则,其语义表达式如下:

(32) DOU　　[他写的x]　　[x＝小说]
　　　算子　　限定部分　　　核心部分

意思是:对于每一个 x 来说,如果它属于"他写的 x"中的一员,那么,x 就是小说。也就是说,他写的全都是小说,不可能是其他体裁,具有排他性。[1]

此外,他们还基于上述语义解释规则探讨了"都"的客观性和主观性。他们认为例(30a)中"都"量化域中的成员没有差别,而例(30b)的量化域中则存在等级差别。同时,成员的序列本身就带有主观性,从而导致了"都"客观性与主观性的差异。

沈家煊(2015)认为汉语只有一个"都",并认同蒋静忠、潘海华(2013)所提出的"三分结构"。但他认为按量化方向对"都"的分析会陷入量化的迷途。他认为适用左向量化规则的句子几乎都可以在"都"的右边找到一个跟疑问词对应的焦点,因而也都适用右向量化规则。如下例(转自沈家煊2015例2):

(33) 问:小李都买什么样的衣服?
　　　答:小李都买呢子的衣服。

按蒋、潘文的分析,例(33)的答语在单独分析时适用于左向量化规则,即在"都"的左侧补出量化域"每次",也就是"小李(每次)都买呢子的衣服"。但

---

[1] 袁毓林(2007)将这一类句子中的"都"处理为隐性否定极性成分(NPI),具体论证参见其原文。

2 "都"的意义与功能研究综述

在问句中,"什么样"是位于"都"右侧的焦点,因此,问句适用于右向量化规则。这势必会要求答语也适用该规则。如果这样的话,那么适用于左向量化规则的句子都适用于右向量化规则,而左向量化规则在使用中是优先于右向量化规则的,使得左向量化规则成为冗余。同样的道理,只适用于右向量化规则的句子也可以在"都"的左边补出一个全称量话题。[1]如下例(转自沈家煊2015例1a):

(34) 小李都买呢子的衣服。

蒋、潘文认为这句话有两层意思:"(这一次)小李都买的呢子衣服"和"(这几次)小李都买的呢子衣服"。两层意思都具有排他性,并适用于右向量化规则。但沈文认为我们很容易就可以在"都"之前补出一个全称量化域来,即"这一次小李(在每个服装店)都买的呢子衣服"。这类句子之所以能讲,也肯定是因为句子主语进行了 N 次购物活动,而每次或在每家商店购买的是同一品类——呢子衣服。这意味着,当"都"的量化对象是隐性成分时(注:这些隐性的动量或名量短语在较大的话语语境里常会出现),也可由句子语境加上世界知识推导出来。由此可见,左向量化规则足以解释这些语句,从而使得有了左向量化规则再设右向量化规则显得多余。

沈家煊(2015)认可蒋、潘文提出的"都字句遵守句子本来的焦点结构"的论点,在此基础上提出了统一的"右向管辖规则"。按照句子本来的话题-焦点结构,将算子"都"在句法上管辖的焦点(一律在右边)映射到限定部分,同时把句子的其余部分映射到核心部分。具体操作及与蒋、潘文的比较见下例(转自沈家煊2015例18):

(35) (现在)天都黑了,还不睡!
    a. DOU   [$x \in$ 黑了]   [$x =$ ALT(现在)天]
       算子   限定部分   核心部分
    b. DOU   [(现在)天 P 了]   [$P =$ 黑]
       算子   限定部分   核心部分

例(35a)是沈文的分析,该语义式的意思是:对于每一个 x 来说,如果 x 是集合"黑了"的一员,那么 x 甚至是"现在的天"。本句的句法辖域和语义量化域都是"黑了"。"ALT(现在)天"表示"(现在)天"引出的有等级的选项集

---

[1] 沈家煊(2015)认为右向量化的句子只要有一定的语境,总是可以在其左边补出一个全称量化域来。

合[1],其中"(现在)天"是黑了可能性最小的一个成员。例(35b)是蒋、潘文的语义式,意为:对于每一个 P 来说,如果"(现在)天 P 了"为真,那么 P 就等于黑。他们认为 P 具有很多状态,而"黑"只是其中的一种。沈家煊(2015)认为该表达式只表明"都"的限定量化域是一个集合 P,并没有揭示其内部成员的等级差异。而例(35a)通过 ALT 来说明集合内部的等级,即 x"甚至"是现在的天,这样的分析也更符合语感。也就是说,"都"的量化都遵从背景-焦点映射规则,即左向量化的句子也可以在右向管辖规则中得到解释。

针对沈家煊(2015)的分析,冯予力、潘海华(2018)指出,统一的右向管辖规则抹杀了"都"的语义特征(穷尽性和排他性)及其他伴随义之间的区别。如下例(转自冯予力、潘海华 2018 例 21—例 23):

(36) 他们都是老师。
    a. DOU $[x \in$ 老师$]$ $[x =$ 他们$]$
    b. $\forall x[x \in$ 老师$]$ $[$他们$(x)]$

根据沈文的观点,例(36a)的语义解释为:对于每一个 x 来说,如果 x 是老师这一集合中的一员,那么 x 就是"他们",换言之,例(36a)所表达的意思是"所有的老师是他们"。这样的分析忽略了老师内部的差异性,但并不能确保"他们"一致具有老师的属性,也不能确保"他们"是"老师"这一集合的子集,这仍需要动用左向量化对"他们"进行穷尽性检视,以确保他们中的每一个人都是老师,也就是例(36b)这样的语义表达式。冯、潘文进一步指出,如果"都"右向关联句中的自然焦点"老师",按照他们所提出的背景-焦点映射规则,将焦点"老师"映射到核心域,将其他成分映射至限定域,如下例所示(转自冯予力、潘海华 2018 例 24):

(37) DOU$[$他们是 f$]$ $[$f $=$ 老师$]$

在例(37)中,"都"将"他们"具有的属性 f 全映射到"老师",从而获得排他性解读:他们只具有老师的属性,而这一解读明显不是例(36)所要传递的意思。由此可见,在类似例(36)的情况下,沈文并无必要将"都"右边的成分处理为焦点。

冯予力、潘海华(2018)之所以坚持"都"的核心语义是全称量化,主要是因为"都"的左向和右向量化可以分别带来强制性的穷尽性和排他性的语义要

---

[1] 这里的 ALT 是 alternative 的缩写,意为"选项、候选"。

求。[1]但事实上,"都"字句并没有强制性穷尽性和排他性的语义要求,如下面两例(转自北京大学中国语言学研究中心语料库):

(38) a. 队伍里什么人种都有,除了亚洲人。
b. 各种语言都听得到,除了法语。

而蒋严(2011)也认为"都"的右向关联的句子并不总是有"排他性",如下例(转自蒋严2011):

(39) 我都买了呢子的衣服。

例(39)的语义解读可以是:我每次都买了呢子的衣服,但还有可能买了其他的东西。这里的"排他性"其实是由对比焦点带来的,诚如 Rooth(1985)的观点,焦点意味着选择,即选择一个,排除其他。通过添加焦点标记词"是"同样可以给句子带来排他性解读,如下例(改编自例39):

(40) a. 是我买了呢子的衣服。
b. 我买的是呢子的衣服。

例(40a)意为"是我不是别人买了呢子的衣服",而例(40b)则意为"我买的不是呢子之外的衣服"。由此可见,仅凭穷尽性和排他性的语义要求并不能界定"都"的全称量化功能。此外,已有的研究并没有刻画带真正全称量词的"都"字句,如例(30)中的两个例句可以变换为下面的句子:

(41) a. 每本书他都看了。
b. 每个作家都写小说。

例(41)中两个句子的焦点并未改变,如果我们把"都"分析成全称量化算子,那么由"书""作家"等名词产生的变量除了受全称量词"每"的约束外,还

---

[1] 关于"都"的穷尽性另参见 Xiang(2016a,2016b,2020)的分析。她借鉴英文中"only"的语义分析,把"都"分析为作用于次选项集(sub-alternatives)的穷尽性算子(exhaustifier),并给出了形式刻画:
(i) 〚dou$_c$〛 = $\lambda p\lambda w: \exists q \in \mathrm{SUB}(p,C). p(w)=1 \land \forall q \in \mathrm{SUB}(p,C)[O_C(q)(w)=0]$

在公式中,$\lambda p\lambda w: \exists q \in \mathrm{SUB}(p,C)$预设着预设命题(prejacent)至少有一个"次选项集",$p(w)=1$表示这一预设命题为真,而$\forall q \in \mathrm{SUB}(p,C)[O_C(q)(w)=0]$则表示每一次选项集的穷尽性为假。所谓的"次选项集"是一种弱的选项集,由此,"都"的使用可以预设其分配性效应,而当次选项集在特定句法或韵律条件下进一步被削弱时,"都"的其他逻辑功能也会得到实现。但正如她文中所坦承的那样,"都"右向量化无法在其框架内得到合理解释。关于选项语义论的其他应用研究可参见下文对 Liu(2017,2018)的评述。

受到"都"的约束,其语义表达式如下:

(42) a. *∀x∀x(=DOUx)[x是书→他看x]
　　 b. *∀x∀x(=DOUx)[作家(x)→写小说(x)]

在例(42)中,"书"和"作家"这两个变量受两个相同算子的约束,这样就违反了双射原则,并会生成一个不被接受的逻辑式。不可否认的是,当"都"与复数主语连用时,即当其关涉范围内的所有成员都出现时,"都"的功能近似于全称量词的作用,但这并不是"都"的本质属性。

2.2.2.2 "都"的分配性功能研究

王还(1983,1988)通过比照汉语的"都"和英语的"all",首先提出"都"表"逐指"(分配)的观点。如下例所示(转自王还 1983):

(43) 我们都经营一个饭店。

上例中"都"的使用使得句子有了"我们每个人经营一个不同的饭店"这样的解读,而失去原有的"我们共同经营一个饭店"的意义。在此之后,分配性功能分析逐渐成为学界一个主流观点(参见 Lee 1986;Liu 1990;Cheng 1995;Lin 1996,1998;Li 1997;Wu 1999;Yang 2001;高明乐 2002;温宾利、乔政蔚 2002;董为光 2003;Tomioka & Tsai 2005;周小兵、王宇 2007;Chen 2008;Tsai 2009;李宝伦等 2009;罗琼鹏 2009;尚新 2011;陈莉萍 2012;Feng 2014;周韧 2019,2021;等)[1],其中较有影响的是 Lin(1996,1998)的分析。

"都"的所谓分配性指"都"的量化所针对的是复数事物的每一个体,其功能是促成分配解读。如下例(转自 Lin 1998 例1):

(44) a. 他们买了一部车子。
　　 b. 他们都买了一部车子。

例(44a)中"他们"所指称的这群人一起买了部车子,并没有"他们中的每一个人都买了部车子"的解读。但加上"都"的例(44b)就有了分配性解读,这里的"都"就是 Lee(1986)与 Liu(1990)所认为的分配性算子。Lin(1996,1998)认为分配性算子"都"既可以和有定名词复数短语连用,也可以和量化词("每"或"大部分"等)连用。除了一般性的分配性谓词以外,它还可以搭配集合性谓词,为此,Lin(1998)引入了集盖(cover)的概念,其形式定义如下(转自

---

[1] 这些文献虽都主张"都"表示"分配"意义,但在如何实现"分配"上有着不同的思路。

2 "都"的意义与功能研究综述

Schwarzschild 1996)[1]：

(45) C 是 P 的集盖，当且仅当：
a. C 是 P 的子集
b. P 中的每个成员都属于 C 中的某个集合
c. C 不为空集

此时的集盖类似于名词性复数中个体的划分(partition)，只不过集盖是允许重复的，更为重要的是集盖主要依据语境获得解读。这种语境性可以用一个自由变量 Cov 来表示，其解读是由语境因素决定的，并帮助实现"都"的分配性词汇意义。如下例所示(转自 Schwarzschild 1996)：

(46) $x \in \llbracket D(Cov)(\alpha) \rrbracket$ iff $\forall y [(y \in \llbracket Cov \rrbracket \land y \subseteq x) \rightarrow y \in \llbracket \alpha \rrbracket]$

这时候的"都"可以处理为广义分配算子(generalized D-operator)，它通过作用于集盖及谓词元变量获得分配性解读。具体的分析示例如下(转自 Lin 1998 例48)：

(47) a. 小明、小华和大宝都是同学。
b. 他们三个都是同学。
c. *小明是同学。

在例(47)中，名词性谓词"同学"表达的是对称性关系，即 A 是 B 的同学，B 也是 A 的同学。这种对称性谓词只能和复数个体(plural individual)搭配，所以例(47c)不合法。如果只把"都"看作分配算子，就会得到"小明是同学"，即例(47c)这样的错误解读，而例(47a)真正意思是"小明、小华和大宝在同一个班级且是同学关系"，像"同学"这样的谓词也不能成为个体名词的谓语。如果把"都"分析为广义分配算子，一切问题就迎刃而解。例(47a)的主语是个复数个体，隐含了一个含有单元集(cell)的复数集盖(cover){{x,m;x,h;d,b}}，它要求复数性的谓词"同学"与之匹配，从而获得释义。Lin(1998)还注意到例(47a)并不仅仅产生包含唯一单元集的复数集盖，它还可以产生下面的集盖。如：

(48) {{xm,xh},{xh,db},{db,xm}}

---

[1] C 代表集盖(cover)，P 代表名词短语的复数性(plurality denoted by NP)。

如果"都"对上面的集合产生分配解读的话,例(47a)就具有这样的解读:"小明和小华是同学;小华和大宝是同学;小明和大宝是同学。"值得注意的是,这样的解读并不要求三个人在同一个班级,也就是会产生小明和小华同学,小明和大宝是同学,但小华和大宝并不是同学这一层解读。而这样的解读从例(47a)是推导不出来的。Lin(1998)认为只要给句子加上时间副词"曾经"或体标记"过",相应的解读就会变得合乎情理。如例(49)(转自 Lin 1998 例50):

(49) 小明、小华和大宝都曾经是同学/同学过。

他认为这是因为汉语缺少时态,主要依托时间副词、体标记和句子的语用环境来实现时体解读。例(47a)中缺少时间副词和体标记,所以谓语所表达的同学关系只能是说话时的,即三个个体必须在同一个班级。与此相反,例(49)由于有明确的时间副词"曾经"或体标记"过",主语的名词短语可以指称不同时期的同学关系。由此,Lin(1998)认为特定集盖的选择不仅取决于语用,有时还受到时体因素的影响。

对Lin(1996,1998)的分析,Cheng(2009)提出了异议。她在考察"都"与自由选项词(FCIs)连用时指出,只有当"都"和"每"连用时,句子才会有分配性解读。如下面两例(转自 Cheng 2009 例18a 和 19a):

(50) a. 每一个厨师(都)做一道菜。
    b. 每一个厨师 * 都做那道菜。

在例(50a)中,有没有"都"句子皆具有分配性解读,而例(50b)中"都"必须强制出现,否则句子不合法,此时句子也并不具有分配性解读。可见,"都"本身并不是分配性算子。Tsai(2009)也对 Lin(1996,1998)的"广义分配算子"分析提出了质疑。他认为某些句子没有"都"也会存在分配性解读,而有些句子的"都"则不可或缺。如[例(51b)转自 Tsai 2009 例4a,例(51a)与例(51c)为相应的变换形式]:

(51) a. 他们睡了。
    b. 他们都睡了。
    c. 每个人都睡了。

例(51a)和例(51b)具有相同的真值条件,"都"的出现不会改变句子的真值,也不会给句子带来分配性释义,因为例(51a)本身就具有分配性解读。而在例(51c)中,"都"则必须出现。Lin 的分析无法解释为何例(51a)没有"都"

却具有分配性解读。此外,例(51b)中的"都"应该还具有其他的意义。最后,如果"都"还可以表全称的话,我们根本无法协调"分配"和"总括"这一对相反的概念。那么,前文所提及的"都"字句中的分配性解读是如何得到的呢?根据 Glass(2018)的研究,复数性名词主语的所谓分配性解读大多是由谓语或动词所决定的。如下面两例(转自 Glass 2018 例 1 和例 2):

(52) The children smiled.
　　a. Distributive: The children each smiled.
　　b. *Nondistributive: The children smiled jointly without each individually doing so.

(53) The children met.
　　a. *Distributive: The children each met.
　　b. Nondistributive: The children met jointly without each individually doing so.

在充分考察 2300 多个英语动词词组的基础上,Glass(2018)认为,像"smile"这样描述个体身体或心智行为的谓语动词具有分配性,这是因为个体具有自己身体与心智的自主权;而像"meet"这样本身具有多边行为的谓语动词是非分配性的,这是因为个体无法单方面完成这些行为。由此可见,"都"的所谓分配性是由谓语所带来的。再来看分配性解读的典型例句,如下例[例(54a)转自袁毓林 2005a 例 5,例(54b)为相应的变换形式]:

(54) a. 小张和小王都合用一个厨房。
　　　b. 小张和小王都用一个厨房。

例(54a)意为:小张与小王分别跟不同的人合用厨房,而例(54b)则并不具有分配解读。这是因为在具体语境下,谓语动词"合用"倾向于选择与不同于主语所指的人共有厨房,如果将其替换为"用",句子所具有的分配解读消失。上述这些事实至少说明,分配性应该不是"都"的本质属性。

2.2.2.3 "都"的加合功能研究

"都"的量化研究所面临最大的挑战就是,当被量化的词语前面已经有其他全称量词时,为什么还要用"都"? 如下例(转自袁毓林 2005a 例 9):

(55) 每匹快马上都有一个凶悍的枪手。

在例(55)中,"每"已经具有全称量化或分配性功能,为什么后面还要出现

"都"?逻辑语义中,一个变量不能受到两个算子的约束,即禁止双重约束原则。有些学者对此进行了思考,并认为"都"量化的是"事件"(Huang 1995,1996;袁毓林 2005a;胡建华 2009;尚新 2011;黄瓒辉 2013;张健军 2021;等)[1],这就是"都"的加合(sum)功能。

Huang(1996)对"都"的加合分析是建立在对英语的"every"的分析之上的(参见 Li 2014 的评述)。她认为量化词"every"总是与一种配对关系(pairing)相关联。如下例:

(56) Every student left.

例(56)意思为:对每一个学生而言,总有一个事件(event),在这个事件中"学生离开"。她认为这种配对关系的形式翻译(formal translation)可以借助斯柯伦函数(skolem function)来联系"every"两个论元。在具体操作过程中,一个变量值的选取取决于另一个变量值的选取,斯柯伦函数正是通过这种方式来联系两个变量的。例(55)中"都"的出现正是基于"every"斯柯伦化的定义(skolemized definition)。斯柯伦函数要求"every"的辖域里要存在一个变量,也只有形态或词汇上允准的变量才可以被"every"量化,之所以"都"和"每"共现,是因为"都"可以允准斯柯伦化(skolemization)所需的变量。作为加合算子的"都"必须出现在动词之前以约束位于谓词 VP 内的事件变量,这是因为汉语中的函项都位于它们论元的左侧。"都"的加合功能可表述如下(转自 Huang 1996):

(57) DOU(e, PRED) = ∪{ePRED1, ePRED2, ... ePREDn}

在例(57)中,作为针对事件的加合算子,"都"所修饰的谓词陈述的必须是最小事件的复数形式(a plurality of minimum events),即事件 e 的最小规模(size)也必须与谓词(PRED)的语义一致,只有这样才能保障 DOU(e, PRED)为真。因此,"都"能修饰诸如分配性谓词(如怀孕)、对称性谓词(如会见、相像)和集合性谓词(如包围、碰撞)等所有类型的谓词。如下例(选自北京语言

---

[1] Luo(2011)通过考察"都"与"每"共现的情况指出,两者不能同时作为量化算子出现,此时"都"通过类型转换(type-shifting)而兼有标准全称量化算子和匹配函数的功能。也就是说,当"都"与"每"共现时,"每"可以从分配算子转换为限定词与"都"的匹配函数相匹配,"都"仍然是全称量化算子,其形式表达为:

(i) 〖dou〗 = λxλP∀y(y≤x → ∃e(P(y)(e) & π(x) = e))

其中,P 为谓项,π 为匹配函数。这一观点在罗琼鹏(2016)那里得到进一步推广。

2 "都"的意义与功能研究综述

大学汉语语料库):

(58) 翡翠也好琥珀也好,不可能在什么地方都相像。

在上例中,"相像"这个对称性谓词形成数量为 2 的复数事件,这时主语位置名词所指示的"翡翠"和"琥珀"恰好与之相配,即满足"最小事件的复数形式"与"最小事件的规模"的语义一致。此外,她还认为汉语中"每"之所以必须和"都"共现,而英语不需要,那是因为"都"的功能在英语中是由时态算子来充当的。她进一步提出,除了"都"之外,辖域内的无定成分和反身代词也可以扮演同样的功能,提供"每"辖域内所需变量。

袁毓林(2005a)在 Huang(1995,1996)分析的基础上提出,"都"在"每"字句中的功能是加合,即把"每"所分散的一组最小事件加合起来,从而表示一个复数性的事件。如下例(转自袁毓林 2005a 例 31 和例 32):

(59) a. 每个保育员(都)负责十个孩子。
b. 每个教授(都)有自己的研究室。

在上例中,"每"的语义特性要求谓语部分出现"都""十个"及"自己"这样的照应成分(anaphor),从而形成配对性的照应关系,这时的"都"不必强制出现。但当句中缺少配对性的照应关系时,"都"必须强制出现以总括分配算子"每"所分散的成员。如下例(转自袁毓林 2005a 例 33):

(60) a. *每一个选手表现很出色。
b. 每一个选手都表现很出色。

对于"都"的总括义与分配性意义,袁文认为这都是其加合功能所带来的附带效应。

应当说,加合功能分析在语义上较好地解释了"都₁"的总括义。但刘春梅(2013)认为,这种分析又把"都"拉回到了全称量词地位,因为在量化逻辑中,全称量词的功能就是在既定(预设)的论域(UD)中对其辖域内的变量进行约束。尚新(2011)也指出,加合分析对于下面这样的句子缺乏解释力,如下例(转自尚新 2011 例 5b):

(61) 学生都集中到了操场上。
a. *张三集中到了操场上且李四集中到了操场上且王五集中到了操场上。
b. 张三、李四和王五集中到了操场上且马六、刘七和杨八集中到了操场上。

例(61)中"集中"这一单一事件对应的是大多数的"学生",所以,例(61a)不成立,而例(61b)成立。尚新(2011)进一步认为,加合分析所处理的 N 对 N 是一一对应的关系,而不是一对多的关系。换言之,"都"的加合分析会过度概括并预测最大化的复数事件为唯一解读,从而无法兼顾同一句子所产生的两种解读。此外,在上面类似例(59)这样的句子中,如果"十个"等数词自身可以行使加合功能,那么"都"的功能又是什么?"都"如果再行使加合功能似乎显得多余了。还有一些学者通过对比"都"与"总"的用法质疑"都"的加合功能。熊仲儒(2016)认为"都"的功能主要是量化个体,含个体事件(亦见 Hu 2007)。他还认为,"'都'量化个体时,要求个体具有复数性……'都'字句的(隐含)主语必须是复数"。因此,熊文视下面的句子为不合法(转自熊仲儒 2016 例 32b):

(62) *我都怀疑,这种喝茶法是宋代传下来的。

我们认为例(62)非常自然地传达了关于某一断言的可信程度(evidentiality)。事实上,不管"都"关涉什么对象,它对主语并没有所谓的个体限制及复数强制要求,如下面三例(选自北京大学中国语言学研究中心语料库):

(63) a. 每一个人,只要他没有死,他都在人生中。
b. 那时,桥下的水都是红的。
c. 她把时间都忘了,家教也忘了,爹娘也忘了,整个人都融进这从未经历过的狂欢里。

通过上面的分析,我们可以断定,加合功能也不是"都"的本质属性。

2.2.2.4 "都"的最大化功能研究

除了上面提到的"都"的全称、分配和加合功能外,一些学者关注到在缺少"每""全部"等量化词的句子中,"都"的出现会给句子带来最大化(maximality)解读,即迫使句中某个表示复数对象的名词在外延上取最大值。这一分析的代表性文章包括 Giannakidou & Cheng(2006)、Xiang(2008)、Cheng(2009)、Constant & Gu(2010)及 Cheng & Giannakidou(2013)等。下面将就其中具有代表性的两种观点进行梳理。[1]

2.2.2.4.1 Giannakidou & Cheng(2006)及Cheng(2009)的最大化分析

Giannakidou & Cheng(2006)及Cheng(2009)认为"都"在句中具有最大化效能,其在语义上的功能是一个"最大化算子",并认为汉语中"都"的隐现会带来限定和非限定的区别。如下例(转自Giannakidou & Cheng 2006例71):

(64) a. 如果(有)哪个人打电话来,就说我不在。
b. (无论)哪个人打电话来,都说我不在。

上面两例中的"哪个人"是由条件句允准的存在极性成分(existential polarity item),两句话具有相似的意思。但例(64b)预设存在某个特定打电话人的集合,即说话人期待着接到某个特定人的电话,而例(64a)则没有这层含义。他们认为"都"的出现最大化或穷尽性量化其所预设的打电话人的集合,并将之与希腊语中的限定词"o-"类比,将其处理为唯一性算子(ι-operator)。示例如下(转自Giannakidou & Cheng 2006例3和例5c):

(65) a. [*o-pjos*]-*dhipote*   (Greek)
the-who/which-modal marker
b. 哪个学生都可以进来。

在像例(65a)这样的希腊语自由选项词形式中,定冠词"o-"必须出现在疑问词之前,最后是相当于英文中"ever"的情态自由选项标记"*dhipote*"。而例(65b)中的限定性与自由选项解读则是由"都"带来的,也就是说,汉语中的"都"和希腊语中的限定词"o-"具有类似的功能。Giannakidou & Cheng(2006)进而采纳Lin(1996)的分析,并认为所有的"都"字句都省略了"无论",而"都"作为唯一性算子给句子带来最大化解读。[2] 其形式刻画如下(Giannakidou & Cheng 2006):

---

[1] 尽管学者们皆认为"都"是最大化算子,但操作路线并不一样。Giannakidou & Cheng(2006)、Cheng(2009)和Cheng & Giannakidou(2013)主要从限定和非限定角度,并通过与自由关系分句(free relatives)及希腊语中相关分析的类比而进行分析。而Xiang(2008)和Constant & Gu(2010)的最大化分析则主要是基于"都"的梯级焦点(scalar focus)进行的。对最大化分析的质疑可参见冯予力(2018)及周永、吴义诚(2018)的相关研究。

[2] Lin(1996)认为,"都"字句中的"无论"相当于疑问词,其功能在于引入个体或事件的集合(Hamblin 1973),"都"作用于这一集合,并使其获得分配性解读。

(66) a. 〚wulun〛 = λP<s, et>. λw.λx. P(x)(w) (= 〚-dhipote〛)

b. 〚na ge ren〛 = λw.λy. person (y)(w)

c. 〚dou〛 = λP<s, et>. ι (λw.λx. P(x)(w)) (= 〚-o〛)

d. 〚dou〛 (〚wulun na ge ren〛) =λP<s,et>.ι (λw.λx.P(x)(w))(λw.λy. person (y)(w)) = ι (λw.λy.person (y)(w))

例(66d)的形式翻译展示了最大化算子"都"如何作用于"无论"所引入的集合,并实现最大化和穷尽性解读。[1] 除了"无论……都"这样的自由关系分句外,Cheng(2009)还认为"都"在其他结构中同样扮演着有定限定词的角色。如下例(转自 Cheng 2009 例 64):

(67) a. *三个学生来了。

b. 有三个学生来了。

c. 三个学生都来了。

在例(67a)中,无定数量名短语"三个学生"不能直接作主语,必须添加谓词"有"以获得存在解读,如例(67b)。同样,例(67c)中"都"的出现也可以使主语获得有定解读,其所指必然是语境中有定的信息。如果数量名短语出现在宾语位置则不需要"都"的出现,如下例:

(68) 我看见了三个学生。

总之,Giannakidou & Cheng(2006)及 Cheng(2009)皆认为"都"是有定限定词,标示着最大化算子的出现,并具有限定语境域(contextual domain)的功能。

Giannakidou & Cheng(2006)及 Cheng(2009)关于"都"的最大化限定分析

---

[1] Giannakidou & Cheng(2006)承认她们的分析还无法建立最大化和穷尽性与"都"之间的联系。在 Cheng & Giannakidou(2013)的分析中,她们认为穷尽性和最大化类似,都起强调的作用,并将其归因于隐形存在的"even"的作用。这明显不符合汉语的语言事实,如下例(选自北京大学中国语言学研究中心语料库):

(i) a. 他们参加工作了。
b. 他们都参加工作了。

例(ia)和例(ib)真值条件是一致的,但例(ib)额外具有穷尽性解读,即他们无一例外地参加工作了,此时,"都"不能被翻译为"even",也没有所谓的最大化解读。可见,最大化与穷尽性是不可调和、相互矛盾的一对术语(关于"都"的穷尽性分析可详见 Xiang 2016a,2016b,2020)。

依然存在其难以克服的瓶颈。[1] 根据她们的分析（以例 67 为例），"都"具有三重功能。首先，使主语"三个学生"获得有定解读；其次，穷尽"三个学生"的集合，使每个个体无一例外地被赋予谓词所指派的特征；最后，"三个学生"必定是语境中的有定信息，进一步限定语境域。而正如 Tsai(2015) 所指出的那样，"都"不可能同时具有域限定(domain restriction)和穷尽性这两个功能，它也不可能是有定限定词。此外，Giannakidou & Cheng(2006) 及 Cheng(2009) 的分析对于一些语例也缺乏解释力。例如：

(69) a. 五个人打不过吴京。
　　 b. 别说五个人，十个人都打不过他。

上面对话里的"五个人"和"十个人"都有"any"（任何）的解读，即没有确定的指称对象，而"十个人"之后即便有"都"也无法做有定解读。再如下面的分配性解读分析的典型例子[复述自例(44)]：

(70) a. 他们买了一部车子。
　　 b. 他们都买了一部车子。

例(70a)具有集合解读，而例(70b)具有分配解读。如果"都"只是一个限定词的话，这两句话的差异是如何来的呢？因此，"有定性"不应当是"都"的本质属性。

2.2.2.4.2　Xiang(2008)的最大化分析

Xiang(2008) 在分析已有研究的基础上指出，"都"的全称、分配及焦点标记功能共享一个语义内核"最大化算子"。最大化算子作用于语境所决定的复数集合(plural set)，这个集合可以是集盖、焦点引入的选项集合或按层级排列的程度集(degrees ordered on a scale)，并给句子带来不同的语义解读。其形式化表达如下（转自 Xiang 2008 例 57）：

(71) $dou(D) = \iota d(d \in D \wedge \forall d' \in D(D \geqslant D'))$（D 为按层级排列的程度集）

Xiang(2008)的最大化分析具体操作过程可示例如下（转自 Xiang 2008 例 31 和例 32）：

(72) a. 孩子们去了公园。
　　 b. 孩子们都去了公园。

---

[1] 关于对 Cheng 相关限定与非限定分析的反驳可参见 Wu & Bodomo(2009) 的具体分析。

例(72a)意为大部分的孩子都去了公园,但并不是所有的孩子,可以有一两个孩子没去。而例(72b)则表示孩子们无一例外地去了公园,即穷尽了"孩子们"这一复数集合中的每一个成员,取最大值。为了解释复数名词需要引入集盖的概念[1],她认为最大化算子"都"在集盖间运作,并且产生一个包含所有集盖的最大复数个体(a maximal plural individual)。此时,"都"的最大化分析还可以更为紧密地联系分配语境下的"都"与其他语境中的"都"。再如下面语境下的例子(转自 Xiang 2008 例42a 和例43):

(73) 她伤心地都哭了。
(74) 她不是很伤心……
 a. 她只不过哭了。
 b. *她只不过都哭了。

Xiang(2008)认为,例(73)中"都"的使用强调了最大化程度的上限,即在这一场景下的哭泣意味着巨大的悲痛,而例(74)预设的语境是"她不伤心","只不过"与最大化算子"都"不兼容,因而,例(74b)这样的句子不合法。但是,如果我们稍微调整一下语境,并对例句做相应的微调,情况就会有所改变,如下例:

(75) 她不是很伤心,居然都哭了。

其实,在具体语境中,我们很难确认"都"的功能是表示最大化,再如下面的例子(Xiang 2008 例38 和例40):

(76) a. 六月都过完了,怎么还这么冷?
 b. 他气得都疯了。

Xiang(2008)认为上面两例中的"都"都是最大化算子,如例(76a)的"都"表示惊奇的最大程度,而例(76b)的"都"则表示生气的最大程度。我们认为这里的"都"并不是最大化算子,也并非表达最大程度,它只是表达某种程度而已:例(76a)中"都"传达的是天气反常的程度,而例(76b)的"都"只是表示生气达到的一种程度——疯狂,因为比"气得发疯"程度更强的是"气死",所以人们常说"气得要死"。

李文山(2013)通过否定例(72)这类的句子发现,Xiang(2008)所分析的语

---

[1] 她认为"都"的使用有复数预设,其所运作的必然是两个或两个以上的集盖。

言事实并不可靠。如下例(转自李文山2013例12):

(77) a. 孩子们没去公园。
     b. 孩子们都没去公园。
     c. 孩子们没都去公园。

例(77a)的语义与例(77b)相同,与同样有"都"的例(77c)的语义却不同。由此可见,句子的最大化解读并不一定依赖于"都"的出现。他还进一步指出,Xiang(2008)在分析"连……都"结构和表已经义的"都"时使用了双重标准[1],弱化了理论的统一解释力。

徐烈炯(2014)援引崔希亮(1993)的例句(例18)来说明这一问题。如:

(78) 我一周都有课,就周一没有。

他认为"都"可以表示不完全总括,所谓的最大化分析只是"都"使用的充分条件,而不是必要条件。

2.2.2.5 "都"的其他功能研究:与英文"even"参照

汉语的"都"除了被认为具有与英文中"all"相似的全称量化功能外,一些学者认为,汉语"都"与英文中作为程度副词的"even"更有异曲同工之处(Mok & Rose 1997;Shyu 1995,2004,2016,2018;Hole 2004;Chen 2008;Liao 2011;Liu 2017,2018;等)。这是因为英语中"even"的使用标志着话语语境中某种语用量级(pragmatic scale)的存在(Horn 1972;Fauconnier 1975;等),如下例(转自König 1991例38):

(79) Even Fred gave a present to Mary.

上例蕴含着Fred是最不可能给Mary送礼物的人,即在"x gave a present to Mary"的预设中,Fred送礼物的可能性最小,处于一个低点,这也就是所谓的级差含义(scalar implicature)。此时的"even"能够成分统制其辖域内的焦点成分并与之相关联(Jackendoff 1972),而汉语学界也一直认为"都"的意义很飘忽,其主要功能相当于焦点敏感算子(参见沈阳2017)。把"都"看作类似于"even"代表性的观点主要包括Shyu(1995,2004,2016,2018)对"连……都"结构的研究及Liu(2017,2018)立足于选项语义学所进行的分析,下文将重点回

---

[1] Xiang(2008)认为"连……都"结构中的"连"是一直存在的,只是有时候没有语音形式,而表已经义的"都"根本无须出现即可获得已经义,前后假设不一致。

顾这两种代表性的观点。

Shyu(1995)主要考察了汉语中的"连……都"结构,并认为,"都"是焦点投射FP(focus projection)的中心语,其句法位置在屈折短语(IP)和体短语(AspP)或情态短语(ModalP)之间,焦点化的"连"字结构受焦点中心语"都"强焦点特征[+Focus]的驱动,论元移位(A-movement)至[Spec, FP]以进行特征核查,此时前置的"连"字结构不管是在句法上还是在语义上都与全称量化短语相似。其句法示意图如图2.7所示(转自 Shyu 1995):

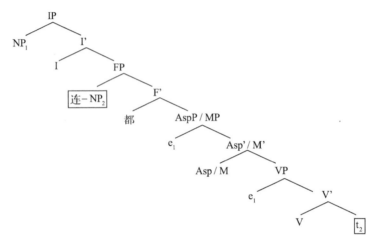

图2.7 "都"的焦点投射句法图

关于"连……都"结构的语义,Shyu(1995)采用了Lycan(1991)对"even"的语义分析,即"even"有"包括每一个"之义,并间接指向语境中特定的事件,并全称量化事件中的每一个成员。但她认为,"连"字结构所具有的类似于全称量化短语特点是由"都"带来的。Shyu(2016)进一步强调了"都"具有"even"的级差用法,但与一般"都"字句中的"都"不同,"连……都"结构中的"都"所量化的是包含焦点短语在内的预设集合中的成分,以及由"连"引入的语境中的选项集合。基于上述分析,Shyu(2018)给出了下面的语义式(转自 Shyu 2018 例8b 和例23iv):

(80) a. $\forall p[[p \in C \wedge p \neq [\![\alpha]\!]^0]$
$\rightarrow$ exceed'(likelihood'$[\![\alpha]\!]^0$, likelihood'$(p))$

b. $\lambda P.\lambda X. \forall x[Y \in C \& X \neq X$ & exceed'(likelihood'($\hat{}P(Y)$), likelihood'($\hat{}P(X)$)
$\rightarrow \forall Z[Z \in C \cup \{X\} \rightarrow \hat{}P(Z)]]$

2 "都"的意义与功能研究综述

例(80a)和例(80b)分别是对"even"和"连……都"结构含义的形式刻画。在例(80b)中,"都"的功能是全称量化变量 Z,Z 这个并集包含选项集 C 和焦点成分 X,这时的 Z 也就相当于例(80a)中的 P。从上述语义式来看,Shyu(2018)基本把"连……都"结构等同于"even"的形式刻画,只是在"even"的基础上增加了"都"的全称量化。

在新近的研究中,Liu(2017,2018)认为,"都"是焦点敏感成分,完全等同于英文中的"even",并将林克-兰德曼的复数理论(Link-Landman's theory of pluralities)融入选项语义学(Rooth 1985,1992,1996),对汉语"都"进行了形式刻画。他首先区分了汉语中的两类"都"字句,如下例(转自 Liu 2017 例3和例4):

(81) a. 约翰都买了一辆车子。
　　 b. 他们都买了一辆车子。

例(81a)中"都"的使用增加了"even"的意味,所表达的意思是:和其他人相比,约翰买车的可能性比较小或更值得注意。而例(81b)中"都"的"even"意味没那么浓(even-less),此时"都"一般重读,并带来分配性解读,即他们每一个人都买了辆车。随后,根据 Link(1983)的复数理论及 Landman(1989)所提出的组算子(group operator),Liu(2017,2018)认为,个体域由"和"(sum)和"原子"(atom)组成,并可以通过组算子↑把"和"转变为"原子"。如下例所示(转自 Liu 2017 例18):

(82) a. 〚Zhangsan〛 = z
　　 b. 〚Zhangsan and Lisi$_{sum}$〛 = $z \oplus l$
　　 c. 〚Zhangsan and Lisi$_{group}$〛 = ↑($z \oplus l$)

在上例中,例(82a)和例(82c)中的 z 和 ↑($z \oplus l$) 都是"原子",即例(82b)的"和"可以通过组算子转变为"原子"。[1]将上述分析与选项语义学相结合,也就会产生"和"选项集和"原子"选项集。如下例所示(转自 Liu 2017 例22):

(83) a. Alt$_{sum}$($z \oplus l$) = {$z \oplus l$, z, l, $z \oplus w$...}
　　 b. Alt$_{atom}$(↑($z \oplus l$)) = {↑($z \oplus l$), ↑(z), ↑($z \oplus w$)...}

---

[1] 假设这时候与主语连用的谓语是"抬钢琴",隐形的分配算子可以通过作用于这一谓语获得分配性解读,如例(ib),但如果与谓语关联的是"和"则获得全称解读,如例(ia):
(i) a. lift this piano (↑($z \oplus l$))
　　 b. Dist (lift this piano)($z \oplus l$)

例(83a)这样的"和"选项集既会产生其他的"和",也会产生"纯原子"(pure atom)作为其选项集。而例(83b)原子选项集只产生其他的原子集,也就是通过组算子↑把选项集中的"和"转变为原子。

最后,再回到汉语中的两类"都"字句。像例(81a)这样与"even"对等的句子,其形式刻画与英文基本一致。如下例所示:

(84) 当且仅当 $\forall q \in C[\neg(\pi = q) \to \pi <_{likely} q]$ 时,$\llbracket dou(\pi) \rrbracket = \llbracket \pi \rrbracket$

此时,"都"的使用使得预设命题(prejacent)成为选项集中最不可能的命题,并带来与"even"相同的穷尽性解读。这一点与 Chiechia(2013)对"even"穷尽性的刻画相一致(转自 Chiechia 2013):

(85) $E_{ALT}(p) = p \land \forall q \in ALT[p <_{\mu} q]$

例(85)中"$p <_{\mu} q$"说明相对于某些上下文相关概率尺度而言,预设的可能性比较小,从而带来穷尽性解读。而例(81b)则会相对复杂一些,如图 2.8 所示(转自 Liu 2017 例 24b 和例 29):

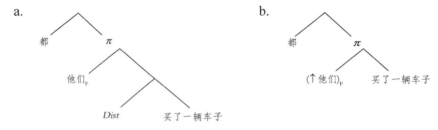

图 2.8 "都"的分配解读与全称解读

在图 2.8a 中,隐形的分配算子的存在使得该命题获得分配解读,其实现过程如下:假设语境中存在张三、李四和王五这三个个体,这时"他们"指称的是"和"$z \oplus l \oplus w$,并会产生相应的"和"选项集、预设及命题层面的选项集"C_{sum}"。如例(86)所示(转自 Liu 2017 例 25—例 27):

(86) a. Alt ($\llbracket they_F \rrbracket$) = {z, l, w, z⊕l, z⊕w, l⊕w, z⊕l⊕w}

b. $\pi = \forall y[(y \leqslant z \oplus l \oplus w \land Atom(y)) \to \exists x[car(x) \land bought(y, x)]]$

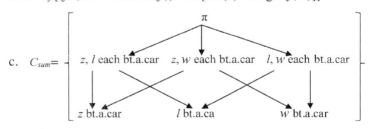

值得注意的是,在例(86c)的命题层面的选项集中,预设命题 π 蕴含所有其他的选项集,而这与例(84)的预测相悖,即"even"的语义要求预设命题 π 是其所有选项集中可能性最小的。此时,Liu(2017)采用 Lahiri(1998)的分析,并认为,如果蕴含强于可能性,"都"的"even"预设就会被弱化,所以例(86c)就缺少穷尽性解读。换言之,一旦"都"预设命题 π 的选项建立在"和"选项集之上,"都"的"even"意味会被分配性算子所淡化(trivialized)(另见 Liao 2011)。与之相反,图 2.8b 中的预设命题 π 并不能蕴含它的选项集,也就是"张三和王五都买了一辆车"与"王五和李四都买了一辆车"毫不相关,此时,"都"所关联的是原子选项集,那么,"都"的"even"语义不仅不能被淡化,反而要显性出现,从而带来诸如"尽管这对夫妻很穷,他们还是一起买了辆车"这样的全称解读。

总的来说,汉语"都"确实具有"even"的某些特征,并会带来级差性和穷尽性解读。但 Shyu(1995,2004,2016,2018)依然把"都"处理为全称量词的做法有违双射原则,也无法应对"都"多变的语义解读。Liu(2017,2018)意识到"都"字句的分配解读和最大化解读并非由"都"带来的,而是由隐形的分配算子与组算子带来的,并以复数理论与选项语义学为框架给出了统一的解释。然而,他的立论本身就存在问题,"都"是否可以与"even"对等?请看下例(转自 Greenberg 2018 例 15b):

(87) John wore a colorful T-shirt to work yesterday, and he (even) wore [a funny old hat]$_F$.

如果将例(87)翻译成汉语,英文的"even"也很难翻译为"都",如下例所示:

(88) a. 约翰昨天上班时穿了一件彩色的 T 恤,甚至还戴了一顶滑稽的旧帽子。

b. *约翰昨天上班时穿了一件彩色的 T 恤,都戴了一顶滑稽的旧帽子。

如果我们将例(88a)中的"甚至"替换为"都"的话,例(88b)这样的句子就会不合法。其实,正如 Shyu(1995)所言的那样,英文"even"所对应的应该是汉语中的"连……都"结构(另见 Chao 1968;Xing 2004;等)。以例(81a)为例,可以变换为以下几类近义句:

(89) a. 约翰甚至(都)买了一辆车子。

b. 连约翰都买了一辆车子。

c. 连约翰也买了一辆车子。

上述三个例句都传递了"even"的意义,但"even"并不完全等同于"都"。由此可见,"even"与"都"的语义对比,可以为"都"的统一解释提供借鉴,但这些语义解读依然不是"都"的本质属性。

2.3 本章小结

首先,本章回顾了"都"的意义研究。描写语法研究将"都"的意义分为三类:"都$_1$"(表"总括")、"都$_2$"(表"甚至")和"都$_3$"(表"已经");有些学者将传统的三分的"都"压缩为表客观全量的"都"和表主观强调的"都";形式句法学和形式语义学则坚持只有一个"都"。我们认为,"都"的"三分说"和"两分说"归纳出了"都"的基础用法,但"都"的意义是永远描写不尽的,在不同的句法环境下,"都"可以衍生出新的意义,甚至有时候很难给出确切的意义,如下面两例(转自北京大学中国语言学研究中心语料库):

(90) a. 啊?我们家有露头露脸儿的?都谁呀?
　　　b. "想什么?我想想都不行啦。"

"都"的三个义项无法解释上面两个例子,如果根据上下文给例(90a)中的"都"找个近义词的话,这个"都"近似于"是",但在例(90b)中好像又很难给出确切的意义。由此可见,"都"究竟有多少种意义光靠描写很难给出满意的解释。毕永峨(1994)曾探讨了"抽象分析法"和"多义分析法"的区别。汉语中诸如"也""才""都"这样的与逻辑推理有关的副词尽管在使用中可产生多种语境变体,并赋予相关命题特定的意义,但抽象分析法认为它们只有一个核心意义,本质上仍是一词一义。而多义分析法则认为这类词具有一个核心意义,其衍生出的语义相对独立。由此可见,"都"的"一元论"更具解释力,但这唯一的语义内核到底是由何种功能所决定的?学界还存有争议,对"都"性质的界定也不够清晰。

其次,本章的第二部分回顾了"都"的功能研究,并从句法与语义的角度分析了"都"的研究现状。20世纪80年代以来,形式语义学的观点被引入"都"的研究中,人们发现"都"往往可以与左侧的复数名词成分相关联,这与全称量词极为相似,从而推动了"都"的全称量化研究。除了这一功能之外,"都"的其他诸如"分配""加合""最大化"等功能也得到了进一步挖掘。此外,"都"还被看作近似于英文中"even"的焦点敏感算子。我们认为,"都"本质上是一个范围

2 "都"的意义与功能研究综述

副词,不大可能具有诸如英文中"all"这样限定词的量化功能。当然,当"都"的关涉范围内的所有成员都出现时,其功能近似于全称量词的作用,但"都"并不等于全称量词(相应的质疑可参见徐烈炯 2014 及周永、吴义诚 2020a 的分析)。如下面两例(选自北京大学中国语言学研究中心语料库):

(91) a. 她说,我们家没男孩,我们姐仨都是跪大的。
   b. 季布和季心这哥俩都是大侠,但是特点不一样。

如上面两例所示,当"都"关涉的成员是三者或三者以上时,"都"近似于全称量词"all",如例(91a);而当关涉对象为两者时,如例(91b),"都"只能对应英文中的"both",显然它不是什么全称量词。由此可见,全称量化并不是"都"的本质属性。此外,关于"都"左向关联成分的复数性要求,蒋严(1998)认为即使是隐含于预设中的话题成分也必须是复数性的,但薛小英、韩景泉(2009)对此提出了质疑,如下例(转自蒋严 1998):

(92) A:你昨天在超市都买了什么?
 a. B:我买了蔬菜、水果和牛奶。
 b. B:?我就买了份报纸。

蒋文认为,例(92)中 A 对"都"的使用意味着答语必须是复数性的。而根据薛小英、韩景泉(2009)所做的问卷调查,例(92b)是完全可以接受的,由此可见,左向关联的复数性要求也是有待商榷的。此外,从"都"与全称量词共现这一语言事实也可以看出"都"与典型量化词之间的差异。如下例[例(93a)复述自例(41b),例(93b)为对应的英文翻译]:

(93) a. 每个作家都写小说。
 a'. *$\forall x \forall x(=\mathrm{DOU}x)[\text{作家}(x) \to \text{写的小说}(x)]$
 b. Every writer writes novels.
 b'. $\forall x[\text{writer}(x) \to \text{write novels}(x)]$

例(93a)会生成不合法的逻辑式,这是因为在逻辑语义中,一个算子通常只能约束一个变量,否则会违反双射原则,即例(93a')中的变量"作家"同时受到"每个"和"都"的量化。而相对应的英文例句(93b)和其相应语义表达式(93b')则是合法的。鉴于此,"都"不可能是算子类的量化词。本书将在第 4 章依据"都"出现的具体语法环境及"都"语义的历时演变重新定位"都"的功能,并在动态句法学框架下给出"都"字句的统一解释。

3 动态句法学理论

20世纪50年代，Noam Chomsky 提出了转换生成语法(transformational-generative grammar, TGG)，一种严格的数学规则体系，旨在生成自然语言中符合语法的句子，从而掀起了一场所谓的乔姆斯基现代语言学革命。生成语法认为，所有的人类语言都遵循相同的普遍模式，即普遍语法(universal grammar)，这一普遍原则是先天置于人脑的，是语言机制(language faculty)的一部分，并在语言发展过程中逐渐展开，就像小鸡长翅膀一样，是遗传的产物。而语言之间的差异是由不同的参数所决定的，即参数值决定了普遍语法的应用，进而决定个体语言的面貌。总的来说，生成语法强调句法自治，并认为句法是一个自立的形式系统，语言的形式不取决于语义或语用，其本质上是脱离语境(context-free)的形式语法研究。正如 Christiansen & Chater(2017)所言的那样，生成语法让语言研究碎片化，就像是填字游戏，先单独处理每条线索，只是在最后把它们整合在一起，这种策略注定要失败。生成语法人为地割裂了句法与语义和语用之间的有机联系，这样做的后果就是忽视来自真实语料的经验证据，学者们往往为维护自身的形式模型而假定多层次高度抽象的结构，以高度复杂的语法模型来解释语言现象。这一研究范式逐渐受到本阵营内部学者的质疑和诟病，并先后涌现出一批有较大影响力的形式语言学理论，诸如词汇-功能语法(lexical-functional grammar, LFC)(Kaplan & Bresnan 1982; Bresnan 2001)、中心语驱动短语结构语法(head-driven phrase structure grammar, HPSG)(Pollard & Sag 1987, 1994)及将语境纳入刻画的话语表征理论(discourse representation theory, DRT)(Kamp & Reyle 1993)等，这些研究范式都在其理论内部设立多个层面，并对语句的句法、语义和语用等信息进行较为全面的刻画与解释。[1]尽管这些语言学理论都将语义和语用纳入其研究范围，但本质上仍然是脱离语

---

[1] 国内在20世纪80年代也曾兴起关于句法、语义及语用三个平面研究的思潮(参见胡裕树1981;胡裕树、范晓1993等)，但这一研究范式仅仅提出了三个平面的构想，并未真正就三者之间的互动提供相应的形式刻画。

境、拘泥于静态结构的研究。那么,有没有一种理论能够将语句的结构及其意义纳入同一个模型一并进行解释呢?21世纪之初,英国语言学家Ruth Kempson(详见Kempson et al. 2001;Cann et al. 2005)等人创立并发展了动态句法学,强调语义、句法和语用的互动关系及其在自然语言生成和理解中的作用,较好地完成了对句法、语义及语用界面的形式化研究,对相关语言的一体化刻画可参见Wedgwood(2005)、Seraku(2013)、Kiaer(2014)及Wu(2017)等的专题研究。

正如本书第2章所提到的那样,"都"字句的解读必须依托句法、语义和语用之间的互动,动态句法学无疑为"都"字句解析提供了最佳的理论框架。本章将重点介绍动态句法学理论模型,厘清动态句法学所涉及的主要概念,把握动态句法学理论模型运作机制,为"都"的动态解析做好铺垫工作。[1]

3.1 动态句法学理论缘起

所谓语言能力(language capacity),是指处理语言输入的能力。自然语言输入时需要语言的结构特征,因此,掌握一门语言就是要懂得如何去解析它。语言的产出与之相仿,唯一的不同就是说话人把想说的一切都放在心中而已(Cann et al. 2005)。动态句法学是基于解析的自然语言形式分析模型,它认为语言的理解是一个动态解析的过程,是句法、语义和语用等语言知识互动的过程。其理论主要缘起于"语言是思维的表达"这一传统智慧,并受关联理论(relevance theory)主要思想的影响。[2]

Fodor(1981,1983)提出了"思维语言"(language of thought, LOT)这一理论设想,并认为,如果语言是思维的表达,且语言是系统性的,那么思维也是系统性的,这种系统性可以通过能产性和组合性得到解释。换言之,所有的认知理解(cognitive processing)都包含内在心智表征的构建,人们通过外在刺激理解输入的信息,并通过这一表征形式赋予其意义。这种思维语言的表征可以进一步解构为更小的组成成分,并重新组合成新的序列。秉承Fodor这一思想,

---

[1] 国内对动态句法学的相关研究包括引介研究(参见刘伟2003;刘乃实、张韧弦2004;吴义诚2012;于月、吴义诚2017等)与汉语专题研究(参见Wu 2005,2011,2017;刘伟2005,2006,2007;Li 2011;吴义诚、于月2015;杨小龙2015,2017;Yang & Wu 2017,2019;于月2017;等)。

[2] 本节主要介绍动态句法学的理论渊源,动态句法学技术路线的承继主要来自动态语义学理论(Kamp & Reyle 1993)、动态谓词逻辑(Groenendijk & Stokhof 1991),以及运用类型逻辑和模态逻辑表征演绎推理的研究成果(Gabby 1996;Blackburn & Meyer-Viol 1994),这些将在下一节介绍动态句法学具体技术工具时有所涉及。

动态句法学认为,表征语句意义的逻辑式才是自然语言分析的核心,语言理解是依据语境并按照线性序列逐步构建逻辑式的动态过程。自然语言表达与理解具有心理现实性与高度渐进性的特征,动态句法学由此采用由左至右的递增式解析方法,以扩展树结构的方式来构建语句命题逻辑式。需要注意的是,动态句法学中的树结构所表征的是词语的语义信息,整个解析过程以命题意义为导向,此时,语句的结构特征也不是静态的,而是在从一个结构向另一结构的动态转换中得到解释,此即句法的动态性。

动态句法学的另一理论渊源是关联理论(Sperber & Wilson 1986/1995)。关联理论认为,话语的理解是基于人类认知的基本原则,整个过程就是确立关联性,寻找最佳关联推理的过程。在日常交际中,话语理解不仅包含解码过程,还涉及语用推理,听话人可以通过识别说话人的意图推导出话语含义,人们的交际及推理过程都是由关联驱动(relevance driven)的。动态句法学理论与关联理论都认为,自然语言处理以目标为导向(goal-driven)。动态句法学认为,自然语言中语句的构建都是由语义驱动的,是不断寻求高效处理最大关联信息的过程,并最终构建出具有完整表征的命题结构。为了反映语言的组合性(compositionality),即单个单词可以组合成更大的成分,动态句法学的构建过程是渐进递增的,完整的表征来源于部分结构所提供的不完全解释,即所谓的标示不足[1],随着更多词项的注入,部分结构的表征逐步得到完善并获得完整的命题表征。这也反映了人们信息处理的原则,即人们使用部分信息,并利用每一条信息所提供的语境,系统地将之映射为另一信息以处理后续信息。整个构建过程遵循从左至右,一个词接着一个词处理的原则,所反映的是信息加工的线性基础及解析过程的递增性。

Fodor 的思维语言及 Sperber & Wilson 的关联理论分别对应的是自然语言处理中的组合性和语境依赖性(context-dependence),即哪一类词及什么样的词才可以组合并产生一系列复杂的句子,同时,这些句子还展现出一定的语境依赖性。动态句法学认为,人类所有语言都具有组合性和语境性,同时这两者还不是独立的,组合的句法和语义特征及语境依赖性问题可以被同时兼顾。作为直接反映时间线性和语境递增性的形式语法,动态句法学能够反映语言在语境中的使用情况,即通过结构递增与语境,它可以解释语言自身的结构特征。

正是基于上述理论渊源,动态句法学才将语言的结构形式与意义功能纳入同一

---

〔1〕 标示不足可以细分为语义标示不足(semantic underspecification)和结构标示不足(structural underspecification)两类,也就是所谓的语义和结构处于待定的情况下,必须通过下一步操作实现其解析。具体的介绍参见 Wu(2017)的介绍。

个形式语法解析框架,开创了语言学研究的新视野。下一小节将重点介绍动态句法学模型及其工具。

3.2 动态句法学模型与工具

在动态句法学模型中,自然语言的生成与理解是以句子的命题意义为驱动的,按照从左至右的线性顺序逐词递增构建起句子的表征结构。与生成语法一样,动态句法学采用树形图来表征语境中出现的概念,但这两者所使用的树形图本质上是大相径庭的。以英文句子"John admires Mary"为例,树形图如图3.1和图3.2所示:

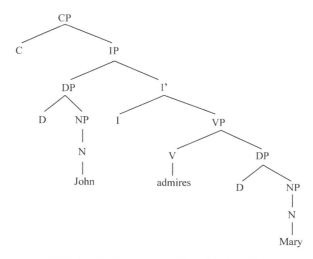

图 3.1 "John admires Mary"的句法结构

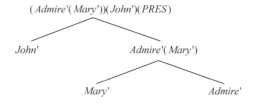

图 3.2 "John admires Mary"的动态句法学解析简图

与图3.1类似,图3.2的动态句法学树形图也只有一个逻辑式(logical form)表征层面,但与图3.1所反映的句法结构不同的是,图3.2并不能反映出词序及层级关系,树形图各个节点的内容只是对语义信息的表征,是可以通过λ演算(lambda calculus)标示出来的概念,整个树形图表示的是语符串"John admires Mary"的命题语义结构。由此可见,动态句法学所运用的形式工具与主流语言学不尽相同,而这些形式工具也是动态句法学模型话语解析的关键。本节将重点介绍动态句法学模型所运用的形式工具。

3.2.1 树逻辑

为了模拟自然语言从左至右构建句子结构表征的过程,动态句法学利用树结构来表征语境中话语的语义信息。正如上文所提及的那样,动态句法学所使用的语义树与句法树不同,其动态解析的过程是语义树不断生长扩容的过程,即从最初的部分结构,不断充实,变成完整的命题结构。

动态句法学对树增长动态过程的形式刻画是基于有限树逻辑(the logic of finite trees,LOFT)(Blackburn & Meyer-Viol 1994),一种描写双分枝树结构的模态逻辑,它所反映的是函项运用(functional application)中语义组合的模式。有限树逻辑可以通过下标 0 和 1 这样的数字索引来描写树结构中的各个节点(node)。按照惯例,某一节点的论元女儿节点用 n0 来索引,并放置在左侧,而其函项女儿节点则用 n1 表示,并放在右侧。节点位置则由 $Tn(0)$ 标示(Tn = tree node),其所带的索引则为该节点的值,如图 3.3 所示(转自 Wu 2017 图 2.3):

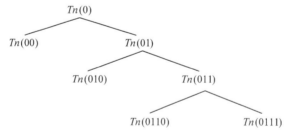

图 3.3　树节点位置图

除了树形图中单个节点的固定位置(图 3.3)外,节点的信息还包含该节点与其他节点之间的关系,动态句法学使用模态算子来描述节点之间的关系。动态句法学采用的是两个基本的模态:⟨↓⟩表示向下,反映的是子节关系,如⟨↓$_0$⟩表示处于女儿节点的论元,⟨↓$_1$⟩则表示处于女儿节点的函项;而⟨↑⟩表示向上,反映的是母节关系,⟨↑$_0$⟩⟨↑$_1$⟩分别表示论元子节和函项子节的母节点。同样的道理,⟨↓$_*$⟩表示某一节点在另一节点之下,反映的是非直接支配节点之间的关系,而⟨↑$_*$⟩则与之相反。⟨L⟩则表示两个结构树之间的链接关系(link)。上述的模态算子可以有下标,也可以无下标,而且还可以通过复写的形式来运算,如

⟨↓⟩⟨↓⟩、⟨↑⟩⟨↑⟩、⟨↑⟩⟨↓⟩和⟨↓⟩⟨↑⟩,这也意味着当前节点可以拥有其他节点的某些特征,通过复写的模态算子可以在其他节点得到满足。以图 3.3 中的 $Tn(0)$ 为参照节点,上述模态算子表示的关系可归纳如表 3.1 所示(转自于月 2017 表 3.2):

表 3.1 树节点关系

模态算子	意义
$\langle\downarrow_0\rangle X$	X 为 $Tn(0)$ 的论元女儿节点
$\langle\downarrow_1\rangle X$	X 为 $Tn(0)$ 的函项女儿节点
$\langle\downarrow\rangle X$	X 为 $Tn(0)$ 的女儿节点
$\langle\uparrow\rangle X$	X 为 $Tn(0)$ 的母亲节点
$\langle\downarrow_*\rangle X$	X 为 $Tn(0)$ 支配的节点
$\langle\uparrow_*\rangle X$	X 为支配 $Tn(0)$ 的节点
$\langle\downarrow\rangle\langle\downarrow\rangle X$	X 为 $Tn(0)$ 女儿节的女儿节
$\langle\uparrow\rangle\langle\uparrow\rangle X$	X 为 $Tn(0)$ 母亲节的母亲节
$\langle L\rangle X$	$Tn(0)$ 为 X 的链接发起节点
$\langle L^{-1}\rangle X$	X 为 $Tn(0)$ 的链接发起节点

3.2.2 树节点修饰

除了 3.2.1 小节提及的位置信息外,每个树节点还应能表征该节点的语义信息,即树形图每个节点都是语义修饰过的表征,并组合成句子的逻辑式。在动态句法学解析系统中,为表达不同的信息而使用了一系列的符号,这其中最为常用的就是 *Fo* 和 *Ty*。首先,动态句法学解析的中心目标是构建语义表达式,并通过 λ 算子进行演算。我们用 FORMULAE 来表征语境中词语的语义内容,简写为 *Fo*。举例来说,*Fo*(*Admire'*(*Mary'*)(*John'*))表示句子"John admires Mary"的语义信息。在具体解析中,*John'* 和 *Mary'* 分别指称现实世界中的两个个体"John"和"Mary",而 *admire'* 这一语义概念则来自及物动词"admire"。另一个符号 *Ty* 除了指称某个短语的语义类型外,还标示该表达式的类型。如类型 *t* 表示一个有真值含义的命题表达式,类型 *e* 则指称某个个体,而诸如函项这类的复杂类型则会提供包括论元的数量及类型等信息。动态句法学只运用三个基本类型逻辑符号,分别是 *e*、*t* 和 *cn*。动态句法学常见语义类型如表 3.2 所示(改编自 Cann et al. 2005 表 2.4):

表 3.2 常见语义类型

逻辑表达式	语义类型	例子
$Ty(e)$	个体	$Fo(Mary')$，$Fo(\varepsilon, Student'(x))$
$Ty(t)$	命题	$Fo(Sing'(Mary'))$，$Fo(Upset'(Joan')(Hilary'))$
$Ty(e{\rightarrow}t)$	一元谓词	$Fo(Upset'(Joan'))$，$Fo(run')$
$Ty(e{\rightarrow}(e{\rightarrow}t))$	二元谓词	$Fo(Upset')$，$Fo(Give'(Mary'))$
$Ty(e{\rightarrow}(e{\rightarrow}(e{\rightarrow}t)))$	三元谓词	$Fo(Give')$，$Fo(Put')$
$Ty(t{\rightarrow}(e{\rightarrow}t))$	句子修饰语	$Fo(Believe')$，$Fo(Say')$
$Ty(cn)$	普通名词	$Fo(x, Student'(x))$，$Fo(y, Father'(John')(y))$
$Ty(cn \rightarrow e)$	限定词	$Fo(\lambda P.\varepsilon, P)$

伴随着树节点修饰的完成,每个树节点上所有修饰的总和被称为描述性单位(declarative unit,DU),此时,每一个描述性单位都包含着位置信息与语义信息。以英文句子"John admires Mary"为例,图 3.4 展示了函项节点如何逐步与论元节点结合,并形成最终的命题意义表征。

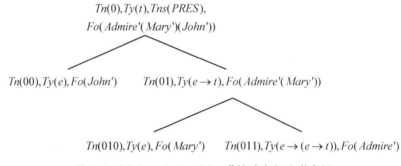

图 3.4 "John admires Mary"的动态句法学表征

3.2.3 需求与树的生长

动态句法学解析的过程就是树不断生长(tree growth)的过程。正如上文提到的那样,描述性单位已经包含了节点位置、语义类型及语义内容等修饰信息,此时,树生长的内在驱动力主要来源于部分节点的需求(requirements),也就是部分树的标示不足,通过满足各种需求,逐步完成语义树的构建。换言之,树的生长就是不断满足各种需求以解决不同形式标示不足的过程。

在动态句法学中,所谓的需求就是确立下一步操作的目标,通常我们会在树图中特定的标记前加"?"以标示这一需求。需求将贯穿语义树构建的始终,即在解析的特定阶段,除了描述性单位的修饰外,部分树的节点还必须接受需求的修饰。举例来讲,树生长的起点就是通过核心规则(axiom)构建根节点 $?Ty(t)$,其最终需求就是构建一个完整的命题表达式。尽管语义树的构建只起始于一个根节点,但其最终的目标是构建一个完整的命题表达式类型 t,即自然语言的解析是以目标为驱动的。只有 $?Ty(t)$ 的总体需求全部满足后,标记 $Ty(t)$ 才能进入根节点。由于解析的过程是递增的,为了处理更多的输入信息,总体目标被细分为更小的次目标(subgoal),因此,在动态句法学模型中,部分树的节点总是包含着描述性单位和一系列的需求,如图 3.5 所示:

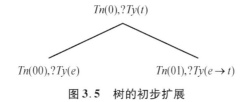

图 3.5　树的初步扩展

图 3.5 的树图说明,总体目标的实现依赖于两个次目标,即在需求的驱动下,根节点被分为两个女儿节点,也就是需要一个表达个体需求的 $?Ty(e)$ 和一个表达一元函项需求的 $?Ty(e{\rightarrow}t)$。随后,词汇信息的注入满足了两个女儿节点上的所有需求,并最终实现完整语义表达式的构建。

此外,动态句法学还使用指针(pointer),符号为◇,来标示待建节点。这一指针符号同时也标示着当前解析的状态。换言之,当指针在某个节点出现时,也就表示该节点的需求必须得到满足。举例来讲,$[?Ty(e),◇]$ 意味着论元位置的需求必须得到满足,而 $[?Ty(t),◇]$ 则意味着根节点的需求必须得到满足。以图 3.4 的解析为例,其解析过程的需求与指针停留如图 3.6 所示:

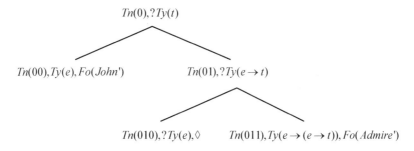

图 3.6　"John admires Mary"的需求与指针示意图

在图 3.6 中,指针的位置说明,主语"John"已经得到成功解析,句子待建的节点是动词"admire"的内论元"Mary"。此外,图 3.6 还表明解析的现阶段还存在三个明显的需求:$?Ty(t)$,$?Ty(e{\rightarrow}t)$ 和 $?Ty(e)$。在树的生长过程中,指针提供着解析的主要信息。关于指针的具体运用将在下一节——动态句法学的运作机制中做重点阐述。

3.3 动态句法学解析的动态性与运作机制

本节将重点介绍动态句法学如何运用上文所提及的形式工具呈现解析过程的动态性,并详细阐释动态句法学的内在运作机制。正如上文所提及的那样,语义树的发展是从左到右逐步构建不同解析状态的过程,那么,不同的解析状态是如何构建起联系的呢?这主要依赖于下文即将陈述的相关行为指令,它们分别是计算规则(computational rules)、词项行为(lexical actions)和语用行为(pragmatic actions),这三种行为指令也是动态句法学形式刻画的主要组成部分。

3.3.1 计算规则

不同解析状态之间的转换一般是由一系列的计算规则或词汇指令所允准的。计算规则主要用来规范语义树扩展与完善,是解析状态转换时所遵循的通用转换规则(transition rules)。这种规则可以分为输入树描述部分和输出树描述部分,如例(1)所示:

(1) 转换规则

Input Tree Description (输入树描述)	$\{...\phi...\Diamond\}$
Output Tree Description (输出树描述)	$\{...\psi...\Diamond\}$

例(1)展示了运用计算规则后的输入树和输出树,而指针◊则表示待建节点正在运用计算规则。值得注意的是,计算规则的调取与应用并不是随意的,运用时必须将指针移动到待建的节点上。下文将围绕动态句法学解析的先后顺序介绍相关的计算规则。

3.3.1.1 引入规则(introduction)与预测规则(predication)

正如上文提到的那样,动态句法学的目标是通过核心规则(axiom)构建根节点$?Ty(t)$,再通过计算规则将这一目标分为两个次目标 $?Ty(e)$ 与 $?Ty(e{\rightarrow}t)$,

这就是引入规则和预测规则。具体来说,引入规则能够赋予某一节点额外的需求,该节点的初始目标可以分为两个次目标以促进树生长,即一个已有类型需求的根节点可以通过引入规则扩展为两个有需求的女儿节点。其形式定义可以分别从树描述和树生长两个角度进行,如例(2)和图 3.7 所示:

(2) 引入规则

$$\frac{\{...?Ty(Y)...\Diamond\}}{\{...?Ty(Y),?\langle\downarrow_0\rangle Ty(X),?\langle\downarrow_1\rangle Ty(X\to Y),...\Diamond\}}$$

$$?Ty(Y),\Diamond \ \mapsto \ ?Ty(Y),?\langle\downarrow_0\rangle Ty(X),?\langle\downarrow_1\rangle Ty(X\to Y),\Diamond$$

图 3.7 引入规则树图

在例(2)中,引入规则仅仅使得一个节点类型为 Y 的需求扩展为类型 X 和类型 $X\to Y$ 这两个女儿节点,所以在图 3.7 的树图上并没有出现三个节点,而仍然只有一个节点,这也说明引入规则只是表明需求。而新节点的引入与构建则依赖于预测规则,此时指针将移动到新节点,并将所需的表达式类型修饰到该节点上。预测规则的形式定义与相应树图如例(3)和图 3.8 所示:

(3) 预测规则

$$\frac{\{Tn(n),...,?\langle\downarrow_0\rangle\phi,?\langle\downarrow_1\rangle\psi,\Diamond\}}{\{\{Tn(n),...,?\langle\downarrow_0\rangle\phi,?\langle\downarrow_1\rangle\psi,\Diamond\},\{\langle\uparrow_0\rangle Tn(n),?\phi,\Diamond\},\{\langle\uparrow_1\rangle Tn(n),?\psi\}\}}$$

$?Ty(Y),?\langle\downarrow_0\rangle Ty(X),?\langle\downarrow_1\rangle Ty(X\to Y),\Diamond \ \mapsto \ ?Ty(Y),?\langle\downarrow_0\rangle Ty(X),?\langle\downarrow_1\rangle Ty(X\to Y)$

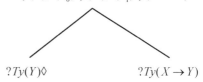

$?Ty(Y)\Diamond$ $?Ty(X\to Y)$

图 3.8 预测规则树图

如图 3.8 所示,预测规则根据引入规则所表明的需求,在树图上构建两个新的女儿节点。引入规则和预测规则之间的联系也非常清晰,引入规则负责引入模态算子修饰的需求,而预测规则将模态需求变为非模态需求,并构建新的节点。如果将上述规则形式定义中的类型变量 Y 和 X 分别替换为 t 和 e,句子主谓语的构建如图 3.9 所示:

$Tn(0)?Ty(t)◊ \mapsto Tn(0)?Ty(t),?\langle\downarrow_0\rangle Ty(e),?\langle\downarrow_1\rangle Ty(e\to t) \mapsto Tn(0)?Ty(t),?\langle\downarrow_0\rangle Ty(e),?\langle\downarrow_1\rangle Ty(e\to t)$

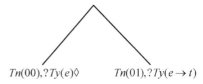

图 3.9 基于引入和预测构建主语和谓语

如图 3.9 所示,语义树的构建始于一个单一命题表达式需求 $?Ty(t)$,通过引入规则逐渐扩展为两个女儿节点需求的 $?Ty(e)$ 和 $?Ty(e\to t)$,最终通过预测规则构建论元女儿节点和函项女儿节点,并分别由需求 $?Ty(e)$ 和 $?Ty(e\to t)$ 修饰,获得如图 3.9 所示的语义树。

3.3.1.2 *加接规则(*adjunction)与链接加接规则(link adjunction)

到目前为止,引入规则和预测规则的使用都是为了引入新节点,并使其进入固定的节点位置,就像前面提到的主语和谓语一样。但在自然语言中,有些语言成分并不能一开始就确定位置,这也是上文提到的动态句法学所具有的标示不足的特点,如下例的左错位结构(left-dislocation structure):

(4) Mary, John admires.

在例(4)中,"Mary"占据的节点并不明确,只有在解析结束后才能确定其宾语论元的位置。本节所涉及的就是部分树中像"Mary"这样的非确定节点,引入这一节点的规则称为*加接规则。[1]所谓的*加接规则指的是输入节点 $Ty(t)$ 必须支配另一额外的 $Ty(e)$ 节点[此时 $Ty(e)$ 并不是 $Ty(t)$ 直接支配的女儿节点],并使其在扩展的语义树中寻找到一个固定的位置。其形式定义与树图如例(5)及图 3.10 所示:

(5) *加接规则

$$\frac{\{Tn(\alpha),\ldots ?Ty(t)◊\}}{\{\{Tn(\alpha),\ldots ?Ty(t)\},\{\langle\uparrow_*\rangle Tn(\alpha),?Ty(e),?\exists x.Tn(x),◊\}\}}$$

---

[1] 此处的 * 表示非确定性。

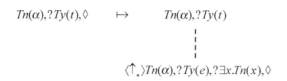

图 3.10 *加接规则树图

如果以例(4)这样的左错位结构为例,运用*加接规则后,左错位"Mary"的解析如图 3.11 所示：

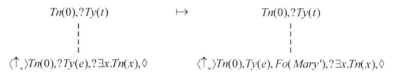

图 3.11 *加接规则应用："Mary"的解析

在图 3.11 中,指针停留在左错位"Mary"这一待建节点上,模态需求 $\langle\uparrow_*\rangle$ 则表明这一节点是整个语符串的一部分,而节点的位置信息则通过 $?\exists xTn(x)$ 来表达。随着解析的进行,语义树的扩展过程如图 3.12—图 3.14 所示。

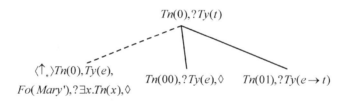

图 3.12 基于引入和预测构建主语和谓语

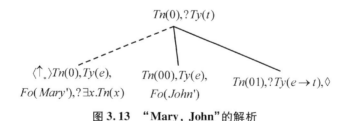

图 3.13 "Mary，John"的解析

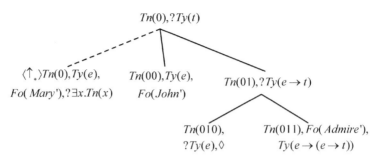

图 3.14 "Mary, John admires"的解析

当解析进行到图 3.14 时,加接生成的不确定节点上的类型需求与指针所停留的固定节点上的类型需求一致,此时两个节点可以互相融合,这也被称为合并(merge)[1],即两个节点上的节点描述(node description)合二为一。其形式定义如例(6)所示:

(6) 合并规则

$$\frac{\{...ND,ND'...\}}{\{...ND \cup ND'...\}}$$

$$◊ \in ND$$

回头再看图 3.14,此时动词"admire"的解析已经完成,指针◊停留在其内论元位置。此时没有新信息引入,左错位的"Mary"可以与待建的 $Ty(e)$ 节点合并。其过程如图 3.15 所示:

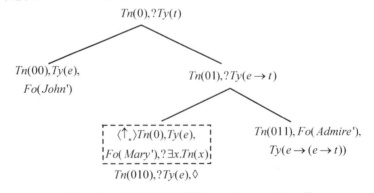

图 3.15 运用合并解析"Mary, John admires"

---

[1] 这里的 merge 与最简方案(Chomsky 1995)所用的术语是有区别的,Cann(2011)认为能够恰当表示这一操作的术语应该是 unification,可以译为"融合",这里仍然遵循惯例把它译成"合并"。

如图 3.15 所示，两个离散的节点在"admire"的内论元位置合并，这是因为加接生成的待定节点可以为固定节点 $Ty(e)$ 提供语义值，而后者则为前者提供了节点位置。

在动态句法学中，*加接规则不仅能表征同一语义树中两个离散节点的关系，还可以构建起两个离散语义树之间的联系，这也被称为链接加接规则，其形式定义如例（7）所示：

（7）链接加接规则

$$\frac{\{Tn(\alpha),Ty(e),Fo(\alpha)\Diamond\}}{\{\{Tn(\alpha),Ty(e),Fo(\alpha)\Diamond\},\{\langle L^{-1}\rangle Tn(\alpha),?Ty(t),?\langle\downarrow_*\rangle(Ty(e)\wedge Fo(\alpha))\Diamond\}\}}$$

例（7）表示两个语义树节点之间的链接关系，输入树的 $Ty(e)$ 的语义值为 $Fo(\alpha)$，这也就要求与其建立起链接关系的语义树中根节点具有相同的需求，即在链接树的 $?Ty(t)$ 节点下的某个待定节点具有与输入树相同的语义类型和语义值，表示为 $Ty(e)\wedge Fo(\alpha)$。输入树与输出树之间的链接关系用 L^{-1} 表示。链接加接规则广泛运用于各类关系从句，以英语非限定性关系小句为例，举例如下：

（8）John, whom Mary loves, smokes.

按照动态句法学的线性化解析，我们首先构建"John"，然后是关系小句，最后是动词"smoke"。由于主句和关系小句共享同一个语义信息 John'，我们可以利用链接加接规则将主从句串联起来，其链接操作如图 3.16 所示：

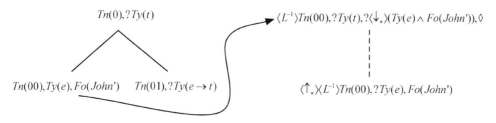

图 3.16 "John, who"的链接解析

在建立起链接关系后，解析继续进行，先构建起关系从句的完整解析语义式。随后，通过运用*加接规则和合并操作，构建起完整的语义表达式。最后函项"smoke"的注入帮助完成整个句子的语义解析。链接操作的具体实现过程与前文的加接解析类似，解析完成后的语义树如图 3.17 所示：

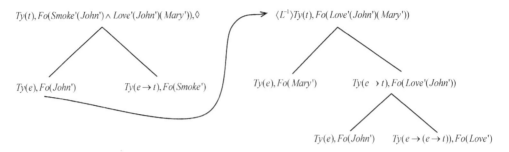

图 3.17 "John, whom Mary loves, smokes"的语义树

3.3.1.3 瘦身规则(thinning)、完成规则(completion)与消除规则(elimination)

前面两个小节介绍了语义树扩展中的构建规则,本节将主要介绍完成语义树构建的规则。动态句法学语义树的生长就是一个不断满足待定信息需求的过程,为了完成树的构建,当节点的需求得到满足时,我们需要消除这些需求。节点构建完成后,我们还要移除指针。此外,我们还要汇集女儿节点的所有信息以满足母节点的需求,这也就是本节所要介绍的瘦身规则、完成规则与消除规则。

瘦身规则指的是某一节点需求得到满足,此时的需求应该被去除,即语义表达式中的?被去除,指针保持不动。其形式定义与相应树图如例(9)及图 3.18 所示:

(9) 瘦身规则

$$\frac{\{\ldots\phi\ldots?\phi\ldots,\diamond\}}{\{\ldots\phi\ldots,\diamond\}}$$

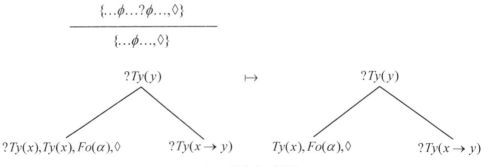

图 3.18 瘦身规则树图

瘦身规则的使用进一步简化了树节点的修饰。在图 3.18 中,论元节点的描述性单位中,同时具有需求 $?Ty(x)$ 和能满足其需求的 $Fo(\alpha)$ 时,需求 $?Ty(x)$ 才能被删去,指针仍保留在原节点。以英文句子"John smokes"为例,运用瘦身规则后,"John"的具体解析过程如图 3.19 所示:

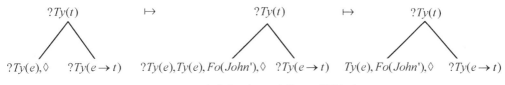

图 3.19 瘦身规则运用之"John"的解析

在运用完瘦身规则后,我们需要另一计算规则来移动指针,这就是完成规则。通过完成规则,指针从女儿节点移至母亲节点,相应的语义信息也被添加至母亲节点。其形式定义与树图如例(10)及图 3.20 所示:

(10) 完成规则

$$\frac{\{Tn(n)...\},\{\langle\uparrow_i\rangle Tn(n),...,Ty(X),...,\Diamond\}}{\{Tn(n),...,\langle\downarrow_i\rangle Ty(X),...,\Diamond\},\{\langle\uparrow_i\rangle Tn(n),Ty(X),...\}}$$

$i \in \{0,1\}$

图 3.20 完成规则树图

如图 3.20 所示,完成规则使得指针从女儿节点上移到母亲节点,并将语义类型 $Ty(X)$ 修饰到母亲节点上。[1]

最后,为了满足根节点的需求,并获得完整的语义表达式,女儿节点的语义信息要汇聚到根节点,实现上述需求的规则被称为消除规则。消除规则与引入规则恰好相反,它并不引入新的节点,而是通过函项运用规则汇聚女儿节点上的语义信息,即合并各女儿节点的逻辑表达式,得到母亲节点的表达式,并最终得到根节点的逻辑式。其形式定义与树图如例(11)及图 3.21 所示:

(11) 消除规则

$$\frac{\{...\langle\downarrow_0\rangle(Ty(X),Fo(\alpha)),\langle\downarrow_1\rangle(Ty(X\to Y),Fo(\beta))\Diamond\}}{\{...\{Ty(Y),Fo(\beta(\alpha)),\langle\downarrow_0\rangle(Ty(X),Fo(\alpha)),\langle\downarrow_1\rangle(Ty(X\to Y),Fo(\beta)...\Diamond\}\}}$$

---

[1] 值得注意的是,指针还可以从母亲节点下移到需要修饰的女儿节点,这也被称为期待规则(anticipation rule),具体介绍参见 Cann et al. (2005)。

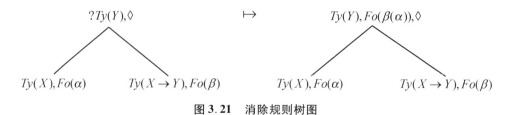

图 3.21　消除规则树图

同样,以英文句子"John smokes"为例,运用消除规则,整个句子的具体解析过程如图 3.22 所示:

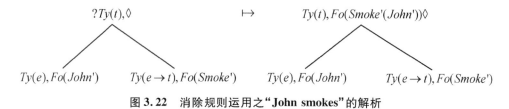

图 3.22　消除规则运用之"John smokes"的解析

到目前为止,我们可以看出,语义树的构建是自上而下的过程,而语义树的完成是从下往上的过程。换言之,引入规则在根节点引入模态需求,并通过预测规则构建相应的女儿节点。随后,通过瘦身规则、完成规则和消除规则的运用最终完成语义树的构建。然而,这些计算规则必须和词项行为结合起来才能得到完整的命题语义式,词项行为也被看作语义树构建的重要驱动力。下一节将主要介绍动态句法学的词项行为。

3.3.2　词项行为

前一节所讨论的计算规则主要用来扩展语义树,并为下一步解析提供范本格式,而此时节点的信息内容则是由词项行为所提供的。正如 Cann et al.(2005)所言的那样,在动态句法学中,词汇是解析过程的主要驱动力。[1]也就是说,当语符串被逐一解析时,词项行为便会发挥作用,并为话语解析注入信息内容。自然语言处理的过程就是构建内容表征的过程,而这一过程依赖于词汇信息所提供的一系列指令。

词项行为是基于词项语义表征而采取的一系列行为指令,主要包括节点的修饰、新节点的创造及指针的移动。具体来讲,每一词项行为都包括一个条件函

---

[1] 动态句法学与关联理论一样,语境中词汇的注入或引导都是为了构建最终的命题表达。词项功能语法和中心语驱动短语语法也认为词汇信息是构建句法结构的核心驱动力。但动态句法学中的词汇信息具有动态性和程序性,其目的是通过一系列的行为来扩展语义树,并最终实现命题表达。

数和两个行为,其动态过程可描述如下例所示(转自 Cann et al. 2005 例 2.21):

（12）词项行为指令
IF　　　?Ty(x)　　　　　Trigger
THEN　　…　　　　　　Actions
ELSE　　…　　　　　　Elsewhere Statement

在例(12)中,"IF"被称为触发器(trigger),引入词语解析的条件信息,即该词项可出现的语言环境,如果条件得到满足,后续行为指令才可以继续执行。"IF"的条件满足后,"THEN"的行为指令得以开启,这一系列的行为指令包括节点的逻辑类型、语义信息及相关需求等。具体来讲,行为指令包含的三个部分"make""go""put",分别代表构建一个新节点(make),指针移至该节点(go),并放置相关信息(逻辑类型、语义信息、需求、时体信息等)于该节点(put)。值得注意的是,三个行为指令的顺序非常关键,如果"put"在"make"前,意味着修饰某个节点后再去构建新的节点,而"make"放在"put"前则意味先构建新节点再修饰这一节点。最后,如果"THEN"的行为指令得不到满足就会引起"ELSE"这样的其他行为,也就是解析过程会停止,此即失败声明(elsewhere statement)。

为了更加直观地理解词项行为的运作机制,我们以前文出现过的"John"和"admire"为例详述词项行为指令的运作过程。首先,解析专名"John"时,词项行为指令及相应的树扩展分别如例(13)和图 3.23 所示:

（13）"John"的词项行为指令
IF　　　?Ty(e)
THEN　　put(Ty(e), Fo(John'), [↓]⊥)
ELSE　　abort

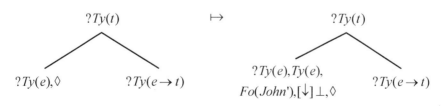

图 3.23 "John"的词项行为树图

在例(13)中,触发器启动的条件是 ?Ty(e),也就是需要一个实体语义类型为 e 的表达式。当这一条件得到满足后,行为指令将"John"的语义类型

$Ty(e)$和代表语义内容的逻辑式$Fo(John')$放置于该节点上,而此时的符号$[\downarrow]\perp$被称为终端限制(the bottom restriction),其所标示的节点就是终端节点(terminal node),即"John"之下不会再有女儿节点。再以二元谓词"admire"为例,其词项行为指令如例(14)所示:

(14)"admires"的词项行为指令

IF　　?$Ty(e{\to}t)$

THEN　go($\langle\uparrow_1\rangle$?$Ty(t)$); put($Tns(PRES)$);

　　　go($\langle\downarrow_1\rangle$?$Ty(e{\to}t)$); make($\langle\downarrow_1\rangle$);

　　　put($Fo(admire')$, $Ty(e{\to}(e{\to}t))$, $[\downarrow]\perp$);

　　　go($\langle\uparrow_1\rangle$); make($\langle\downarrow_0\rangle$); go($\langle\downarrow_0\rangle$); put(?$Ty(e)$)

ELSE　abort

如例(14)所示,如果"admire"能够满足条件?$Ty(e{\to}t)$,那么就可以构建一个新的谓语节点,并对其进行语义修饰。由于"admire"肩负时态信息,此时指针要回到其母亲节点,修饰动词所承载的时态$Tns(PRES)$。然后,指针返回到谓语节点,由于"admire"是及物动词,指针继续下移,构建一个新的函项节点,并将语义信息$Fo(Admire')$和$Ty(e{\to}(e{\to}t))$修饰于该节点。随后,指针返回谓语节点,构建它的内论元节点,并要求该节点的类型要求为?$Ty(e)$。为了清晰表达"admire"的语义修饰,我们可以用λ算子表示为:$Fo(\lambda y \lambda x[admire'(x,y)])$。在这一语义表达式中,兰姆达算子的运用揭示了动词"admire"所需要的论元数量及论元组合的顺序,即哪一个是内论元,哪一个是外论元。随着图3.23所示"John"词项行为的完成,指针移到及物动词"admire"上,语义解析的重心也会转移到谓语的构建上来。图3.24展示了及物动词"admire"的词项行为指令及其具体的解析过程。

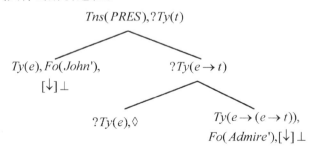

图3.24　"admire"的词项行为树图

图 3.24 展示了"admire"的词项行为是如何扩展语义树的。此时指针位于其内论元这一开放的 $?Ty(e)$ 节点，随着解析的进一步深入，我们只需将内论元"Mary"的语义内容修饰至该节点，及物动词"admire"的整个解析过程就会得以完成，如图 3.25 所示：

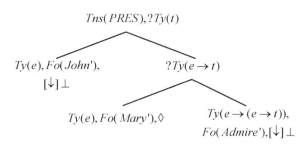

图 3.25 "admire"词项行为完成树图

到目前为止，计算规则和词项行为的协作可以完成语义树的基本解析。但是，当语句中某些成分具有语义不明确性的时候，例如代词成分，我们必须依托具体语境或上下文完成语义内容的填充，这也就是下一小节即将要呈现的动态句法学的语用行为。

3.3.3 语用行为

正如本章开头所提到的那样，动态句法学重视结构、语义与语用之间的互动关系，并将语用行为纳入语句的解析，其中，指称短语，尤其是代词，正是依托语用行为才获得完整的解析。在具体语境中，代词成分的语义并不确定，我们必须从语境中寻找其语义值，这种语用行为也被称为替代（substitution）。另外，在动态句法学中，词汇通过投射来表征语境中的话语，代词此时在逻辑形式上只能投射为占位符（placeholder），在具体解析中以一个语义值待定的元变量（metavariable）代之（动态句法学用 U 或 V 等符号表示元变量）。以英文第三人称代词"she"为例，其词项行为可表示如例（15）所示：

（15）"she"的词项行为指令
    IF $?Ty(e)$
    THEN put($Ty(e), Fo(U_{Female}), ?\exists x.Fo(x), ?\langle\uparrow_0\rangle Ty(t), [\downarrow]\bot$)
    ELSE abort

在例（15）中，$Ty(e)$ 表示语义类型要求；"she"投射的元变量包含"女性"特征，用 U_{Female} 来表示；$?\exists x.Fo(x)$ 意为其语义值存在于语境中，解析结束时会被替代(动态句法学中用⇑表示替代);而⟨↑₀⟩Ty(t)和[↓]⊥则分别表示代词的格要求及其底部限制。

为了更好地了解语用行为的操作过程,我们以下面的英文句子为例介绍代词的语用替代解析。

(16) John loves Mary, but she hates him.

首先,我们完成先行句"John loves Mary"的构建,其语义树图如图3.26所示(先行句的解析只是为代词替代提供相应语义信息,为便于解析,下图各节点只标注基本的语义修饰):

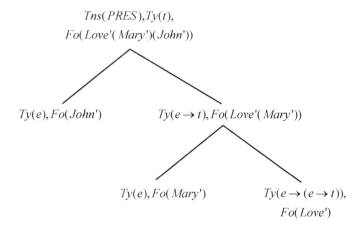

图3.26　"John loves Mary"的解析

接着,我们来看"she"的解析与替代,我们用元变量U_{Female}来表示"she"所肩负的女性特征,其词项行为指令如例(15)所示。根据上下文语境,"she"只能被先行句中的"Mary"所替代,即$?\exists x.Fo(x)$只能被$Fo(Mary')$所替代,其替代过程如图3.27所示:

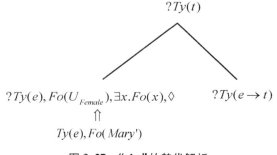

图3.27　"she"的替代解析

随着解析的进行,"she"被 $Fo(Mary')$ 替代后,指针移动到谓语节点,开始动词"hates"的构建(相应的词项行为指令参见前一节的论述),并构建二元函项的内论元节点,此时指针进一步移至内论元节点,开始代词"him"的解析。同样,其投射出的元变量 V_{Male} 只能被 $Fo(John')$ 所替代,其替代过程如图 3.28 所示:

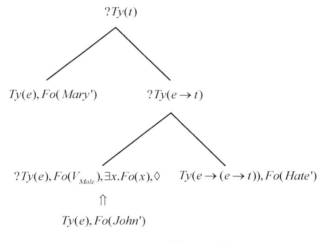

图 3.28 "him"的替代解析

依托具体的语境,动态句法学的语用替代操作可以为代词的解析提供确定的语义,但这样的规则同样受到一定的限制。Kempson et al.(2001)曾指出,计算规则和词项行为属于动态句法学的内部系统,而作为语用行为的替代属于外部系统,其操作受到内部系统的制约,即同一语义树的两个论元之间不能运用替代解析。此外,语用替代还可以解释代词脱落语言(pro-drop languages),具体的介绍参见 Cann et al.(2005)对西班牙语和希腊语的论述及 Wu(2017)对汉语的论述。

3.3.4 动态句法学实例分析

介绍完动态句法学解析的各项规则之后,我们以英文简单句"Adam dislikes Mia"为例,来直观、全面地了解动态句法学树结构是如何一步一步完成构建的。

首先,解析通过核心规则引入根节点,一个具有命题需求的 $Ty(t)$。随后通过引入规则在根节点上引入两个模态需求,并通过预测规则建立两个女儿节点,完成树结构的初步构建。如图 3.29 所示:

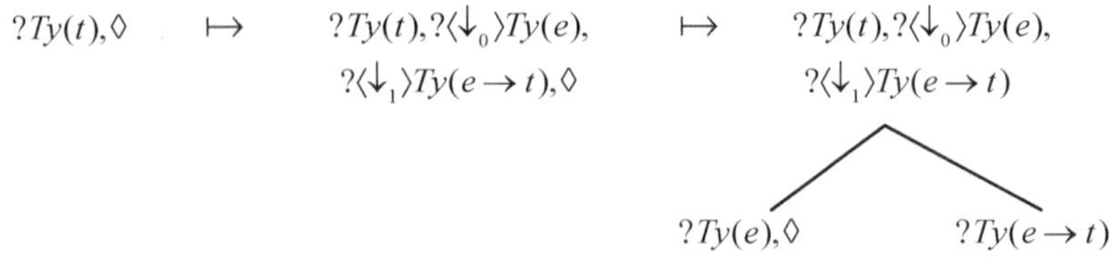

$$?Ty(t),\Diamond \quad \mapsto \quad \begin{array}{c}?Ty(t),?\langle\downarrow_0\rangle Ty(e),\\ ?\langle\downarrow_1\rangle Ty(e\to t),\Diamond\end{array} \quad \mapsto \quad \begin{array}{c}?Ty(t),?\langle\downarrow_0\rangle Ty(e),\\ ?\langle\downarrow_1\rangle Ty(e\to t)\end{array}$$

$$?Ty(e),\Diamond \qquad ?Ty(e\to t)$$

图3.29 "Adam dislikes Mia"的初步扩展

完成了树结构的初步扩展后,此时待建节点的指针位于论元节点。这时词项行为指令为树结构注入语义信息,句子的主语"Adam"首先被解析,其词项行为指令如例(17)所示:

(17) "Adam"的词项行为指令

IF　　　$?Ty(e)$

THEN　put($Ty(e)$, $Fo(Adam')$, $[\downarrow]\bot$)

ELSE　abort

此时,来自"Adam"的词汇信息能够满足开放论元节点对个体类型 e 的需求,即 IF 的条件得到满足后,论元节点因此可以被语义类型 $Ty(e)$ 和语义值 $Fo(Adam')$ 所标注。在此之后,瘦身规则得以调动,并去除论元节点的需求,如图3.30所示:

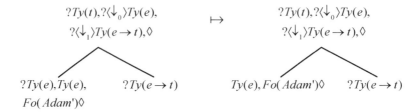

图3.30 "Adam"的解析:外论元节点的瘦身

外论元节点的解析完成后,该节点已具有完整的语义类型,这时完成规则得以调用。指针上移至根节点,也就是论元女儿节点的母亲节点,论元节点的语义信息也随即被修饰至根节点,如图3.31左部分所示。此时,瘦身规则再次被调用以去除根节点的需求 $?\langle\downarrow_0\rangle ?Ty(e)$,如图3.31右部分所示。

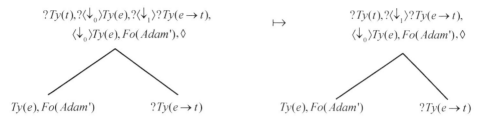

图 3.31 "Adam"的解析：根节点的完成与瘦身

"Adam"的解析完成后，指针移到函项节点，下一步树节点扩展的重心也就转移到动词之上，如图 3.32 所示：

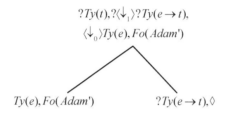

图 3.32 谓项节点的构建

当指针移至函项节点时，动词"dislikes"的解析就已经开始了，它的词项行为指令如例（18）所示：

（18） "dislikes"的词项行为指令

　　IF　　　　$?Ty(e{\rightarrow}t)$

　　THEN　　$go(\langle\uparrow_1\rangle?Ty(t));\ put(Tns(PRES));\ go(\langle\downarrow_1\rangle?Ty(e{\rightarrow}t));$
　　　　　　$make(\langle\downarrow_1\rangle);\ put(Fo(Dislike'),\ Ty(e{\rightarrow}(e{\rightarrow}t)),[\downarrow]\bot);\ go(\langle\uparrow_1\rangle);$
　　　　　　$make(\langle\downarrow_0\rangle);\ go(\langle\downarrow_0\rangle);\ put(?Ty(e))$

　　ELSE　　abort

构建谓项节点的需求启动了动词的解析，当前的任务就变成了 $?Ty(e{\rightarrow}t)$。首先，在指令 $go\langle\uparrow_1\rangle?Ty(t)$ 的驱动下，指针返回根节点并添加时态信息 Tns（$PRES$）。随后，在指令 $go\langle\downarrow_1\rangle?Ty(e{\rightarrow}t)$ 的驱动下，指针返回谓项节点，并按照及物动词"dislike"的要求构建相应节点，即构建二元函项节点，以及遵循预测规则构建内论元节点，指针也随之移至新的论元节点，如图 3.33 所示：

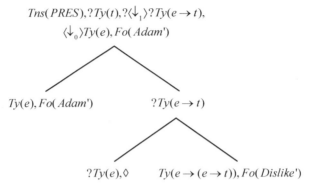

图 3.33 "Adam dislikes"的解析

随着指针移至内论元节点,"Mia"的解析也就随之被启动,它的相关词项行为指令如例(19)所示:

(19) "Mia"的词项行为指令
IF　　?Ty(e)
THEN　put(Ty(e), Fo(Mia'), [↓]⊥)
ELSE　abort

与主语的解析一致,宾语的词汇信息同样可以满足内论元?Ty(e)的需求,并通过瘦身规则修饰添加相关语义内容,如图3.34所示:

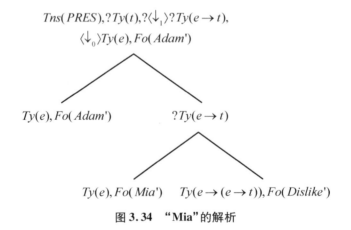

图 3.34 "Mia"的解析

到目前为止,所有的词汇信息都已经注入树结构。解析也就转向中间节点的解析,此时,消除规则被启动,并通过函项应用来产生相应的语义式以满足中间节点的需求。具体过程如下:指针首先移至一元函项,消除规则启动,两个女儿节点即内论元与二元函项的语义值通过函项应用被合并到一起,此时合并的信息能够满足母亲节点的需求,中间节点的需求 $?Ty(e→t)$ 也随之被移除,如图 3.35 所示:

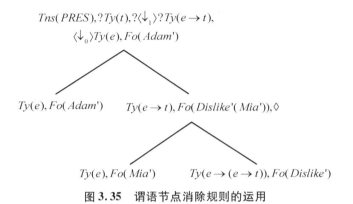

图 3.35　谓语节点消除规则的运用

最后,完成规则被运用于根节点,指针从函项节点移至根节点,并将函项节点的语义信息添加至根节点,如图 3.36 所示:

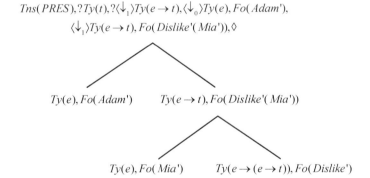

图 3.36　根节点完成规则的运用

通过进一步运用瘦身规则,图 3.36 中根节点上的模态需求 $?\langle\downarrow_1\rangle Ty(e→t)$ 被移除。通过消除规则,表示解析结果的命题逻辑式 $Fo(Dislike'(Mia')(Adam'))$ 被修饰至根节点,根节点的命题需求 $?Ty(t)$ 也因此被移除,最终会生成"Adam dislikes Mia"这一完整的树结构,如图 3.37 所示:

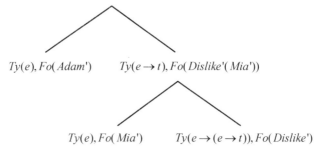

图 3.37 "Adam dislikes Mia"的解析图

上述简单句的动态解析同样可以扩展至内嵌句,我们以"John thinks that Adam dislikes Mia"为例来说明内嵌句的动态解析过程。首先,"think"的逻辑形式可以投射出二元谓项,其宾语论元是一个 $Ty(t)$,即一个 $Ty(t)$ 内嵌于另一个根节点为 $Ty(t)$ 的语义树。按照上文所提及的核心规则,并调用相关计算规则和词项行为指令构建"John thinks"(为了更简洁地展示内嵌句的构建,上文已提及的构建细节及根节点的模态需求在此一并略去,不再赘述)。其树图如图 3.38 所示:

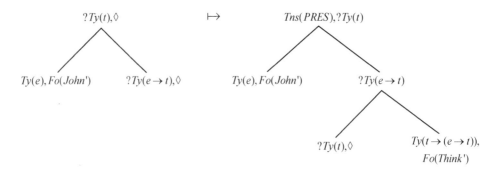

图 3.38 "John thinks"的解析

在这之后就是标句词(complementiser)"that"的解析。Cann et al.(2005)认为,"that"要求接下来的小句是限定性的,其构建与时态谓词(tense predicate)类似,语义需求可以表示为 $?\exists x.Tns(x)$。因此,"that"的词项行为指令可表示为例(20)所示:

（20）"that"的词项行为指令
IF　　?$Ty(t)$
THEN　IF　　[↓]⊥
　　　THEN　abort
　　　ELSE　put(?$\exists x. Tns(x)$)
ELSE　abort

在例(20)中，"that"还具有一个额外的语境需求，即触发节点不能是底层节点[↓]⊥，否则解析会停止。其相应树图如图3.39所示：

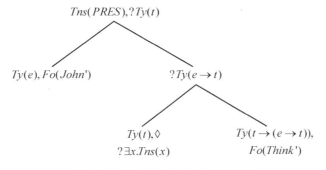

图 3.39　"John thinks that"的解析

内嵌小句的解析与前面所提及的简单句解析一致，其解析完成后的树图如图3.40所示：

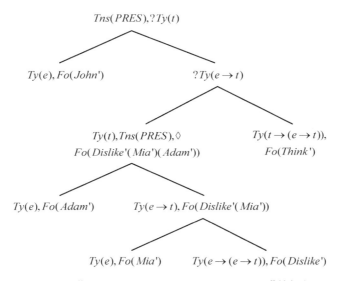

图 3.40　"John thinks that Adam dislikes Mia"的解析

值得注意的是,在图3.40内嵌命题节点的构建中,瘦身规则先后被运用两次,一次用来移除命题节点的类型需求 $?Ty(t)$,还有一次是用来移除时态信息需求 $?\exists x.Tns(x)$。随着谓语节点及顶层命题节点上完成规则、消除规则和瘦身规则的先后使用,整个句子的解析趋于完成。其最终的结构如图3.41所示:

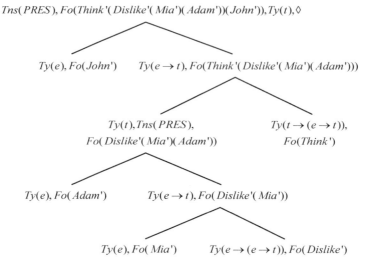

图3.41 "John thinks that Adam dislikes Mia"的最终解析

动态句法学的整个解析过程表明,语义表征的构建是以目标为驱动、从左至右动态递增的过程,而输入结构与输出结构之间的转换则依赖于上文所提及的计算规则和词项信息之间的协作。但动态句法学在实际运用之中仍然存在难以逾越的瓶颈,基于谓词逻辑的形式演绎系统很难完美地将时体信息、条件从句等纳入其解释框架。近年来,动态句法学将事件结构纳入其解析框架,大大提高了理论自身的解释力,也拓宽了理论运用的范围。下一节将主要介绍动态句法学中事件节点的引入及其解释力。

3.4 动态句法学理论的新发展:事件节点的引入

Davidson(1967)首先提出事件论元(event argument)这一概念,随后的形式语义学分析大多采纳了这一提法。Gregoromichelaki(2006)首先将事件论元引入动态句法学分析中,并为动态句法学分析打开了一扇新窗,极大地提升了理论自身的解释力。本节将主要介绍事件论元思想发展及动态句法学中事件节点的运用与相关实例分析。

3.4.1 语义学中的事件论元及其发展

Davidson(1967)研究了英语中的行为句(action sentence),并分析了下面这样的句子(转自 Davidson 1967):

(21) John did it slowly, deliberately, in the bathroom, with a knife, at midnight.

从语感上来看,例(21)可能有多个意思,如"John buttered a piece of toast slowly""John buttered a piece of toast deliberately"等。Davidson 指出,如果句中"it"的指称用"x"来替代,那么它必须被某个项(term)所替代,但在例(21)中,能替代它的项不是单一的。由此,Davidson(1967)认为,一个动作动词的论元结构除了常规的个体论元外,还隐含着一个事件论元,它表征了由命题所表达的情境(situation)。事件论元可以看作指称表达的先行语,就像例(21)中的"it"一样。换言之,行为动词的使用就暗含着事件的发生,动词除了带传统意义的论元外,还会产生一个动作变量,即事件变量(event variable)。再如下例(转自 Davidson 1967 例 17):

(22) a. Shem kicked Shaun.
  b. (∃x)(kicked (Shem, Shaun, x))

在例(22b)中,动词"kicked"除了两个论元外,还有一个指称事件的事件论元 x,作为变量,它必须受到存在量词的约束。[1]其语义解读就是:存在一个事件 x,在 x 中"Shem"踢了"Shaun"。

在 Davidson(1967)的分析基础之上,Parsons(1990)把动词进一步解构(decompose),并提出了亚原子语义学(subatomic semantics)。如下例:

(23) a. John loves Mary.
  b. ∃x (Love(e) & Lover (e, john) & Loved-one (e, mary))
  c. ∃x (Love(e) & Experiencer (e, john) & Theme (e, mary))

例(23a)中动词"love"的两个论元在例(23b)中被刻画为事件的参与者,而例(23c)体现的则是题元关系。在这一框架下,所有的动词都是事件的一元

---

[1] Higginbotham(1985)和 Parsons(1995)等进一步将 Davidson 的分析扩展到所有的动词,也就是所有的句子都可以是一个事件。

谓项,跟动词类似,副词修饰成分也可以是事件结构的直接谓项,如下面两例(转自 Herburger 2000 例 2):

(24) a. Louise always said hi TO ALBERT.
b. LOUISE always said hi to Albert.

而根据 Partee(1991)的观点,限定词量化(D-quantification)的对象是个体,而副词所量化的是场景或事件(episodes or cases),并且具有跨语言的普遍性。依托于上文的事件解构分析,例(24)的语义表达式为:

(25) a. [all e: C(e) & Say-hi(e) & Past(e) & Agent(e, lousie)] To(e, albert) & Say-hi(e) & Past(e) & Agent(e, lousie)
b. [all e: C(e) & Say-hi(e) & Past(e) & To(e, albert)] Agent(e, lousie) & Say-hi(e) & Past(e) & To(e, albert)

例(25a)所表达的意义是:在 Louise 问候别人的相关事件中,问候的人只能是 Albert;而例(25b)则意为:在所有问候 Albert 的相关事件中,问候的发起者是 Louise。例(25a)与例(25b)中焦点的实现主要依赖于 C(e)的限制作用,即量化词都受到语境谓项 C 的限制,而 C 的真值则由上下文的话语所决定。

正如本章开头所言的那样,动态句法学本身就强调句法、语义和语用的互动关系,事件论元也就很自然地被纳入动态句法学的理论框架中。下一小节我们将主要介绍事件论元思想与动态句法学的结合。

3.4.2 动态句法学中事件节点的引入

根据形式语义学的最新发展,Gregoromichelaki(2006)认为,动态句法学可以使用一个额外的论元来表征用于情境评估的命题(另见 Heim 1990; Von Fintel 1994; Chierchia 1995; 等)。根据 Farkas(1997)的观点,对于每一个世界 w,都有一个扩展的模型 $M_w < S_w, U_w, V_w >$,其中,S_w 是 w 中情境的集合,U_w 是 w 中个体的集合,而 V_w 则根据 S_w 中的情境给语言中的常量赋值。根据 Kratzer(1991)的观点,每一个情境都是某个特定世界的组成部分,世界就是最大化的情境。世界 w 中逻辑式(lf)的真值取决于 w 中情境的真值,其具体表述如下(转自 Gregoromichelaki 2011 例 54):

(26) 在 M_w 模型中,一个 lf 在 w 中为真,当且仅当在 w 的情境集合 S_w 中存在一个情境 s,并且 lf 在 s 中为真。

Gregoromichelaki(2006,2011)采纳了上述假设,将情境论元纳入动态句法学,使其作为谓语论元在动态句法学语义树上得以表征,并通过函项运用加以结合。因此,在动态句法学的类型集合中就有了新的类型 $Ty(e_s)$,也就是说,$Ty(e)$ 是一般类型,而作为其次类的 $Ty(e_s)$ 可以表达情境,$Ty(e_i)$ 表达个体,而 $Ty(e_w)$ 表达世界。情境论元的使用使得词库中提取的动词被额外赋予了一个情境论元槽(slot),并随时可以被来自语境的信息所填充。

情境论元的引入可以合理地阐释辖域歧义,也就是通过情境论元与个体论元的互动实现不同的意义解读。如下例(转自 Gregoromichelaki 2011 例57—例59):

(27) Henry gracefully ate all the crisps.
    (i) $\forall y. \text{Crisp}'(y) \rightarrow \exists t. \text{Eat}'(\text{Henry}', y, t) \wedge \text{Graceful}(t)$
    (ii) $\exists t. \forall y. \text{Crisp}'(y) \rightarrow \text{Eat}'(\text{Henry}', y, t) \wedge \text{Graceful}'(t)$

在上述语义逻辑式中,y 为个体变量,t 为情境变量,当个体变量取宽域时就会产生例(27i)的解读,而当情境变量取宽域时就会产生例(27ii)的解读。由此可见,情境论元的引入可以提高动态句法学的解释力。

把情境论元引入动态句法学解析系统后,语义树的扩展中就会增加一个事件节点,句子的时体信息、情态及修饰成分等都可以通过域评估(scope evaluation)进入该节点,从而拓展理论的解释力。下面以简单句"John smokes"为例,简单陈述事件节点的操作过程(相关时体和域评估的细节略去)。首先,根据核心原则构建根节点并引出两个额外的节点 $Ty(e_s)$ 和 $Ty(e_s \rightarrow t)$,其过程如图3.42所示:

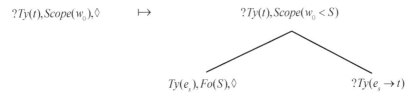

图3.42 起始树与 $Ty(e_s)$ 节点的引入

从图3.42的左部分可以看出,起始树的根节点上修饰了域说明(scope statement),w_0 为待评估世界(the world of evaluation),这就要求进入 $Ty(e_s)$ 节点的诸如 S_i、S_j 和 S_k 这样的元变量必须要经过 w_0 的评估。在图3.42的右部分,指针移动到了 $Ty(e_s)$,而此时元变量 S 经历了 w_0 的评估进入该节点,即

$Scope(w_0 < S)$。[1] 在完成 $Ty(e_s)$ 节点的构建后,指针会移动到 $Ty(e_s \to t)$ 节点,这一节点的构建也就等同于前一小节中的 $?Ty(t)$ 节点,通过使用引入规则和预测规则继续扩展语义树的主语节点和谓语节点,并通过使用相关计算规则和词项行为指令完成语义树的构建,其最终语义树图如图3.43所示:

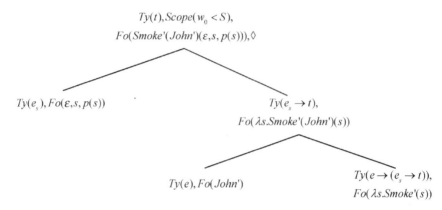

图 3.43　"John smokes"的解析

如图3.43所示,语境中出现的项可以填充并替代 $Ty(e_s)$ 节点的元变量,该节点的语义修饰也就变为 ε, s, $p(s)$。至此,"John smokes"的解析完成。当然,顶层节点的最终修饰还包括域评估,其具体的操作过程将在第5章进行详细阐述。下一节将会聚焦动态句法学中事件节点应用的实例。

3.4.3　动态句法学事件节点的解释力

上一节介绍了事件论元及事件节点在动态句法学解析中的运用,该节点的引入可以解释句子所承载的时体和情态等信息,同时还可以将动态句法学的解析拓展至复合句的范畴。本节将主要介绍事件节点在条件句(Gregoromichelaki 2006,2011)和助动词(Cann 2011)解析中的运用。

3.4.3.1　条件句的解析

条件句一直都是语义学研究的热点,它几乎涉及了语义学研究的所有问题,无论是逻辑层面还是语言形式,抑或是描写问题还是理论问题。在动态句法学解析系统中,对于关系从句的解析通常是通过链接树来构建的,条件句也与之相类似,可以通过链接构建起两个句子之间的联系,但条件句与关系从句又存在着差异。如下面两例(转自 Gregoromichelaki 2011 例34 和例35):

---

[1] 根据动态句法学的域评估规则,这里的表示 w_0 的域大于元变量 S 的域。

(28) a. If John shouts, Mary gets upset.
b. Mary gets upset, if John shouts.

从上面两例可以看出,条件句的位置更加灵活,而关系从句必须依附于某个论元成分,其位置随着该论元的变化而变化。就条件句的位置而言,它更像一个论元,也就是说,if 从句可以通过链接与句内的一个论元联系起来,这样就可以更好地解释为什么条件句的位置相对灵活了。

根据 Gregoromichelaki(2006,2011) 的观点,含有 if 从句的句子会产生两棵语义树:被称为后续句(consequent)的主句会生成一棵语义树,而先行句(antecedent)的解析则会产生另一棵链接树(link tree),其基本构建如图 3.44 所示:

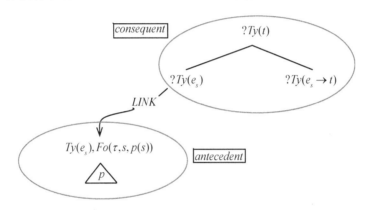

图 3.44 "if p"的链接构建

在图 3.44 中,条件句的先行句"if p"会产生一个 τ 项(τ-term),并被修饰至链接树的根节点。τ 项随后会被拷贝至 $Ty(e_s)$ 节点,并通过函项应用添加至主句的根节点。条件句的具体解析图如图 3.45 所示(细节从略):

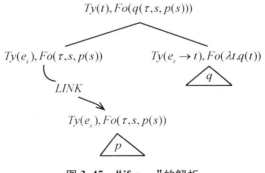

图 3.45 "if p, q"的解析

从全称量化的角度来讲,"if p"可以看作情境(τ, s, ps)的限定部分,而主

句"q"则是核心部分。换言之,"q"具有情境的属性,即当所有情境满足于"p"所提供的 $q(\tau,s,ps)$ 的描述时,"q"为真。

下面以条件句"If John cries, Mary laughs"为例,简单刻画一下条件句的构建过程。首先,如图3.46所示,通过运用引入规则和预测规则在根节点 $?Ty(t)$ 下创建两个女儿节点,指针移动至位于左侧的论元节点 $Ty(e_s)$:

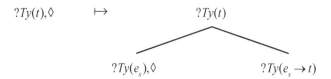

图3.46 "If John cries, Mary laughs"的起始树

随后就是链接树的构建,通过运用类型演绎及函项应用,"if"的词项行为指令如下:

(29)"If John cries, Mary laughs"中"if"的词项行为指令

    IF $?Ty(e_s)$

    THEN   put($?[\exists x. Fo(x) \wedge \langle L \rangle Fo(x)]$);

               Make($\langle L \rangle$); go($\langle L \rangle$); put($?Ty(e_s)$);

               make($\langle \downarrow_1 \rangle$); go($\langle \downarrow_1 \rangle$);

               put($Ty(cn_s \to e_s)), Fo(\lambda P. \tau, P)$; go($\langle \uparrow_1 \rangle$);

               make($\langle \downarrow_0 \rangle$); go($\langle \downarrow_0 \rangle$); put($?Ty(cn_s)$); make($\langle \downarrow_1 \rangle$);

               put($?Ty(t \to cn_s)$), freshput($s, Fo(\lambda R. s, R)$); go($\langle \uparrow_1 \rangle$);

               make($\langle \downarrow_0 \rangle$); go($\langle \downarrow_0 \rangle$); put($?Ty(t)$);

               make($\langle \downarrow_0 \rangle$); go($\langle \downarrow_0 \rangle$); put($Ty(e_s), Fo(s)$)

    ELSE   abort

链接树构建的前提是两个节点必须有共享的语义式,所以"if"词项行为指令的第一步就是插入[$?\exists x. Fo(x) \wedge \langle L \rangle Fo(x)$];第二步,通过指令[Make($\langle L \rangle$); go($\langle L \rangle$); put($?Ty(e_s)$)]构建链接树的新节点 $Ty(e_s)$,这个节点同时也是 $Ty(e_s)$ 节点中 τ 项产生的地方;第三步通过指令[make($\langle \downarrow_1 \rangle$); go($\langle \downarrow_1 \rangle$)]构建函项节点,并通过指令[put($Ty(cn_s \to e_s)$), $Fo(\lambda P. \tau, P)$]引入 τ 项,完成后再构建论元节点 $Ty(cn_s)$;第四步,通过相关指令再构建一个函项女儿节点和一个类型为 $Ty(t)$ 的论元女儿节点,值得注意的是指令[freshput(s, $Fo(\lambda R. s, R)$)]指的是第一次放置前文没出现过的变量;第五步的指令[make

$(\langle\downarrow_0\rangle);\mathrm{go}(\langle\downarrow_0\rangle);\mathrm{put}(Ty(e_s),Fo(s))]$ 则意味着条件句解析的开始，"if" 构建的具体过程，如图 3.47 所示：

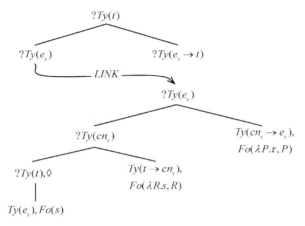

图 3.47 "If" 的解析

随着解析的进行，先行句 "If John cries" 的具体解析如图 3.48 所示：

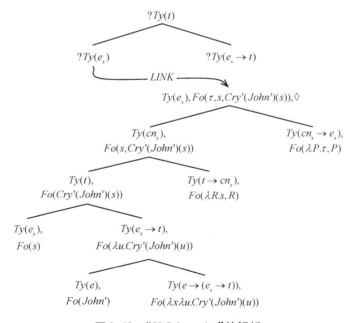

图 3.48 "If John cries" 的解析

如图 3.48 所示，"If John cries" 的解析已经完成。值得注意的是，链接树中类型 t 节点表征的是情境的集合，而不是具有真值意义的命题，此时新引入的 τ 项也受到解析 "John cries" 所产生的命题内容的限定。在完成先行句的解析后，我们需要将链接树顶层节点的语义式拷贝至主树，即通过链接评估规则（link evaluation rule），将指针移动至主树的 $Ty(e_s)$ 节点，并将语义式拷贝至该处，如图 3.49 所示：

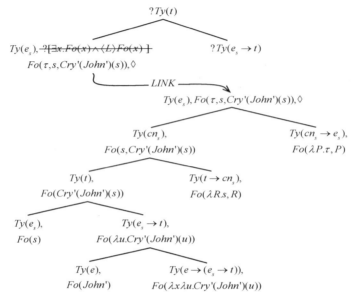

图 3.49 "If John cries"的链接评估解析

当先行句成功与主句构建起链接后，后续句的解析得以继续进行，并完成整个句子的解析。句子的完整解析图如图 3.50 所示：

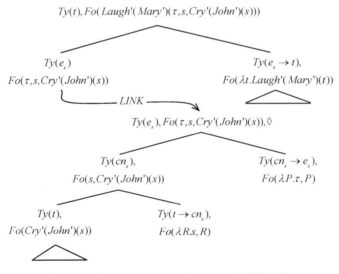

图 3.50 "If John cries, Mary laughs"的解析

在图 3.50 中，顶层节点所产生的语义式就是对语境限制情境的全称量化，这一情境要同时满足"John cries"和"Mary laughs"。同时，语义式中的 τ 项既见证了包含自身语义式的真值，也见证了限定部分的真值。换言之，在每一个"John cries"的情境里，"Mary laughs"都为真。

由此可见，事件节点的运用可以比较满意地解决条件句的解析。除此之外，Cann（2011）也采用事件节点分析了英语的助动词系统，其核心解析过程将在下一小节中得到呈现。

3.4.3.2　英语助动词的解析

自 20 世纪下半叶开始，英语助动词系统一直是研究的热点，其中最具代表性的是 Chomsky（1957）从转换生成角度的研究。英语的助动词系统是复杂的，不仅存在牵一发而动全身的形态依存，而且动词成分之间排序也是有限制的。如下面一组例子（节选自 Cann 2011 例1 和例2）：

(30) a. Mary dances/danced/ * dance/ * dancing.
　　　b. Mary will dance/ * dances/ * danced/ * dancing.
　　　c. Mary has danced/ * dances/ * dance/ * dancing.
　　　d. Mary will have been dancing.

在英语的句法结构中，助动词还具有主要动词所不具备的一些特征：助动词既可以附着否定标记"not"，即"not"可以出现在助动词之后，或紧缩为否定形式；助动词也可以出现在主语之前；它还可以允准省略；等等。面对助动词系统的上述特性，转换生成语法认为，助动词与主要动词的相关后缀在深层结构（deep structure）是相互联系的，并通过相应的词缀跳跃（affix hopping）规则移动相关词缀语素以形成表层结构的语序。而在非转换生成框架下，一般认为助动词是动词短语的中心语，作为补足语的主要动词则要求中心语具有一定的特征，也就是通过构造复杂谓语（一个谓语选择另一谓语作为其论元）来处理助动词结构（Warner 1993,2000）。但这些研究都没有解释助动词结构各个成分之间组合的动态性，也没有解释为什么复合助动词结构成分之间的不同组合会产生不同的时体信息。Cann（2011）认为时体信息可以通过额外的情境论元得以解决，即事件节点可以提供足够的时间结构，并随着主要动词词汇语义的输入而逐步充实。采用动态句法学递增式的解析方式，我们可以逐步构建起助动词结构的语义结构，并能够抓住例（30）所示的组合性特征。下面我们就以实例来呈现 Cann（2011）的具体分析。

Cann（2011）认为动词凭借自身语义特征就可以构建所有的核心论元结

构,他弃用了前文所提到的引入规则和预测规则,代之以 * 局部加接(local * adjunction),该规则表述如例(31)所示:

(31) " * 局部加接"的词项行为指令

IF　　　　?Ty(t)
THEN　IF　　↓$_*$⊥
　　　　THEN　abort
　　　　ELSE　make (⟨↓$_∧$⟩); go (⟨↓$_∧$⟩);
　　　　　　　put(?Ty(α)?∃x.Tn(x))　[α∈{e,t...}]
ELSE　Abort

在例(31)中,局部性非固定节点 ?x.Tn(x)在命题节点 ?Ty(t)之下,它必须是终端节点,如↓$_*$⊥所示。局部模态算子用⟨↓$_∧$⟩或⟨↑$_∧$⟩表示[1],make(⟨↓$_∧$⟩)也就表示创建局部非固定节点。以"Mary sang"为例,解析的起始及"Mary"的具体解析过程如图 3.51 所示:

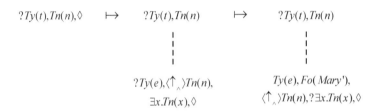

图 3.51　"Mary"的解析过程

采纳 Gregoromichelaki(2006)的分析,Cann(2011)认为动词可以投射出一个事件论元 e_{sit},其可以涵盖可能性、时间及事件等。在动态句法学中,每一个类型 e 都是一个量化结构,其内部结构来源于 ϵ 算法,即每一内部结构都包含 ϵ 算子或 ι 算子(唯一性算子指的是限定项)和一个受约束的变量,如 a book =(ϵ, x, Book'(x))。事件论元也不例外,它包含一个 ϵ 算子,其语义内容主要来自动词词干及助动词的时体屈折等。此外,ϵ 算子还受事件发生时间与说话时间先后顺序的限制,两个主要的时间点分别是说话的时间(s_{now})和参照时间(R),如英语中的过去时表述的就是参照时间在说话时间之前,即 $R < s_{now}$。此外,个体谓语所陈述的事件与参照时间还存在着包含与重复的关系,如事件与参照时间重复,记作 e○R,包含关系则记作 e⊆R。总的来讲,有时态的动词除

―――――――
〔1〕 Cann(2011)用⟨↓$_∧$⟩或⟨↑$_∧$⟩来替代⟨↓$_0$⟩和⟨↓$_1$⟩这样的常规模态算子只是为了简单明了地解释提升(raising),局部模态算子与常规模态算子的功能其实是一致的。

了投射论元结构外,还会构建有时态信息修饰的事件节点,时态信息源自形态和词干的动作类别(aktionsart)。基于上面的表述,"sang"的词项行为可表述如例(32)所示:

(32)"sang"的词项行为指令
　　　IF　　　$?Ty(t) \wedge Tn(n)$
　　　THEN　IF　　$\langle\downarrow_*\rangle\bot$
　　　　　　THEN　abort
　　　　　　ELSE　go($\langle\downarrow_*\rangle$); put($?\langle\uparrow_0\rangle\langle\uparrow_1\rangle Tn(n)$);
　　　　　　　　　go($\langle\uparrow_*\rangle$); make($\langle\downarrow_0\rangle$); go($\langle\downarrow_0\rangle$);
　　　　　　　　　put($?Ty(e_{sit})$); make($\langle\downarrow_1\rangle$); go($\langle\downarrow_1\rangle$);
　　　　　　　　　put($Ty(cn{\rightarrow}e_{sit}), Fo(\lambda P.\,(\epsilon, P))$);
　　　　　　　　　go($\langle\uparrow_1\rangle$); make($\langle\downarrow_0\rangle$); go($\langle\downarrow_0\rangle$); put($?Ty(cn_{sit})$);
　　　　　　　　　make($\langle\downarrow_0\rangle$); go($\langle\downarrow_0\rangle$); freshput($s_i$);
　　　　　　　　　go($\langle\uparrow_0\rangle$); make($\langle\downarrow_1\rangle$); go($\langle\downarrow_1\rangle$); put($?Ty(e_{sit}{\rightarrow}cn)$);
　　　　　　　　　make($\langle\downarrow_0\rangle$); go($\langle\downarrow_0\rangle$); put($Ty(e_{sit}), Fo(R)$);
　　　　　　　　　go($\langle\uparrow_0\rangle$); make($\langle\downarrow_1\rangle$); go($\langle\downarrow_1\rangle$);
　　　　　　　　　put($Ty(e_{sit}{\rightarrow}(e_{sit}{\rightarrow}cn_{sit})), Fo(\lambda e\lambda e'[(e', e<s_{now})])$);
　　　　　　　　　go($\langle\uparrow_1\rangle\langle\uparrow_0\rangle\langle\uparrow_0\rangle\langle\uparrow_0\rangle$); SING$_{content}$
　　　ELSE　Abort

上述的词项行为指令全部执行之后,其树结构扩展如图3.52所示:

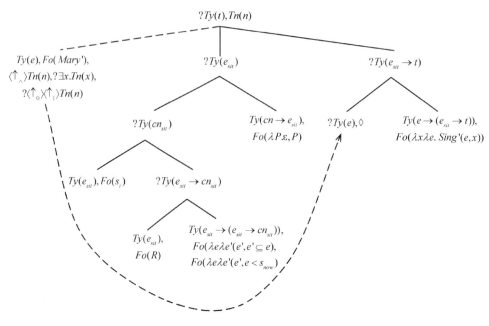

图 3.52 "Mary sang"的初步解析

在图 3.52 中,由于受动词所修饰的 $?\langle\uparrow_0\rangle\langle\uparrow_1\rangle Tn(n)$ 需求的驱动,局部性非固定节点 $?\exists x.Tn(x)$ 与主语节点合并(如上图虚线箭头所示)。此时,完成规则与消除规则发生作用,并通过函项运用为事件谓项节点 $Ty(e\rightarrow(e_{sit}\rightarrow t))$ 添加相应的语义式。随后,指针移动至事件节点 $Ty(e_{sit})$。需要注意的是,事件限定节点有两个语义值,分别是源自词干动作类别的 $Fo(\lambda e\lambda e'(e',e'\subseteq e))$ 和源自时态形态的 $Fo(\lambda e\lambda e'(e',e<s_{now}))$,这时可以根据 λ 计算将两个语义式进行合并,成为 $Fo(\lambda e\lambda e'(e',e'\subseteq e \wedge e<s_{now}))$,整个句子解析完成后的语义式就是 $Fo(Sing'(\epsilon,s_i,s_i\subseteq R \wedge R<s_{now}),Mary')$。最后通过瘦身规则和域评估得到整个句子的完整解析树图,如图 3.53 所示:

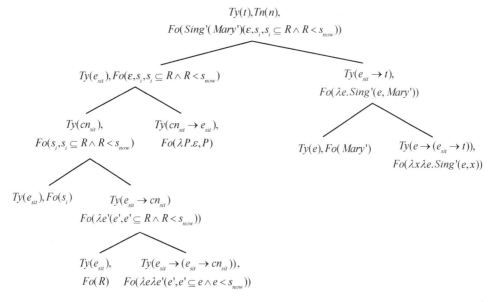

图 3.53　"Mary sang"的解析

通过域评估,顶层节点的语义式可以通过 ϵ 计算等式 $\exists x[F(x)] \equiv F(\epsilon, x, F(x))$ 进一步变换为以下表达式:

(33) $\exists s_i[Sing'(s_i, Mary') \wedge s_i \subseteq R \wedge s_{now}]$

这一表达式意为:存在着一个玛丽唱歌的事件,并且这一事件发生在说话的时间之前。当然,此时的表达式还并不完整,其中还存在没有被赋值的元变量 R。Cann(2011)认为,作为参照点的 R 可以是时间、一个事件,甚至是一个世界,它的值可以由具体语境所决定。

Cann(2011)将上述分析扩展到其他的助动词结构。正如他所言的那样,动词可以投射出一个事件论元,并在这一节点构建句子的时体信息、情态、附加成分等信息,其主要功能为情境或事件变量提供限制。这一假设为"都"动态解析的可行性提供了理论支持,本书将在第五章以之为基础提出"都"的动态解析模型。

3.5　本章小结

本章重点介绍了动态句法学理论模型,旨在厘清动态句法学所涉及的主要概念,把握动态句法学理论模型运作机制,为"都"的动态解析做好铺垫工作。

本章首先回顾了动态句法学的缘起,其主要受心智主义语言观和关联理论等主要思想的影响,这恰好应对了自然语言处理中的组合性和语境依赖性这两个特点,基于此,动态句法学将语言的结构形式与意义功能共同纳入了同一个形式解析框架。随后,本章简单介绍了动态句法学模型中运用的形式工具,分别介绍了树逻辑、树节点的修饰及如何满足语义需求以促进语义树的生长等。在此之后,本章还介绍了动态句法学解析的动态性及运作机制,即如何运用动态句法学的形式工具呈现解析过程的动态性,并详细阐释其内在运作机制。动态句法学的形式刻画所依托的相关行为指令主要包括计算规则、词项行为和语用行为。计算规则又可以细分为引入规则与预测规则、*加接规则与链接加接规则,以及相应的瘦身规则、完成规则和消除规则;词项行为是动态句法学解析的驱动力;语用行为则通过纳入语境信息很好地完成了一体化工作。我们随后综合运用了上述的行为指令规则,以实例分析的形式呈现了动态句法学解析的动态性及运作机制。最后,本章还介绍了动态句法学的新进展,即事件节点的引入,并主要介绍了 Gregoromichelaki(2006,2011)对英语条件句的解析及 Cann(2011)对助动词系统的研究。

　　总的来讲,动态句法学遵循的是从左至右递增式的解析方式,它所强调的是语义、句法和语用的互动关系及其在自然语言生成和理解中的作用。而汉语中"都"的使用则涉及句法、语义与语用三个层面的互动,动态句法学理论与"都"的研究能够完美契合,特别是事件节点的引入,我们可以将"都"所关联的信息放入这一节点加以考量,在合理解释变幻莫测"都"字句的同时,还可以进一步拓展并提升动态句法学理论的解释力。第 4 章将给出"都"的初步分析,并归纳出"都"的用法。第 5 章将立足汉语语言事实给出"都"的动态解析模型。第 6 章至第 9 章将在动态句法学框架内给出"都"字句的动态解析,以期能统一处理所有的"都"字句。

4 "都"的意义与功能:初步分析

从第 2 章的文献回顾来看,无论是"都"的意义研究还是功能研究,大多数学者基本上追求一个"都"的解释。但从上文梳理的文献来看,多数研究仅仅依托句法、语义或语用的某个单一层面,仅仅聚焦于"都"在某一句法环境下的表现,如表"总括"的"都"或表"已经"的"都"等。在重新定义"都"的意义和功能之前,我们不妨先思考两个问题:什么情况下我们才能使用"都"字? 什么情况下我们才能使用"所有"? 通过比较我们能感觉到,回答后一个问题要相对容易得多,而且后者的答案显然不适用于前者。为什么关于"都"的问题难以回答呢? 我们认为这与"都"作为表程度加强范围副词的模糊属性有关。本章将尽可能地展现关于"都"的种种语言事实,从其意义演变脉络重新考察它在现代汉语里的意义与功能。

4.1 "都"的程度加强功能及其语义源流

从语言对比视角看,"都"是一个四不像,有时像英语的"all",有时像英语的"even",有时又像英语的"already",这也是为什么传统语法把它描写为三个义项。除了把"都"视作像"all""every"一样的全称量化词外,还有一些学者认为"都"与英语的程度副词"even"近似,有些学者甚至认为"都"的意义与英语的"even"完全相同,其他的意义都是派生义。[1]

如果大家坚持"都"只有一个核心义,我们认为最为可靠且有效的途径,是看"都₁""都₂""都₃"共享什么语义特征——义素(sememe)。描写语法根据"都"字使用的句法环境为它找了三个近义词,即表"总括"的"都₁"、表"甚至"的"都₂"及表"已经"的"都₃"。在语料分析中,我们发现有时句中已经存在了"都"的近义副词,而它依然可以在其后面或前面出现,如(以下各例选自中国

---

[1] 类似的观点详见 Mok & Rose(1997)、Liao(2011)及 Liu(2017,2018)等。

传媒大学有声媒体文本语料库):

(1) a. 我已经把QQ里面<u>所有</u>男生<u>全都</u>删掉了。
   a'. 他们二位遇到的问题,在我这里<u>都全</u>解决了。
   b. 在驼峰航线上飞行的两年时间里,他<u>甚至都</u>没有在目的地昆明停留过。
   b'. 我们生活过的胡同,现在想起来很美,但当时<u>都甚至</u>没有想起来在老房子前拍一张照片。
   c. 等我醒过来的时候,我在医院,<u>已经都</u>昏迷三天半了。
   c'. 你们以后不用再用我的承诺来要挟我了,我<u>都已经</u>道歉了,我<u>都</u>承认我错了。

在例(1a)和例(1a')中,"所有""全"与"都"共现。据《现代汉语词典》(第7版)的定义,"全"作为副词与"都"同义:"完全,都"。鉴于二词具有相似的语义功能,根据上文提及的全称量化分析,"全"也可以被视作全称量化算子,那么例(1a)中"男生"除了受"所有"的全称量化外,还要同时接受"全"和"都"的所谓量化,即一个名词成分需要经受三次量化(triple quantification)。这显然是没有道理的。此外,从技术上讲,在诸如"<u>所有</u>男生<u>全都</u>被删掉了"之类的语句中,由名词成分"男生"产生的一个变量,会同时受到"所有""全""都"三个功能相同的算子约束,这样就会生成一个明显错误的逻辑式 *$\forall x \forall x (= \text{QUAN}x) \forall x (= \text{DOU}x) [男生(x)(被删掉(x))]$。[1] 这些事实说明,"都"并非是真正的全称量化词。

既然以上诸例中已经有了"都"所对应的副词,删除它并不影响句子的意义,那么我们又该如何解释"都"的这些表现呢?它既然不是语义冗余成分,那必然具有其他的功能,比较合理的解释是它本质上是个具有程度加强功能的副词成分,与诸多副词一样,"都"在句法位置也享有一定的灵活性,它的使用具

---

[1] 与"所有""每"对应的"all"和"every"等限定量词,在形式语义学框架内常又称为强量化词,一直以来被视作全称量词的代表(参见Cann 1993;Chierchia 1995;Gil 1995;Haspelmath 1995;Partee 1995;蒋严、潘海华1998;曹秀玲2005;Jacobson 2014;黄瓒辉2017;等),它们作为修饰限定语一般置于被量化成分之前,构成量化名词短语(quantified NP)。退一步讲,如果"所有""每"这类强量化词不是真正的全量算子,那么,根据本书所描述的"都"的种种表现,包括它与"所有""全"等副词常常共现的语言事实,我们更不应该将其分析为全量算子或广义分配算子,否则就会有舍本逐末之嫌。

4 "都"的意义与功能：初步分析

有加强语力的功效。[1]确切地说，"都"是一个表程度加强的副词。

以下将简单介绍程度加强功能与程度加强词这两个概念，并通过"都"出现的句法环境来呈现其程度加强功能。此外，"都"的程度加强功能源于自身语义的历时演变，即由表"汇聚"这个具体的初始义素虚化为表"程度"这个比较模糊的引申义。

4.1.1 程度加强功能与程度加强词简介

程度加强(intensification)范畴一般与程度(degree)的表达有关，也就是与等级(gradability)和尺度(scale)等概念相关。Bolinger(1972)首先使用了"程度加强词"这一术语，用它来指代衡量质量的任何方式，它所表达的强度既可以是正向的也可以是负向的。[2]而另外一些学者则采纳了更为严格的定义，即程度加强只涉及上限，并侧重从语义或语用的角度来研究它。

我们先以指示词为例来看一下程度加强成分使用的前提条件。如果当前语境不能提供表高程度的句子成分，或者缺少说话者和听话人都知道的比较标准，这个时候就可以使用指示词来表程度加强。如下例(改编自 König 2017 例3)：

(2) a. My brother is such a good human being.
　　 b. Mein Bruder ist so ein guter Mensch.
　　 c. Mio fratello è un uomo così buono.

在上面三例中，由于当前语境并不能提供隐含的比较标准，因而不管是英语中的"such"、德语中的"so"，还是意大利语中的"così"，这些指示词的主要功能都是用来表示程度加强。

除了上文提到的表程度加强的指示词外，不同的句式，诸如疑问句、感叹句及并列句等都可以具有类似的表达功能。此外，我们还可以通过词语拷贝或重复，有时候甚至可以通过重音或语调来实现程度加强功能。但最常见的方式还

---

[1] 需要指出的是，例(1a)和例(1a')中的"全"仍然是表总括的范围副词，其性质与"都"并不相同。以例(1a)为例，"都"与"全"的功能可以通过下面的易位分析得以呈现：
　(i) a. 我已经把QQ里面所有男生全删掉了都。
　　 b. *我已经把QQ里面所有男生都删掉了全。
(ia)与(ib)的差异表明："全"总括的是"所有男生"，所以它不可以易位，而"都"可以易位则表明其强调的是整个命题。

[2] 程度加强词是学界通行的术语，但仍有一些学者沿用程度词或程度副词(adverb of degree)，具体参见 Klein(1998)的相关论述。

是词汇手段,例如使用相应的副词或形容词。其中,最为典型的程度加强词就是程度副词,它可以与表层级的形容词和动词性谓语成分连用,如下面一组例子[例(3a)和例(3b)选自 COCA 语料库,荷兰语的例(3c)转自 Klein 1998 第3章例2b]:

(3) a. She did her best to sound confident, but she feared she had failed miserably.
 b. We're doing this to reform a system that we think is badly broken.
 c. Dat voorstel lijkt me volkomen acceptable.
  "That proposal seems perfectly acceptable to me."

在以上三例中,从"miserably""badly""volkomen"的有无,我们可以明显感知语句所传递语气的强弱。关于程度加强词的基本功能,一些语法工具书对此做了进一步分类(参见 Quirk et al. 1985)。诸如"definitely"和"clearly"这样强调某一论断的无争议性的词被称为"强调程度加强词"(emphasizer);与描述有效性相关的词是"最大化程度加强词"(maximizer)和"减弱程度加强词"(diminisher),前者如"absolutely""fully"等,后者如"moderately""partially"等;被比较者超过上下文相关标准所呈现出的程度的词被称为"助推程度加强词"(booster),如"severely""strongly"等;最后是像"quite""rather"这样比较保守,并通过元语言评估表示数量限制的词被称为"折中程度加强词"(compromiser)。根据 Napoli & Ravetto(2017)的统计,程度副词的程度加强功能具有跨语言相似性,这一现象在印欧语言中普遍存在,甚至在较为古老的拉丁语和希腊语中也较为常见。上述的分析与上文将"都"分析为程度加强词的语言事实基本一致,即"都"也应该具有类似的强化或强调功能。

程度加强词除了具有强调的功能外,还具有很强的语境性,也就是在强调的同时,会根据不同的语境关联带来不同的语境义。[1] 换一个角度来看的话,程度加强词的显著特点就是其在使用过程中的主观性(subjectivity)。Athanasiadou(2007)认为程度加强词是主观性的标记,从某种程度上讲,程度加强词带给我们的不只是对现实的描述,更多的是表达说话人的态度。这也很好地回答了本章开头提出的第一个问题:什么情况下我们才能使用"都"字?即

---

[1] 这一点与上文的分析一致,我们认为"都"只有一个核心义,所谓"都"的诸项语义都是由具体句法环境或语境所赋予的。

4 "都"的意义与功能:初步分析

"都"的使用更多地体现了说话人的态度,具有一定的主观性。下一小节将依据"都"出现的句法环境呈现其程度加强的功能。

4.1.2 "都"的程度加强功能:"都"的浮现

在第2章中我们提到,学界主流的观点是将"都"界定为量化算子,具有所谓的全称或分配等功能。但在语料的考察过程中我们发现,哪怕话语中已经出现了表全称或分配意义的方式状语,"都"依然可以使用,如下面一组例句(选自北京大学中国语言学研究中心语料库):

(4) a. 大家都一起请教李勇奇:"这是什么东西?"
   a'. 我经常查问她和同学在一起都干了些什么事情。
   b. 你就可以发现他们各自都有着相当丰富的经历。
   b'. 而现在,大家都各自奔自己的小日子去了。

在上面的例句中,"一起"和"各自"分别具有全称和分配意义,"都"依然可以在它们的前面或后面出现。[1] 由此可见,"都"的主要功能还是强化"一起"和"各自"所传递的意义。下面我们将主要聚焦"都"使用的句法环境,即考量"都"的有无所带来的语力上的差异,并从它出现的句法环境来分析"都"的程度加强功能。

"都"的使用会带来语气上的差异,如下面两例[例(5b)转自北京语言大学汉语语料库,例(5a)为相应的变换句式]:

(5) a. 有人气才会愿意投放广告。比的是宣传手段,投的是风险资金。
   b. 有人气才会愿意投放广告。比的都是宣传手段,投的都是风险资金。

在上例中,例(5a)本身表达的语气已经较为强烈了,但例(5b)依然可以通过"都"的使用进一步强调"宣传手段"与"风险资金",使其所传递的语力达到最强。此外,"都"的类似用法还广泛存在于口语交际中。如下面三例(选自北京大学中国语言学研究中心语料库):

---

〔1〕 与第89页注释1类似,方式状语"一起""各自"与"都"并不等值,同样可以通过易位分析呈现它们之间的差异。具体来说,"都"可以易位以强调整个命题,而"一起""各自"则不可以。这也从另一侧面验证了"都"具有程度加强的功能。

(6) 知道,知道,都知道,就你这号人不知道。

(7) 富裕了,城里人有的,我们都有。(试比较:我们也有)

(8) "不,我懂,我什么都懂。我要你讲。"她固执得很。

在例(6)中,"知道"在第三次重复出现时前面加上了"都",例(7)中动词"有"在重复时前面加上了"都",而例(8)则在动词"懂"第二次出现时加上了语气更为强烈的"什么都"。在上面三个例子中,"都"的使用更多体现了说话人的态度,体现了"都"使用的主观性,而通过与不加"都"的语句进行对比,我们也能明显感觉使用"都"后句子所传递的语气得到了加强。[1]

再来看"都"与"否定词"的连用,如下面两组例子[例(9b)和例(10a)选自北京大学中国语言学研究中心语料库,例(9a)、例(9c)、例(10b)为相应的变换形式]:

(9) a. 老师认为这两种观点不能让人满意。
    b. 老师认为这两种观点都不能让人满意。
    c. 老师认为这两种观点一点都不能让人满意。

(10) a. 长这么大,除了老家,她只到过福州,中国这么大,她哪儿都没有去过。
    b. ?长这么大,除了老家,她只到过福州,中国这么大,她哪儿没有去过。

作为否定句,例(9a)本身承载了较强的语气,"都"的使用使得例(9b)的语力得到了进一步的加强,而"都"与极性词的连用则将例(9c)的语力推到了极值,我们可以清晰地感受到语力由弱至强的动态过程。如果将上述例子中的"都"去掉的话,我们会明显感受到语力程度的减弱,句子的接受度甚至都会有所变化,试比较例(10a)与例(10b)之间的差异。

而当动词拷贝与否定词连用时,"都"所带来的程度加强功效则一览无余,语句所传递的语力达到最强,如下面的例子(选自中国传媒大学有声媒体文本语料库):

(11) 做出来能够发光很结实,压都压不烂,还不怕水。

(12) 这个玻璃是怎么砸都砸不烂的玻璃,随便砸,你看!

---

[1] 正如前文所提到的那样,重复或词语拷贝同样是为了程度加强,即使这样,我们依然能够感受"都"使用后所带来的变化,即句子所传递的语力得到进一步的加强。

4 "都"的意义与功能:初步分析

(13) 知道叫流程,怎么想都想不明白,一条都没憋出来。

因此,不论在何种句法环境里,"都"均具有统一的程度加强功能,即它本质上是一个表可高可低的"程度"的副词。下一节将从"都"意义演变的源流来论述"都"程度加强功能的来源。

4.1.3 "都"的程度加强功能的源流

正如徐烈炯(2014)所言,如果"都"只是依据句法环境被解读成带有"总括、甚至、已经"等意义,我们就不能把"都"的意义来源完全归于"主观性"的语用结果。那么,"都"的意义到底是如何形成的呢？下面我们从"都"的历时演变来管窥其意义的来源。

据考证,"都"字最初用作名词,《说文》中有"都,有先君之旧宗庙曰都",其意为"有先君宗庙的城邑"。如下例:

(14) 人之游也,必欲入都,都多奇观也。(《论衡·别通》)

"都"的这一意义被进一步引申为"国君居住的地方",如:

(15) 国城曰都,都者,国君所居。(《释名·释州国》)

随后,"都"的动词用法出现,《广雅·释诂三》:"都,聚也"。[1] 如:

(16) 顼撰其遗文,都为一集。(曹丕《与吴质书》)

"都"由表"汇聚""聚集"义的动词逐渐发展为一个表"总括"义的副词,这种用法在东汉时期已开始大规模地使用。如下面两例:

(17) 子龙一身都是胆。(《三国志·蜀书·赵云传》)
(18) 儒不能都晓古今,欲各别说其经,经事义类,乃以不知为贵也？
(《论衡·讲瑞篇》)

但此时"都"的抽象程度并不高,在概括范围时必须靠近谓语,而不能置于名词或名词词组前,这一特点维系了相当长一段时期。如下面两例:

(19) 农事都已休,兵戈况骚屑。(杜甫《喜雨》)

---

[1] 谷峰(2015)认为,"都"的动词语义来源于另外一动词"潴",意为"水的停聚"。但不管怎样,"都"的动词语义都具有"汇聚"之义。

(20) 军旅应都息,寰区要尽收。(杜甫《奉送王信州崟北归》)

上面两例中,"都"仍然处于主谓之间,也就是说,尽管"都"已虚化,但仍有较强的实词义(词汇义),唐代以后"都"可以置于名词或数词之前。如:

(21) 身兼妻子都三口,鹤与琴书共一船。(白居易《自喜》)

在此之后,"都"的总括功能就开始逐渐退化,而主观性情态功能则相应地得到了加强,"都"加强语气的功能逐步形成,"都"作为"汇聚"的具体词义进一步抽象化,南宋时开始出现"都$_3$"的用法[见例(22)]。大约到了元明时期,随着"连……都"表达式的逐渐成熟,副词"都"进一步虚化,出现了"都$_2$"的用法[见例(23)]。如以下两例(转自蒋静2003例12与例13):

(22) 后正会,值积雪始晴,听事前除雪后犹湿,于是悉用木屑覆之,都无所妨。(刘义庆《世说新语·政事》)

(23) 李瓶儿便向荷包里拿出一块银子儿,递与敬济,说:"连你五娘的都在里头了。"(兰陵笑笑生《金瓶梅》五十一回)

不难看出,在"都"的语义演变过程中,它的使用始终关涉某些对象,即它始终有一个作用范围,这也是传统语法学家将它视作范围副词的缘故(黎锦熙1924;王力1954;朱德熙1982;等)。同时,由于受"都"表"汇聚"这一初始义素的影响,它的出现要求其作用范围内的名词具有复数性,也就是"都"往往会与表复数意义的句法成分相关联,从而给人以全称量词的假象,但范围副词并不等于全称量词,"都"与"俩"的连用就是明证[参见第2章例(91)]。如果再回到本节开始时提出的问题:在什么情况下我们才能使用"都"字?似乎可以说,如果谈论对象在某个范畴内达到了一定的程度,说话人就可以使用"都"字(参见徐烈炯2014及吴义诚、周永2019)。

无独有偶,李小军(2018)也认为,"全"类副词与程度副词存在某种语义适应性,该类副词经历了从范围到程度的演变过程。如下面两例(转自李小军2018例6与例16):

(24) a. 今全无悼远之志,反思念取事,是春秋之所甚疾也。(《春秋繁露·玉杯》)

b. 畏老身全老,逢春解惜春。今年看花伴,已少去年人。(李益《惜春伤同幕故人孟郎中兼呈去年看花友》)

与"都"的语义演变类似,在汉代时,"全"作为范围副词的用法开始出现,如例(24a)中的"全"表总括,意为所有的诸侯。而到了唐代时,"全"已可以表程度,如例(24b)中"身全老"所传递的意思并不是身体的各个部位老了,而是指身体很老了。此外,李文还指出,范围与程度都表达了一种量范畴,且总括与程度在量度上具有相似性与平衡性。我们有理由相信,"都"也具有类似的语义演化轨迹,即从表总括的副词演变为表程度的副词。

由此看来,现代汉语里的"都"由其"汇聚"这个比较具体的初始义素,虚化为表可高可低的"程度"这个较为模糊的引申义,并具有程度加强的功能。三分法中的三个"都"并无实质的不同,而是一种语义的承继关系,其意义演变过程可大致如图4.1所示:

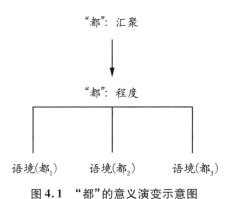

图4.1 "都"的意义演变示意图

从上述历时演变的语义承继来看,"程度"也是描写语法里提及的三个"都"共享的语义特征,我们可以将其简单刻画为:DEGREE = DOU$_1$ ∩ DOU$_2$ ∩ DOU$_3$。换言之,如果我们寻求一个"都"的解释,那这个共享的义素就是"程度",即"都"具有统一的程度加强功能。

由于"都"作为"汇聚""聚集"的初始义涉及谈论对象的量幅,"都"的使用一般会引发某个关涉域,这一类强化域可以是显性的,也可以是隐性的。下一节将从语法与语用互动的视角,简要分析"都"在相关句子中关涉的显域与隐域。

4.2 "都"的关涉域分析:显域与隐域

上一节从"都"字使用的种种事实探讨了它的意义与功能,我们认为"都"从表"汇聚"的初始义演变为表"程度"的引申义。无论在何种句法环境里使用"都"字,它始终有一个涉及相关成分的作用范围。换言之,"都"的使用会引发一个关涉域,其作用范围可为显性,即由其所在的形态句法结构得以确定,也可为隐性,即由它所触发的域涉及世界知识和语用推理。

4.2.1 "都"的显域

所谓"显域",是指"都"的作用范围可以通过相关句子的形态句法结构得以确定。带显域的"都"字句基本上是描写语法里提到的"都₁"字句。相关语句存在全量表达式时,"都"往往也可以与之共现。如以下各例(选自北京大学中国语言学研究中心语料库):

(25) 每个正常的人都会说话,这就像每个人都用两条腿走路一样,极其平常。

(26) 所有美国女人都骂他,不投他票,几乎使他落选。

(27) 这里是人类知识的宝库,如果你掌握它的钥匙的话,那么全部知识都是你的。

上例中,"正常的人""美国女人""知识"等名词短语已经得到全称量词"每个""所有""全部"的量化,没有理由再接受"都"的二次量化(double quantification)。此外我们还发现,即便在含有"每个""所有"等全称量词的语句中,"都"字有时也可以不出现。[1] 如下面两组例子[例(28a)和例(29a)选自北京大学中国语言学研究中心语料库,例(28b)和例(29b)为其相应的变换形式]:

(28) a. 每个学生都是一道捉摸不透的代数题,每个家庭都有一份望子成龙的期待。

b. 每个学生是一道捉摸不透的代数题,每个家庭有一份望子成龙的期待。

(29) a. 你不可能让所有人都满意。

b. 你不可能让所有人满意。

作为程度加强副词,"都"的关涉域本质上是一个比较模糊的集合,能够在"都"字句中显现的可以是其集合中的所有成员,也可以是部分成员,或仅仅是某一个体。"所有""全部""每个"等全称量词能够体现"都"的关涉域的充足性,所以可以出现在"都"字句中。当然,除了"连……都"句式之外,在有些表

---

[1] 例句中的"每"若分析为一元加合算子,好像就可以规避双重量化的问题。如下例所示,"每"通常还可以与数词连用,而数词本身就具有加合功能,这表明所谓的加合功能不一定来自"每"。如例(i)所示(转自北京大学中国语言学研究中心语料库):

(i) 在国内每六周就有一本关于我的新书出版。

全量或极量的句子中,"都"必须强制出现,如条件句、疑问代词前置的句子等。如下面两例(选自中国传媒大学有声媒体文本语料库):

(30) 无论是对我们的就业,对我们的税收贡献,都是非常巨大的。
(31) 钱伟长什么领域都去研究,什么领域研究都有收获,于是有人称他为"万能科学家"。

在上面的例句中,去掉"都"字的话,句子就难以接受。也就是说,在上述句法语境下,当说话人打算将语力推到最强时,"都"必须出现以强化这一全称域。

由此可见,尽管在有些句式中存在显性的关涉域,但其解读依然受谓词的意义、全量表达式的位置及语用环境等因素的制约,也就是说,要依靠句法、语义与语用的互动关系才能确定关涉域。

4.2.2 "都"的隐域

所谓"隐域",是指在语句的字面上可能找不到"都"的作用范围,要理解语句所传递的意义必须调动世界知识进行语用推理。这类"都"字句也就是汉语描写语法里的"都$_2$"和"都$_3$",下文将结合实例来详细分析"都"的隐域。

我们先来看"都$_2$",也就是文献中的"(连)……都"结构。"都$_2$"句的解析一般都蕴含着语用推理的过程,它的使用常常标示语用量级的存在(参见 Horn 1972;Fauconnier 1975;Levinson 1983;蒋严 2009;等)。更确切地说,相关语句中的"都"能引发一个隐性的关涉域,域中成员在某些方面可能存在级差。如下面两例(选自中国传媒大学有声媒体文本语料库):

(32) 那时的官兵不但不能打仗,连乡下的土匪都不能对付。
(33) 你这个月一次加班都没有,一个小时都没有。

在上面两例中,"都"的使用不仅增强了话语的语力,也蕴含了更多的语用信息。例(32)里说话人的语用预设中存在一个武装团体的集合,若按战斗力排序的话,"乡下的土匪"应该处于一个较低的位置,经过语用推理我们会得到"官兵的战斗力很低,不能打仗"这样的解读。而在例(33)说话人的梯级模型中,"一次"或"一个小时"也是属于额外工作时间集合中比较低的位置,其会话蕴含义是"听话人很少加班"。

我们认为"都$_2$"句蕴含的极项是一个相对的概念。徐烈炯(2014)曾指出下面的例子不合法,但我们只要稍加扩展就会变得通顺自然,如下例所示[例

(34a)转自徐烈炯2014例59,例(34b)为相应的扩展形式］:

(34) a. *一只鸡都杀了。
b. 一只鸡都杀了,还怕一条鱼?!

由例(34b)可知,在说话人的认知域中,即在关乎"杀生"难易程度的集合{鱼,鸡,猪,羊,牛……}里,"鸡"处于比"鱼"相对较高的位置,因而句子可以讲得通。

此外,"都$_2$"还会和重动结构连用。在这种句式中,"都"在增强句子语力的同时,也会触发某个隐性的关涉域,如下面两例(选自北京大学中国语言学研究中心语料库):

(35) a. 他曾往垃圾箱内撒过鼠药,老鼠理都不理。
b. 她只晓得蜷伏在客房内,一动都不动,直至累极入睡。

在例(35a)中,"都"的使用触发了一个隐域,即在老鼠对鼠药的反应程度集合中,"不理"处于最低程度。这一点在例(35b)中体现得更为充分,"都"触发的隐域是一个运动事件集合{静止不动,动一下,动两下……动个不停},其所强调的则是运动域中的最低程度或最小值,即"静止不动",由此实现"都$_2$"的解读。

"都$_3$"的功能大体与"都$_2$"相似,它的使用在增强句子语力的同时,也能够触发一个隐性的关涉域,如下面的例子［例(36)、例(37)选自北京大学中国语言学研究中心语料库,例(38)、例(39)选自新浪微博］:

(36) 还不走呀?都一点钟了,明天再来。
(37) 都什么年代了,有鱼吃了,还捉老鼠干啥呢?
(38) 都娃他妈了,还这么花痴,我也控制不住呀!
(39) 现在都楼房了,谁还养一些家禽。

在例(36)说话人预设的时间集合中,"一点钟"肯定是较晚的时间点,依靠语用推理我们可知说话人流露出的是"责怪和生气"的意思。而例(37)节选自童话故事,是发生在猫爸爸与猫儿子之间的对话。在猫爸爸的语用预设中,也肯定存在一个由多个年代构成的集合,其所陈述的"现在"比"过去"的条件要好,表达的是对猫儿子还去捉老鼠这件事的惊奇。除此之外,"都$_3$"还涉及隐性时间命题,并蕴含事件的可更替性或级差性,如例(38)和例(39),后者的关涉域可大致描述为{草房,土房,木房,砖房,楼房……}。

由此可见，"都₂"和"都₃"的出现标示着某个隐性关涉域的存在，只不过这个域需要听话人依靠其世界知识进行语用推理才能够确定。

本节简要讨论了"都"的使用所触发的显性或隐性的强化域，那么这一类域的作用对象到底是个体还是事件呢？我们认为"都"的强化对象是事件结构，这也是下一小节将要探讨的重点所在。

4.3 "都"的事件关联性分析

当形式语义学的观点引入"都"的研究中后，"都"必须左向关联复数性名词成分。其中，持分配性解读的学者认为"都"所关联的是个体。而 Huang(1996)基于英语中"every"的分析提出"都"所关联的是事件，即所谓的加合分析。那么，"都"到底关联的是个体还是事件呢？我们认为，"都"所关联的是事件结构，这一分析不仅可以通过相关语言事实得以说明，还可以通过"都"的易位分析得到佐证。

4.3.1 "都"的关联对象：个体或事件？

正如第2章所述，"都"的分配性功能逐渐成为学界的主流观点。该观点认为，"都"的量化所针对的是复数事物的每一个体，其功能是促成分配解读。典型的例句如下（转自袁毓林 2005a 例5）：

(40) a. 小张和小王合用一个厨房。
　　 b. 小张和小王都合用一个厨房。

上述两个句子的区别在于：例(40a)意为小张和小王合用同一个厨房，而例(40b)则是小张与小王分别跟不同的人合用厨房。

而持加合功能观的学者则认为，"都"所关联的是事件。袁毓林(2007)就认为右向关联的"都"字句中"都"所关联的对象是存在于预设中的事件。如下面右向关联的例句：

(41) a. 他都写小说。
　　 b. 〔写文章〕他都写小说。

例(41b)表明，"都"所量化的并非个体"小说"，而是句子可以补出的预设事件话题"写文章"。黄瓒辉(2013)也认为"都"字句可以借助 VP 话题及动量

词或时量词来量化事件。[1]如下面两例(选自北京大学中国语言学研究中心语料库):

(42) a. 靠着好朋友的笔记,女儿每次都能补上所缺的课程。
b. 那时候监狱里非常残酷,每天吃饭都吃不饱,冬天没有暖气,窗户都漏风。

例(42a)中的"次"和例(42b)中的"天"分别为动量词和时量词,有些情况下该类成分常常可以省略,如上面两例去掉"每次"和"每天"并不影响句子的解读。

熊仲儒(2016)质疑"都"的加合功能。他认为袁毓林(2007)和黄瓒辉(2013)所构建的VP话题依然是名词性的,"都"的功能主要是量化个体。[2]因此,他认为下面的句子不合法(转自袁毓林2005b例1a与例1b):

(43) a. 张三的两个孩子都毕业了。
b. *张三的一个孩子都毕业了。

我们认为例(43)这类句子非常自然,它们表达的是谈论对象在某方面达到的程度:例(43b)表达的是一个孩子的成长达到了一定程度(试比较:张三的一个孩子都毕业了,李四的俩孩子还在读小学)。关于"都"左向关联成分的复数性要求,甚至是隐含于预设中的话题成分也必须是复数性的,这一观点也是有待商榷的(详见第2章的结论部分)。

袁毓林(2007)和黄瓒辉(2013)等认为只有部分"都"字句与事件关联,而熊仲儒(2016)的量化个体分析也只是为了维护"都"作为全称量词的左向量化假设。那么,"都"到底关联的是个体还是事件?我们可以先通过问答测试来看"都"的关联对象,如下面一组例子[改编自第2章例(72)]:

(44) A:孩子们去哪了?
B:孩子们都去公园了。
(45) A:谁去公园了?
B:孩子们*(都)去公园了。

---

[1] 罗琼鹏(2016)也认为,"都"的右向关联包含一个匹配函数,即每一个相应的事件都要和另一个事件相匹配。
[2] 李晓光(2002)为了维护"都"左向关联的复数性要求,引入了事件切片的概念。这与Lin(1996)所采用的集盖有异曲同工之处,即他们的立足点还是囿于"都"的全称或分配算子分析。

针对句子的不同部分提问,我们发现例(44)B 的答语可以自然地带上"都",而例(45)B 的答语带上"都"则有一种违和感,即"都"并不一定总与复数性主语共现。换言之,"都"与谓语"去公园了"可共现的事实说明其关联的对象可以是事件。由此可见,"都"并不总是与个体休戚相关,当它与右侧的焦点共现时,"都"所关联的就是事件,确切地说是关涉事件发生的频次等,如例(42)中的动量词和时量词。

那么,左向关联的"都"字句是否只能与个体相联系呢?事实也并非如此。崔希亮(2001)在考察"连……都……"结构时指出,"都"有时强调话语的指称部分,这一指称成分也并不一定是出现在极端位置上的元素。例如(转自崔希亮 2001 例 14 和例 14'):

(46) a. 连门都不让进。
b. *连门都不让进,更甭说窗子了。

例(46b)的不合法说明"都"所强调的并非是"门"这一类的个体。崔希亮(2001)也认为,"门"不是说话人评价的对象,其用意的焦点在于对整个事件的陈述。换言之,"都"的使用可以触发一个有语义分级的事件集合,如下例所示:

(47) {没让进门→没见到想见的人→没办成想办的事……}

从例(47)可以看出,"都"所强调的是这一结构所引出的事件集合,由此可以看出,"都"的左向关联也可以是事件。[1]

由此可见,无论是左向关联还是右向关联,"都"所关涉的都是上下文或语境中的事件或事件的集合。下面将从"都"的易位来展示"都"的事件关联性,进而揭示其程度加强功能。

4.3.2 "都"的事件关联性:"都"的易位分析

所谓"易位"(dislocation),指的是句子中的某些成分,通常是论元或附加语(adjunct),可以出现在句子的左侧或右侧。作为一种语用优先的语言,汉语有时候会根据具体交际的需要进行适当的语序调整,出现所谓的变式,易位句

---

〔1〕 无独有偶,Tomioka & Tsai(2005)也认为,"都"的作用是确立谓语的性质,并将这一性质赋予自身所触发的选项集中在每一个成员之上。换言之,"都"所关联的是一个事件的集合。

就是实际交际中使用的一种"变式"。[1]王晨(2014)曾系统地讨论了现代汉语中"都"易位的情况,并指出表"甚至"的"都₂"不能易位,而表"已经"的"都₃"可以易位,且可接受度高于表"总括"的"都₁"。陆俭明(2018)则认为只有"都₃"可以易位。而根据我们从北京大学中国语言学研究中心语料库抽取的语料看,"都₂"和"都₃"都可以易位,其中,"都₂"必须缺少"连"的标记才可以易位。"都₁"的易位也经常会受到谓语的制约,它在语言交际中的使用不如"都₃"广泛,但依然是可行的。[2]从搜集的语料来看,"都"的易位常见于诸如相声这样的口语材料中。它使用的频率大致如表4.1所示(转自周永、吴义诚 2020b):

表4.1 "都"易位的频率分析

易位类型	易位的数量	所占比率
都₁	5	23.8%
都₂	3	14.2%
都₃	13	62%
总计	21	100%

尽管样本的量比较小,从表4.1仍然可以看出:在北京大学中国语言学研究中心语料库检索到的21个例句中,"都₃"易位的共13例,占总量的62%,使

---

[1] 关于易位句的属性,学界有不同的观点。黎锦熙(1924)和吕叔湘(1979)等认为这一类句子是"倒装句";赵元任(1968)等把它处理为"追补"(afterthought);陆俭明(1980)和Cheung(1997,2005)等认同"易位句"这一提法;张伯江、方梅(1996)等认为是"后置句"。而陆镜光(2004)则认为,易位句不是由正常语序的句子经过调整形成的,句子并没有方向上的起点。在此基础上,他并提出了"句尾"(tails)和"句子延长"(incrementation)的概念。本章我们不会深究"易位"的性质与成因,它只是验证我们研究的测试手段。

[2] 需要指出的是,当"都"与系表结构连用时,其易位结构的可接受度大幅下降,如[例(ia)选自北京大学中国语言学研究中心语料库,例(ib)为其相应的易位形式]:
(i) a. 长江的中游和下游都是他的势力范围。
    b. *长江的中游和下游是他的势力范围都。
我们认为一般的事件结构都是由行为动词触发的,而这里的系词"是"主要表状态,即便是"都₃"句加上"是"之后,其易位可接受性也会下降,试比较下面两例:
(ii) a. 大姑娘了都。
    b. ?是大姑娘了都。
与例(iia)相比,例(iib)的可接受度下降。我们可以通过添加修饰成分来分散"是"的影响,以例(ia)为例,如果"都"前面添加了修饰成分,那么其易位可接受性会大大增加:
(iii) ?长江的中游和下游全是他的势力范围都。
这是因为"都"除了统领事件外,还是系词"是"的修饰语,当有其他的修饰语来充当这一功能,如例(iii)中的"全","都"易位的接受度就会大幅提高,而"全"则无论怎样都无法易位。这也说明"都"所关联的是谓语部分,此即"都"的事件关联性。

用频率最高;"都₁"易位的共 5 例,占总量的 23.8%,使用频率次之;"都₂"易位的仅有 3 例,占总量的 14.2%,使用频率最低。"都"易位频率呈现"都₃ > 都₁ > 都₂"之势。具体的例子如下(各例均选自北京大学中国语言学研究中心语料库):

(48) 都有,都有,都说请我吃饭,请我都。(都₁)
(49) 郭:我说我要盆,我也要盆。
　　　于:不敢使劲儿说话了都。(都₂)
(50) 我这儿有几封读者来信,您帮我回一下,我拖了好几天了都。(都₃)

从上面的例句可以看出,"都"在句法位置上处于较高的位置,至少可以成分统制(c-command)句子的其他部分,这也从另一侧面证明了易位的"都"所关联的不是个体,而是事件。此外,如果"都"出现在介词短语前,其易位的可接受度会大大降低,而当"都"被调整到 VP 之前的时候,其接受度会提高。如下面一组例子[例(51a)转自董秀芳 2003 例 5a,例(51b)为其相应的变换形式]:

(51) a. 他们都在 1972 年出生。→?他们在 1972 年出生都。
　　　b. 他们都出生于 1972 年。→他们出生于 1972 年都。

之所以会出现这样的差别,那是因为例(51a)中的"都"倾向于关联介词短语"在 1972 年",而在调整后的例(51b)中,"都"所关联的是整个谓语或事件结构(event)。[1]也就是说,"都"的句法位置应该是处于 VP 之上的一个位置,这与生成语法中将副词处理为附加语,并可以占据 VP 或 TP 指示语位置的分析相一致(Chomsky 1995)。

王晨(2014)也指出,在"都"既可表"总括"又可表"已经"的句子中,易位后,"都"仍然可表示"总括"或"已经",但"都"字单独位于句末时更倾向于表"已经"。[2]如下例所示(转自王晨 2014 例 31):

(52) a. 我们都去过北京了。
　　　b. 我们去过北京了都。

---

〔1〕 这时的"都"也可以关联主语"他们",即他们中的每一个人出生年份都相同。这更加说明"都"处于一个很高的句法位置。换言之,"都"之所以可以和多个成分关联,是因为它可以成分统制(c-command)这类成分。

〔2〕 这里需要说明的一点是:句尾"都"的"已经"义的解读并不是句法位置带给它的,而是易位前的"都"本身所具有的意义。

诚如我们上文分析中所提到的那样,"都"具有统一的程度加强功能,上述所谓"都"的意义只是由具体语境所赋予的。既然"都"的易位不会改变句子本身的意义,且还可以"过滤"掉某些语境义而凸显其"内核义",那我们不妨把易位作为一种检验的手段来重新考量学界已有的分析。以分配性分析和最大化分析中的典型例句为例:

(53) a. 他们都买了一部车子。
　　　b. 他们买了一部车子都。
(54) a. 孩子们都去了公园。
　　　b. 孩子们去了公园都。

根据学界已有分析,例(53a)中的"都"具有分配性解读,意为:他们每个人都买了一部车子。而"都"易位后,例(53b)意为:他们一起买了一部车子,并表达了说话人惊讶、诧异的语气,其分配性解读消失。同理,例(54a)的"都"易位后,其最大化解读也会消失,例(54b)中的"都"强调的是"孩子们去了公园"这一事件。由此可见,"都"的语义复杂性导致了"都"在不同的语境下会有不同的语义解读。[1]但通过"都"的易位分析可以看出,"都"的主要意义还是表"程度加强",通过易位可以消除掉诸如"分配性解读"这样的衍生义。

从上述易位分析来看,句尾的"都"是对某个事件的强调,"都"因此也只有一个表"程度加强"的语义内核。在以往的研究中,"都"的意义之所以会出现分歧,是因为"都"所在句子的结构、邻近的词语乃至具体的语境等都会赋予"都"多种使用义。而通过"都"的易位,我们可以剥离这些"外加意义",从而获得"都"的内核义,而且"都"唯一的内核义是由其统一的程度加强功能所决定的。

因此,作为副词成分的"都"处于一个较高的句法位置,语序也相对灵活,可以易位出现在句尾。不管是在哪一类的"都"字句中,"都"可以易位的事实说明,它所关联的可以是事件结构,而不局限于个体。

4.4　本章小结

本章初步界定了"都"的功能,它本质上是一个范围副词,其语义表达功能为程度加强,亦可以称为程度加强副词。此外,"都"的使用可以触发显性或隐

---

[1]　"都"的程度加强功能恰好强化了这些语境义,使得其核心义没有显性出现。

性的强化域,其作用的对象是事件结构。

首先,在语料分析中,我们发现有时句中已经存在"都"的近义副词,而它依然可以在其后面或前面出现,比较合理的解释是它本质上是个表程度的副词,它具有程度加强的功能。通过考量"都"出现的各种句法环境,其程度加强功能得到了进一步验证。"都"的这一功能符合程度加强词的种种特征,即"都"与程度副词一样具有强化语气的功能,并具有很强的语境性和主观性。随后,本章从"都"语义演化的角度分析了其程度加强功能的源流,在"都"的语义演变过程中,它的使用始终关涉某些对象,即它始终有一个作用范围,其本质上是范围副词(黎锦熙 1924;王力 1954;朱德熙 1982;等)。但是,"范围"与"程度"之间的语义适应性使得"都"经历了一个语义虚化的过程,即由其表"汇聚"这个比较具体的初始义素,由少至多汇聚达到一定的范围,并逐步虚化为表可高可低的"程度"这个较为模糊的引申义,并具有程度加强的功能。此外,"都"作为范围副词的属性还会触发相应的强化关涉域,也就是说,在具体的语境中,"都"的使用会引发一个关涉域,其作用范围可为显性,即由其所在的形态句法结构得以确定,也可为隐性,即由它所触发的域涉及世界知识和语用推理。最后,本章通过对相关语言事实的重新分析认为,"都"所关联的是事件结构,这一分析不仅可以通过相关语言事实得以说明,还可以通过"都"的易位分析得到佐证。

本章重新界定了"都"的功能,即"都"具有统一的程度加强功能,并指出其强化域可以是显性的,也可以是隐性的,但其强化的一定是事件结构。这些都为"都"的动态解析打下了良好的基础,下一章将结合汉语的实际情况,并结合第 3 章所介绍的动态句法学的形式工具与运作机制,给出"都"的动态解释模型,以期在动态句法学框架下统一解释所有的"都"字句。

5 现代汉语动态句法模型及"都"动态解析模型的构建

第3章介绍了动态句法学理论及其基本的运作机制,但所有的规则都是基于英语而设定的。虽然语言之间具有普适性的特点,但我们依然有必要基于汉语实际建立起相应的动态句法解析模型,并在此基础之上建立起"都"的动态解析模型。本章首先将围绕动态句法学的计算规则、词项行为及语用行为等构建现代汉语的动态解析模型,随后,基于"都"字句的考量,通过引入相应的事件节点构建起"都"的动态解析模型。

5.1 现代汉语动态解析模型

正如第3章提到的那样,动态句法学采用由左至右递增式的解析方法,并依据线性序列及语境充实逐步构建语句的逻辑式。那么,动态句法学对不同语序的自然语言是否具有类似的解析过程呢?从第3章我们得知,作为动词居中的SVO语言,英语的主语节点是靠引入规则和预测规则构建的,而动词的词项行为则由谓项需求$?Ty(e\rightarrow t)$所触发,也就是说,只有当主语节点构建完毕后,指针才会移动到谓项节点并进行下一步构建。而作为动词居前的VSO语言,动词的解析则由命题需求$?Ty(t)$所驱动。以现代爱尔兰语为例(转自Cann et al. 2005 例2.67):

(1) *Chonaic me an cu*
    saw   I the dog
    'I saw the dog.'

在上例中,动词"chonaic"受命题需求$?Ty(t)$的驱动投射出完整的命题结构,其词项行为指令与解析分别如例(2)和图5.1所示:

（2）"chonaic"的词项行为指令
　　IF　　?Ty(t)
　　THEN　make(⟨↓$_1$⟩); go(⟨↓$_1$⟩); put(?Ty(e_{sit}→t));
　　　　　make(⟨↓$_1$⟩); go(⟨↓$_1$⟩); put(?Ty(e→(e_{sit}→t))); make(⟨↓$_1$⟩); go(⟨↓$_1$⟩);
　　　　　put(Fo(Chon'),Ty(e→(e→(e_{sit}→t))), [↓]⊥);
　　　　　go(⟨↑$_1$⟩); make(⟨↓$_0$⟩); go(⟨↓$_0$⟩); put(?Ty(e));
　　　　　go(⟨↑$_0$⟩⟨↑$_1$⟩); make(⟨↓$_0$⟩); go(⟨↓$_0$⟩); put(?Ty(e));
　　　　　go(⟨↑$_0$⟩⟨↑$_1$⟩); make(⟨↓$_0$⟩); go(⟨↓$_0$⟩); put(Fo(S_{PAST}),Ty(e_{sit}))
　　ELSE　abort

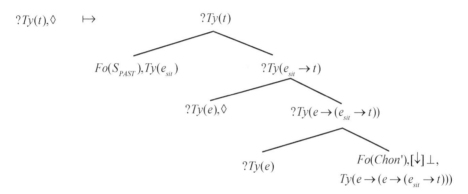

图 5.1　"chonaic"的解析

在图 5.1 中，指针位于待建的主语节点并保障第一人称代词"me"的解析，随后，通过两次运用期待规则，指针下移至宾语节点并完成内论元的解析，并按照语句的线性顺序解析全句。最后，我们再来看一下动词居后的 SOV 语言的解析，以下面的日语句子为例：

（3）*Tom-ga　　hon-o　　　yon-da.*
　　　Tom-NOM　book-ACC　　read-PAST
　　　'Tom read the book.'

在例（3）中，我们可以看出，动词"yon"置于句子的结尾，此外，主语"Tom"和宾语"hon"分别带上主宾格标记"*ga*"和"*o*"。和 VSO 语言一样，日语的动词也可以投射出包含谓项与论元的完整命题结构，其论元位置的元变量可以通过语境得以确定，以例（3）为例，动词"yon"的词项行为指令与具体解析分别如例（4）和图 5.2 所示：

(4)"yon"的词项行为指令

IF　　　$Tn(\alpha), ?Ty(t)$

THEN　　make($\langle\downarrow_0\rangle$); go($\langle\downarrow_0\rangle$); put($Fo(S_{PAST}), Ty(e_{sit})$); go($\langle\uparrow_0\rangle$);

make($\langle\downarrow_1\rangle$); go($\langle\downarrow_1\rangle$); put($?Ty(e_{sit}\rightarrow t)$);

make($\langle\downarrow_0\rangle$); go($\langle\downarrow_0\rangle$); put($Fo(U), Ty(e), ?\exists x.Fo(x)$); go($\langle\uparrow_0\rangle$);

make($\langle\downarrow_1\rangle$); go($\langle\downarrow_1\rangle$); put($?Ty(e\rightarrow(e_{sit}\rightarrow t))$); make($\langle\downarrow_1\rangle$); go($\langle\downarrow_1\rangle$);

put($Fo(Yon'), Ty(e\rightarrow(e\rightarrow t)), [\downarrow]\bot$); go($\langle\uparrow_1\rangle$);

make($\langle\downarrow_0\rangle$); go($\langle\downarrow_0\rangle$); put($Fo(V), Ty(e), ?\exists x.Fo(x)$))

ELSE　　abort

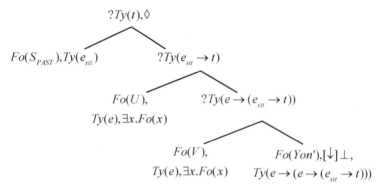

图 5.2 "yon"的解析

整个句子的解析过程遵循句子的线性顺序。首先,通过运用局部附加来解析主语"Tom-ga",其解析过程如图 5.3 所示:[1]

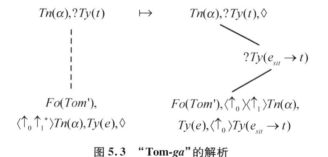

图 5.3 "Tom-ga"的解析

---

[1] 这种局部附加关系可以用克林算子(Kleene* operator)来表示,即$\langle\uparrow_0^*\uparrow_1^*\rangle Tn(\alpha)$。相应的主语位置可表示为$\langle\uparrow_0\rangle Tn(\alpha)$,直接宾语为$\langle\uparrow_0\rangle\langle\uparrow_1\rangle Tn(\alpha)$,而间接宾语则为$\langle\uparrow_0\rangle\langle K\uparrow_1\rangle\langle\uparrow_1\rangle Tn(\alpha)$。

在图5.3左部分中,不确定的主语通过局部加接(如虚线所示)进行解析,主格标记"ga"的出现使得主语的解析得以完成(如图5.3右部分所示)。随后,宾语可以以同样的方式进行解析,如图5.4所示:

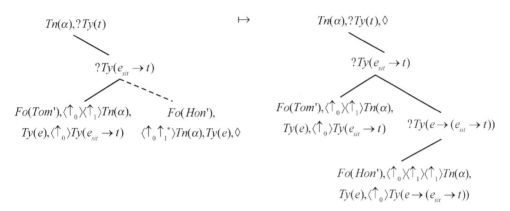

图5.4 "Tom-*ga* hon-*o*"的解析

最后才是动词的解析,图5.3中动词所投射出的两个元变量分别被图5.4中已经解析完成的主语和宾语所替代。其最终的解析如图5.5所示(相关的模态算子修饰略去):

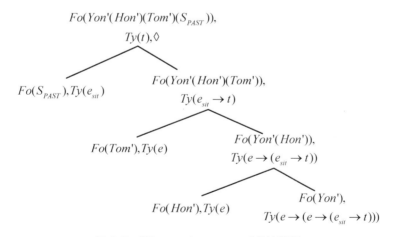

图5.5 "Tom-*ga* hon-*o* yon-*da*"的解析

到目前为止,我们从语序类型的角度分析了动态句法学对动词居前与动词居后语言的解析,那么,与英语同为动词居中语言的现代汉语是否具有相同或类似的解析模型?现代汉语动词是否可以投射完整的命题结构?其激发条件到底是$?Ty(e{\rightarrow}t)$还是$?Ty(t)$?此外,动态句法学的行为指令主要包括计算规则、词项行为和语用行为,并通过三者之间的协作构建适合各自语言的动态解析模型,那么,现代汉语是如何依据这三种行为指令的协作构建起自身的动态解析模型的呢?下文将以现代汉语作为语料详细探讨上述行为指令,并在此基础上构建适合汉语的动态解析模型。

5.1.1 现代汉语计算规则

第3章中我们提到,现代汉语与VSO和SOV语言不同,它不能够投射出完整的命题需求$?Ty(t)$,其在本质上与英文一样,靠引入规则和预测规则构建相应的主语节点与谓语节点。而根据Cann(2011)的观点(参见3.4.3.2小节的分析),英语的动词可以投射出完整的命题信息,这样做的好处就是无须再使用引入规则与预测规则,可以提高动态句法学解析的普适性,即所有语言的解析都是$?Ty(t)$所驱动的。我们由此可以认为,同为SVO语言的汉语也具有与英语类似的计算规则。下文将以句子"张三喜欢马丽"为例,扼要介绍现代汉语的动态句法学计算规则。

首先,动词"喜欢"可以投射为完整的命题,除了一个事件论元$Ty(e_{sit})$外,还投射出两个元变量U和V,论元节点一律位于树图的左侧,函项节点位于右侧。如图5.6所示:

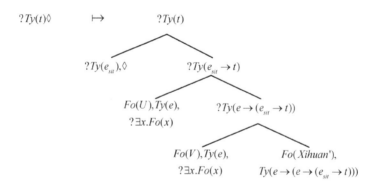

图5.6 "张三喜欢马丽"中"喜欢"的初步解析

如图5.6所示,动词解析后指针位于事件论元节点,根据Cann(2011)的分析,时体等语义信息可以修饰至该节点,由于汉语无时体标记,此处我们可以用一个新的事件变量S_{PRE}修饰该节点。随后,指针移动至根节点,下一步的解析也就自然转向元变量U和V,元变量的功能就是占位符,其最终目标是寻找具有$?\exists x.Fo(x)$语义值的语义表达式,这样的替代过程取决于语用和系统内部的限制,即受到语用原则(关联原则)、局部性条件(类似于约束原则)和词汇预设(主要是代词的性、数和人称)的限制。[1] 汉语动词解析中所投射出来的元变量论元节点相当于空代词,这是因为在特定的语境下,汉语的论元往往可以省略。如下面的例子:

(5) a. 张三喜欢马丽。
b. (张三喜欢谁?)
喜欢马丽。
c. (谁喜欢马丽?)
张三喜欢。

此时,通过运用期待规则(Cann et al. 2005),指针下移至主语论元节点,并从语境中选取恰当的替代者完成该节点的解析。其解析过程可更新为如图5.7所示:

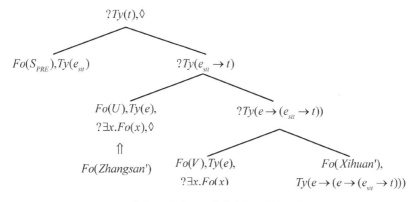

图5.7 "张三喜欢马丽"中"张三"的替代解析

在图5.7中,向上的双箭头表示替代的过程。其实元变量的更新解析不仅可以通过替代,还可以通过自身的项投射表达(term-projecting expression)来实现。在动态句法学中,所有的名词短语,包括量化短语,都可以投射为 $Ty(e)$,所以像"马丽"这样的专名可以投射为个体常量。[2] 因此,汉语中名词的解析主要由元变量所在节点的类型需求 $?Ty(e)$ 或者语义需求 $?x.Fo(x)$ 所触发。由此,在解析完内论元"马丽"后,图5.7可以继续更新。其具体解析过程如图5.8所示:

---

[1] 由于汉语缺少形态一致关系,汉语的替代限制主要取决于代词的类型。
[2] 从技术层面来讲,动态句法学中的项都要经过运算,所以专名"马丽"投射为一个 iota 名项(ι term),ι 是唯一性算子,用以指称专名特指的个体,即 $Fo(\iota,x,Mali'(x))$,此处为了解析的方便,代之以 $Fo(Mali')$。

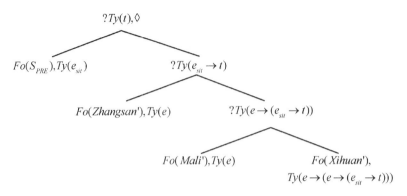

图 5.8 "喜欢马丽"的解析

此时,整个解析过程并没有结束,通过运用瘦身规则、消除规则及函项对论元的函项应用以产生相应的语义式来满足中间节点的需求。最后,在根节点运用完成规则,并将函项及论元节点的语义信息添加至根节点,至此,整个句子的解析完成。其解析完成图如图 5.9 所示:

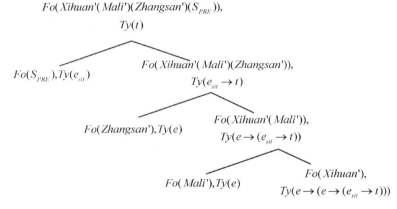

图 5.9 "张三喜欢马丽"的解析

5.1.2 现代汉语词项行为

上一小节介绍了汉语的计算规则,为了行文的连贯,并没有涉及词项的语义内容输入,也就是动态句法学的词项行为指令。一般来说,动态句法学的词项行为主要包括论元和函项的词项行为,即名词词组和谓词的词项行为,下文将简要介绍现代汉语名词词组和谓词的词项行为。

5.1.2.1 名词词组的词项行为

在 5.1.1 小节,我们提到专名"马丽"可以艾普斯龙(epsilon)化,并投射为一个 iota 名项（ι term），专名可以表达为 $Fo(\iota, x, Mali'(x))$。在动态句法学中，不管是专名还是数量名结构，都被统一看作类型 $Ty(e)$。其实，正如上面提到的专名所示，汉语名词词组也有其内部结构，即 $Ty(e)$ 包含一个数量节点，并投射出一个限制节点与一个变量节点。如图 5.10 所示：

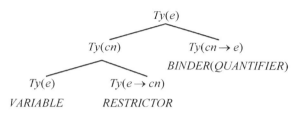

图 5.10　名词词组的内部结构

以专名语义表达式 $Fo(\iota, x, Mali'(x))$ 为例，在图 5.9 中，唯一性算子 ι 属于约束算子（binder），其语义类型为 $Ty(cn \rightarrow e)$；名词"马丽"的语义类型为 $Ty(cn)$，其内部又分为变量和约束变量的限制语（restrictor），即 x 为变量，$Mali'(x)$ 为限制语。本小节将详细阐述现代汉语几类名词短语的词项行为。

先来看汉语中的数量短语。以"一辆汽车"为例，在动态句法学中，数量短语可以投射为艾普斯龙 ε 名项（epsilon term），可语义表征为 $Fo(\varepsilon, x, Qiche'(x))$。[1] 参照英文中的限定词"a"，此时，限定词"一辆"具有无定特征 $Indef(+)$，同时其投射出的 ε 名项可以约束语义类型为 cn 的变量 P。其词项行为指令可描述如例（6）所示：

　　（6）"一辆"的词项行为指令
　　　　　IF　　　$?Ty(e)$
　　　　　THEN　　$put(Indef(+)); make(\langle\downarrow_1\rangle); go(\langle\downarrow_1\rangle);$
　　　　　　　　　$put(Fo(\lambda P.(\varepsilon, P)), Ty(cn \rightarrow e), [\downarrow]\bot);$
　　　　　　　　　$go(\langle\uparrow_1\rangle); make(\langle\downarrow_0\rangle); go(\langle\downarrow_0\rangle); put(?Ty(cn))$
　　　　　ELSE　　abort

其相应的树扩展如图 5.11 所示：

---

[1]　这里的艾普斯龙 ε 名项指的是其限定语可以指称集合中任意一个个体，其功能相当于一个存在量词，即 $P(\varepsilon, x, p(x))$。

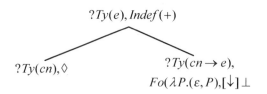

图 5.11 "一辆"的解析

解析完限定词后,指针位于普通名词节点。通常来说,普通名词也可以投射出复杂的结构,这一结构包含了一个全新的个体变量及将这一变量纳入普通名词表征的函项。[1] 其词项行为与树扩展如例(7)及图 5.12 所示:

(7) "汽车"的词项行为指令

  IF $?Ty(cn)$

  THEN make($\langle\downarrow_1\rangle$); go($\langle\downarrow_1\rangle$);

       put($Fo(\lambda y.(y, Qiche'(y)))$, $Ty(e\rightarrow cn)$, $[\downarrow]\bot$);

       go($\langle\uparrow_1\rangle$); make($\langle\downarrow_0\rangle$); go($\langle\downarrow_0\rangle$);

       freshput(x, $Fo(x)$); put($Ty(e)$))

  ELSE abort

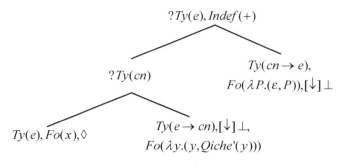

图 5.12 "一辆汽车"的解析

在完成图 5.12 的构建后,完成规则得以运用,通过自下而上的函项运用,先得到普通名词 $Ty(cn)$ 的语义表达式 $Fo(x, Qiche'(x))$,进而得到 $Ty(e)$ 节点上的语义表达式 $Fo(\varepsilon, x, Qiche'(x))$,即"一辆汽车"的最终语义表达式,其最终语义解析如图 5.13 所示:

---

[1] 对于这一新的个体变量,在词项行为指令中,我们用"新放置"(freshput)来表征这一变量,其体细节可参见 Kempson et al. (2001) 第 7 章的相关内容。

5 现代汉语动态句法模型及"都"动态解析模型的构建

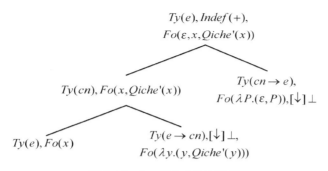

图 5.13 "一辆汽车"的解析

此外,与英文类似,汉语全称数量短语中的全称成分可以投射为 τ 名项(tau term),以解析"每个""所有"这样的限定词语。以"每个学生"为例,通过函项运用,可以将普通名词 $Ty(cn)$ 的语义值 $Fo(x, Xuesheng'(x))$ 与函项的限定词 $Ty(cn{\to}e)$ 的语义值 $Fo(\lambda P.(\tau,P))$ 结合起来,并得到"每个学生"的语义类 $Ty(e)$ 及语义表达式 $Fo(\tau,x,Xuesheng'(x))$,其最终解析式如图 5.14 所示(中间解析过程略去):

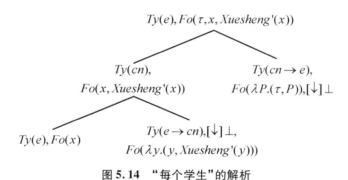

图 5.14 "每个学生"的解析

同理,汉语中的专有名词,正如上一节中提到的那样,可以投射为一个 iota 名项(ι term)以表达其唯一性。以专名"马丽"为例,其具体解析如图 5.15 所示(中间解析过程略去):

$Ty(e), Fo(\iota, x, Mali'(x)), \Diamond$

$Ty(cn), Fo(x, Mali'(x))$ $Ty(cn \to e), Fo(\lambda P.(\iota, P))$

$Ty(e), Fo(x)$ $Ty(e \to cn),$
$Fo(\lambda y.(y, Mali'(y)))$

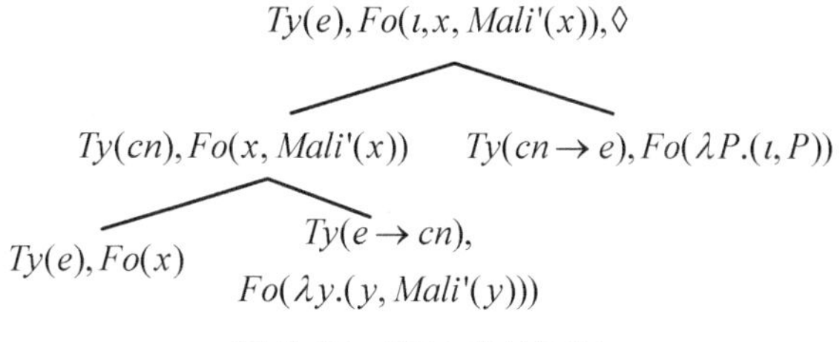

图 5.15 "马丽"的解析

115

汉语中其他的名词结构,诸如代词和反身代词,其解析过程与英语大体一致(相关解析参见第3章的内容),只是汉语更依赖语境实现其语义解读(参见杨小龙 2015)。其实,汉语与印欧语言最大的不同在于,汉语中存有大量的光杆名词(bare noun),Wu(2017)曾指出汉语中的光杆名词的解读除了依靠结构外,更多地依靠具体的语境。[1] 如下面三例(转自 Wu 2017):

(8) a. 老板在写报告。
    b. 报告写完了。
    c. 李四剪了头发。

如果将上述例句翻译成英文,我们发现,例(8a)中的"报告"是无定的,例(8b)中的则是有定的,而例(8c)中的"头发"则可以依托具体语境分别实现其"有定""无定"或"类指"解读。在下文的分析中,只要名词短语的解析不影响整个句子语义的传递,我们统一将它们处理为 $Ty(e)$。

5.1.2.2 谓词的词项行为

在 5.1.1 小节,我们提到汉语动词可以投射出完整的命题结构,这一假设可以较为圆满地处理汉语中论元的不明确性及论元省略等现象。在这一假设下,汉语谓词的词项行为指令是如何驱动语义树的扩展的呢?下面我们分别以一元谓词和二元谓词为例,简要介绍汉语谓词的词项行为。

首先来看一元谓词,以"张三睡了"为例,"睡"的词项行为指令可以描述如下:

(9) "张三睡了"中"睡"的词项行为指令[2]

　　IF　　　　$Tn(\alpha), ?Ty(t)$
　　THEN IF　$\langle\downarrow_0\rangle\langle\downarrow_1^*\rangle Ty(e)$
　　　　　　THEN go($\langle\downarrow_0\rangle\langle\downarrow_1^*\rangle$); put(?$\langle\uparrow_0\rangle\langle\uparrow_1^*\rangle Tn(\alpha)$, ?$Ty(e)$, ?$\exists x. Tn(x)$);
　　　　　　go($\langle\uparrow_0\rangle\langle\uparrow_1^*\rangle Tn(\alpha)$); make($\langle\downarrow_0\rangle$); go($\langle\downarrow_0\rangle$);
　　　　　　put($Ty(e_{sit}), Fo(S_{PAST})$); go($\langle\uparrow_0\rangle$);
　　　　　　make($\langle\downarrow_1\rangle$); go($\langle\downarrow_1\rangle$); put(?$Ty(e_{sit}\rightarrow t)$);

---

[1] 位于汉语主宾语位置的光杆名词通常会带来有定与无定的解读,如例(8a)和例(8b)。这是因为汉语主语所传递的一般是已知信息,而宾语位置则是新信息。

[2] 在汉语计算规则介绍时,我们提到,事件节点 $Ty(e_{sit})$ 可以解析句子的时体信息,而在本书的分析中,该节点主要用来评估"都"的强化域。此处,为了解析的方便,我们可以暂时将时体信息放置在事件节点上。另外一种可行的方式是通过词项行为投射出两个事件节点,分别用来表征时体与域评估。

make($\langle\downarrow_1\rangle$); go($\langle\downarrow_1\rangle$); put($Fo(Shui')$, $Ty(e\rightarrow(e_{sit}\rightarrow t))$, [$\downarrow$]);

go($\langle\uparrow_1\rangle$); make($\langle\downarrow_0\rangle$); go($\langle\downarrow_0\rangle$); put($?Ty(e)$))

ELSE　abort

ELSE　abort

整个句子的树扩展与初步解析如图5.16所示：

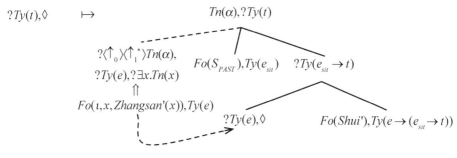

图5.16　"张三睡了"的初步扩展

在图5.15中，首先通过局部附加的方式解析句子的主语，非固定节点被赋予具体的语义值，并通过合并解析进入外论元节点。随后通过自下而上的函项运用收敛运算，得到句子最终解析。如图5.17所示。

图5.17　"张三睡了"的解析

其次，汉语二元谓词的词项行为与一元谓词类似，只是在其词项行为指令里增加了内论元节点的构建，以二元谓词"喜欢"为例，其相应的词项行为指令如下[1]：

---

[1]　此处刻画的是5.1.1小节中"喜欢"的词项行为，二元谓词"喜欢"可以投射出两个类型为 e 的元变量，先构建内论元节点，再构建外论元节点，外论元节点通过局部加接的方式与其中一个元变量合并。对于论元结构完整的句子，我们还可以遵循先外论元再内论元的顺序来解析整个句子，这两种词项行为指令之间并无质的不同。

（10）"张三喜欢马丽"中"喜欢"的词项行为指令

IF $Tn(\alpha), ?Ty(t)$

THEN IF $\langle\downarrow_0\rangle\langle\downarrow_1^*\rangle Ty(e)$

THEN $go(\langle\downarrow_0\rangle\langle\downarrow_1^*\rangle)$; $put(?\langle\uparrow_0\rangle\langle\uparrow_1^*\rangle Tn(\alpha), ?Ty(e), ?\exists x. Tn(x))$;

$go(\langle\uparrow_0\rangle\langle\uparrow_1^*\rangle Tn(\alpha))$; $make(\langle\downarrow_0\rangle)$; $go(\langle\downarrow_0\rangle)$;

$put(Ty(e_{sit}), Fo(S_{PRE}))$; $go(\langle\uparrow_0\rangle)$;

$make(\langle\downarrow_1\rangle)$; $go(\langle\downarrow_1\rangle)$; $put(?Ty(e_{sit} \to t))$;

$make(\langle\downarrow_1\rangle)$; $go(\langle\downarrow_1\rangle)$; $put(?Ty(e \to (e_{sit} \to t)))$; $make(\langle\downarrow_1\rangle)$;

$go(\langle\downarrow_1\rangle)$; $put(Fo(Xihuan'), Ty(e \to (e \to (e_{sit} \to t))), [\downarrow]\bot)$;

$go(\langle\uparrow_1\rangle)$; $make(\langle\downarrow_0\rangle)$; $go(\langle\downarrow_0\rangle)$; $put(?Ty(e))$;

$go(\langle\uparrow_0\rangle\langle\uparrow_1\rangle)$; $make(\langle\downarrow_0\rangle)$; $go(\langle\downarrow_0\rangle)$; $put(?Ty(e))$

ELSE   abort

ELSE   abort

在上述词项行为指令的驱动下，谓词"喜欢"投射出完整的命题结构，此时，指针会移动至主语论元节点，通过结构或具体语境实现该节点的解析，其具体的解析过程可参见图5.9，在此不再赘述。

汉语谓词除了具有上述的词项行为外，它们在具体语境中还展现出很强的不明确性，在不同语境下所携带的论元数量也不同，这里我们用 e^* 表示不确定的论元，其出现与否主要取决于具体语境。Wu（2017）分析了汉语动词的不明确性，并采用 Marten（2002）对英语附加语的分析，把这些不明确附加成分统一处理为 $Ty(e)$。以"张三睡了一天"为例，谓词"睡"的词项行为要做如下调整：

（11）"张三睡了一天"中"睡"的词项行为指令

IF $Tn(\alpha), ?Ty(t)$

THEN IF $\langle\downarrow_0\rangle\langle\downarrow_1^*\rangle Ty(e)$

THEN $go(\langle\downarrow_0\rangle\langle\downarrow_1^*\rangle)$; $put(?\langle\uparrow_0\rangle\langle\uparrow_1^*\rangle Tn(\alpha), ?Ty(e), ?\exists x. Tn(x))$;

$go(\langle\uparrow_0\rangle\langle\uparrow_1^*\rangle Tn(\alpha))$; $make(\langle\downarrow_0\rangle)$; $go(\langle\downarrow_0\rangle)$;

$put(Ty(e_{sit}), Fo(S_{PAST}))$; $go(\langle\uparrow_0\rangle)$; $make(\langle\downarrow_1\rangle)$; $go(\langle\downarrow_1\rangle)$;

$put(?Ty(e_{sit} \to t))$; $make(\langle\downarrow_1\rangle)$; $go(\langle\downarrow_1\rangle)$; $put(Ty(e \to (e_{sit} \to t)))$;

5 现代汉语动态句法模型及"都"动态解析模型的构建

$$\text{make}(\langle\downarrow^*\rangle); \text{go}(\langle\downarrow^*\rangle); \text{put}(Fo(Shui'), Ty(e\to(e^*\to(e_{sit}\to t))));$$
$$\text{go}(\langle\uparrow^*\rangle); \text{make}(\langle\downarrow_1\rangle); \text{go}(\langle\downarrow_1\rangle); \text{put}(Ty(e\to(e\to(e_{sit}\to t))));$$
$$\text{go}(\langle\uparrow_1\rangle); \text{make}(\langle\downarrow_0\rangle); \text{go}(\langle\downarrow_0\rangle); \text{put}(?Ty(e)); \text{go}(\langle\uparrow_0\rangle\langle\uparrow_1\rangle);$$
$$\text{make}(\langle\downarrow_0\rangle); \text{go}(\langle\downarrow_0\rangle); \text{put}(?Ty(e))$$

　　　ELSE　　abort
　ELSE　　abort

在上述词项行为指令中,通过运用模态算子$\langle\downarrow_*\rangle$和$\langle\uparrow_*\rangle$及相应的加接规则,动词"睡"可以在结构上投射出一个不确定节点,其具体操作如图 5.18 所示:

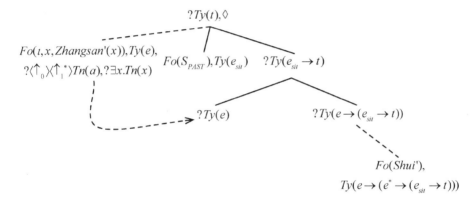

图 5.18 "张三睡了一天"中"睡"的解析

根据例(11)的词项行为指令,图 5.18 按线性顺序继续向右解析,并构建相应的女儿论元节点与函项节点。当"一天"得到解析后,"睡"所投射出的不确定节点与函项节点合并(如图 5.19 的箭头所示),大致的解析过程如图 5.19 所示:

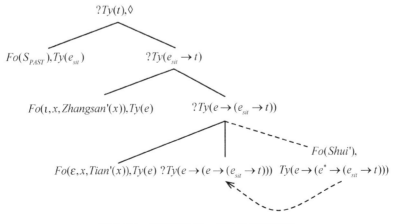

图 5.19 "张三睡了一天"的简要解析

与一元谓词一样,汉语二元谓词在特定语境下也可以带额外的论元,其具体解析与上文所述类似,限于篇幅不再赘述。总的来讲,汉语动词的使用比较灵活,其它范畴化比较丰富,必须要依托具体的语境进行解析。下一小节我们将会简要介绍汉语的语用行为。

5.1.3 现代汉语语用行为

在第 3 章的时候,我们主要介绍了英语的动态句法学语用行为,即在具体语境中,代词成分的语义替代过程。本节将简要介绍汉语中常用的语用行为,并将重点放在"都"解析中会使用的语用行为上。

动态句法学模型的显著特点就是对语境的形式刻画,从语境中选择相关的替代项,并将其拷贝写入在建语义结构树,从而实现句法、语义与语用表征的一体化。于月(2017)将汉语的语用行为分为语用替代与语用重建。此外,她还认为,对于汉语省略的解析还需要调用特定情景框架中包含的相关知识概念及其词项行为。具体来讲,在动态句法学中,语境由一个语义树(或部分结构树)、一个词汇序列和一系列行为指令构成,这样的三分结构(triple)可表示为 $\langle T, W, A \rangle$(参见 Cann et al. 2007)。动态句法学解析的过程就是不断满足语境需求的过程,即由已有的三分结构不断催生新的三分结构,当语义树任何一个节点的需求都已得到满足时,整个句子的解析完成(well-formedness)。此时,句子至少包含一个完整的 $\langle T, W, A \rangle$,即语义树(T)结构完整,词汇序列(W)也是完整的,同时,还须具有以递增方式解析词汇序列以构建语义树的一系列词汇、语用和计算行为指令。话语解析中的语境扩展可以用有向无环图(directed acyclic graph,简称 DAG)来表示(参见 Purver et al. 2011),其具体解析主要通过以下三种方式(Kempson et al. 2015):

(i) 拷贝使用有向无环图语境中语义树(或部分树结构)的语义内容;

(ii) 重用有向无环图中的行为指令;

(iii) 直接扩展语境中原有的语义结构树。

汉语"都"的解析中使用的语用行为主要涉及语境树的构建及相关的语用替代,下面将以具体的例句来简要阐述汉语语用行为的解析。例如:

(12) A:张三喜欢马丽吗?
　　　B:喜欢。

在上例中,B 的答语的解析首先依托 A 的问句的构建,"张三喜欢马丽吗?"的完整解析如图 5.20 所示:

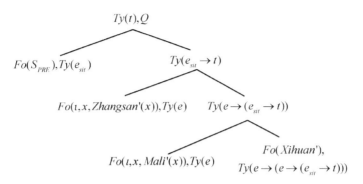

图 5.20 "张三喜欢马丽吗?"的解析

语境树构建完毕后,我们再来看 B 的答语的构建。前文提到,汉语动词可以投射完整的命题结构,我们可以直接扩展这一结构,并使用两个不同的元变量分别占据两个论元位置。如图 5.21 所示:

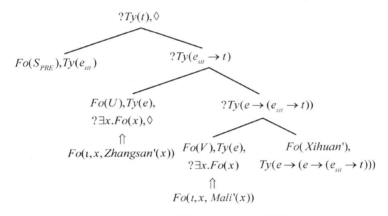

图 5.21 "喜欢"的解析及语用替代

在图 5.21 中,通过重新调用语境树构建中"喜欢"的词项行为指令,答语可以扩展为待完成的树结构,通过拷贝语境树中的语义内容,$Fo(\iota,x,Zhangsan'(x))$ 和 $Fo(\iota,x,Mali'(x))$ 分别替代元变量 $Fo(U)$ 和 $Fo(V)$,其最终解析可参见图 5.8。

"都"的解析中所依托的语用行为主要是语境树的构建,并通过链接或加接方式将语境树的语义信息纳入整个"都"字句的解析中,具体解析过程将会在下一小节中详细论述。

5.2 "都"的动态解析模型

在第 4 章中,我们提到"都"的使用会触发显性或隐性的关涉域,并且"都"的强化域总是与事件相关联的。本小节将从域评估及事件节点为切入点构建"都"的动态解析模型。

5.2.1 动态句法学的域评估与"都"的域说明

在前文的分析中,我们提到数量短语具有其内部结构,除了引入名词短语内部的函项节点和约束变量外,它还具有域评估需求 $?SC(x)$。换言之,只有当数量短语被某个完整的语境命题评估后,它才能成为该命题结构中完整的项。普通名词的域评估可描写为(转自 Cann et al. 2005):

(13) $?SC(x) =_{def} ?\langle\uparrow_0\rangle\langle\uparrow_1^*\rangle \exists y. Scope(y<x) \vee Scope(x<y)$

在例(13)中,y 为名词短语引入的变量,其与 x 存在两种域评估关系,其中,符号"<"表示域依存关系(scope dependency),而 $y<x$ 则表示 y 的域大于 x 的域。随着限定词与普通名词所提供的语义信息的结合,限定词的域说明会被添加至距其最近的命题节点以满足域需求 $?SC(x)$。随着解析的进行,域说明逐渐累积并被添加至某个 $?Ty(t)$ 节点,也就是说,解析完成的命题必须标示完备的域说明。在动态句法学中,每一个语义类型 $Ty(t)$ 都可以假定为 $S_i:\psi$,其中,S_i 为标示时间的项,而 ψ 则为该时间点产生的语义式。这可以看作域说明中独立设定的一个输入,此时的 S_i 可以看作域评估的索引,例如上文提到的时态需求 $Tns(PAST)$ 可以转写为 $Tns(S_i < S_{now})$。自然语言中域评估与域依存最典型的例子就是量词辖域,下面以"每个学生看了一本书"为例,来看看动态句法解析过程中是如何处理域评估的。句子的初步解析如图 5.22 所示:

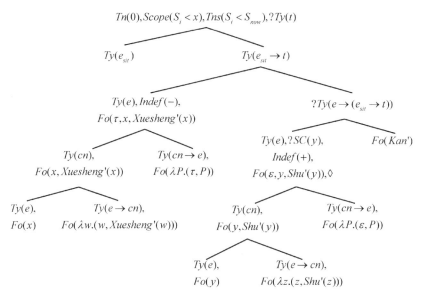

图 5.22 "每个学生看了一本书"的初步解析

在图 5.22 中,"每个学生"的解析已经完成,相应的域说明已被添加至根节点,即 $S_i<x$,此时,指针移动到内论元节点,并开始解析"一本书",那么,无定名词短语的域说明 $?SC(y)$ 究竟以何种方式添加至根节点呢?图 5.22 的域依存关系可以分为以下两种:

(14) a. $Scope(S_i<x,x<y)$ ($=Scope(S_i<x<y)$)
     b. $Scope(S_i<y,y<x)$ ($=Scope(S_i<y<x)$)

我们知道不管是哪一种域依存关系,图 5.21 解析完成语义式都是 $Fo(Kan'(\varepsilon,y,Shu'(y))(\tau,x,Xuesheng'(x)))$。当语义式的域说明为例(14a)时,此时,全称短语"每个学生"占宽域,意为:每个孩子都看了本书,但并不是同一本书;当域说明为例(14b)时,"一本书"占宽域,意为:每个孩子都看了同一本书。由此可见,在动态句法解析中,域评估占据了非常重要的地位。[1] 这一套规则也同样适用于评估事件节点。

在第4章中,我们初步分析了"都"的事件关联性,并认为"都"所强化的是事件或事件的集合。如下例(转自北京大学中国语言学研究中心语料库):

---

[1] 关于域评估,动态句法学有一套严格的计算演绎系统,限于篇幅在此不再详细介绍,详见 Kempson et al.(2001)第 7 章与 Cann et al.(2005)第 3 章的相关内容。

(15) 现在牛街这搬进不少汉民。小孩儿都知道这个。

上例中"都"的使用触发了一个"x知道这事"的事件集合($e_1, e_2, e_3, \cdots$)，其中，"小孩儿知道这事"处于知道这件事概率很低的位置，如e_1，从而得出"连最不应该知道的小孩儿都知道这件事，其他人更应该知道"这样的解读。如果假定当前事件为E_c，事件的集合为E_x，则$E_c \subseteq E_x$，那么，整个句子的域说明则为$Scope(S_i < E_x < E_c)$。也就是说，句子的合法性必须要经过域评估，否则，句子的解析就会停止。

再如复数性主语的"都"字句，如下例(转自北京大学中国语言学研究中心语料库)：

(16) 比如有些报考中，大家都去报考，最后导致它比例反而很高，这就是一个放大效应。

上例的解读可以是论域内的所有人无一例外都去参加考试了，也可以产生例外情况，即他们中的大多数去报考了。[1] 这是因为"都"的使用所产生的事件集合既包括了"全量"，也包括了"大量"。假设"他们"包含四个个体，那么，"都"所触发事件集合的主体既可以是A⊕B⊕C⊕D，也可以是A⊕C⊕D，或者是其他类型的个体组合。假定当前事件为E_c，事件的集合为E_x，如果用上文提到的域评估来表示的话就是$Scope(S_i < E_x < E_c)$，但与例(15)不同的是，此时E_c有可能与E_x重叠，也就是$E_c \subseteq E_x$。这样的话，整个句子的域说明也就可以调整为$Scope(S_i < E_x \leq E_c)$。

上文曾提到，"都"的使用会触发某种预设，即"都"字句是与语境相关的，但自然语言中有时也会存在脱离语境的句子。如下例(转自Cann et al. 2005例33a—例33d)：

(17) a. No man is mortal.
　　 b. A woman likes mustard though it makes her hot.
　　 c. If John is a teacher, he will have a degree.
　　 d. Janet thinks she is pregnant.

---

[1] 这种例外情况是由"都"模糊的语义带来的，再如前文所提及的例子[复述自第2章例(78)]：
　(i) 我一周都有课，就周一没有。
上述例外情况说明，"都"与全称量词不同，并不要求论域的所有成员全都出现。这种允许例外的情况再次说明，"都"的主要功能是表程度加强。

在上例中,例(17a)无须具体的语境,而例(17b—17d)句义的解析则需要依赖具体的语境。"都"与全称量词合用的情况就与例(17a)类似,即当一个程度最强的词出现时,"都"必须强制出现,其域评估需求为 $Scope(S_i < E_x (< E_x = E_c))$,即"都"所触发的事件选项与当前事件重叠。

本小节归纳了"都"字句的域评估条件,这也是"都"解析的前提条件,下一小节我们将通过某一具体例句的解析来构建"都"的动态解析模型。

5.2.2 "都"的动态句法解析模型

在第3章介绍事件节点时,我们提到该节点可以用来处理时体、情态及附加语等信息,而在第4章的初步分析中,我们又提到,"都"作为程度加强词,所强化的是事件或事件的集合。由此,我们可以将"都"所强化的事件纳入事件节点,并通过域评估,合理地解析所有的"都"字句。其解析的基本示意图如图5.23所示:

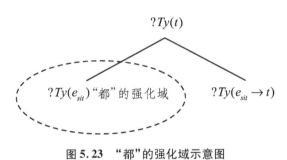

图 5.23　"都"的强化域示意图

在图5.23中,虚线椭圆部分是"都"所引入的事件节点,其所表征的是"都"所触发的隐性的事件结构。而 $?Ty(e_{sit} \to t)$ 表征的是"都"字句自身显性的事件结构,隐性事件结构依赖于这一显性事件结构。以例(15)为例,"都"的使用触发了一个"x 知道这事"的事件集合,"都"所表达的就是"小孩儿知道这事"与"x 知道这事"之间的关系,它们之间依存关系的建构依赖于事件的真值条件,也就是上文所提到的域评估,只不过上文的评估是建立在变量之间,而这里是事件之间的真值依存。"都"所触发的隐性事件结构可以通过 $?Ty(e_{sit})$ 的内部结构来表征,其内部结构如图5.24所示:

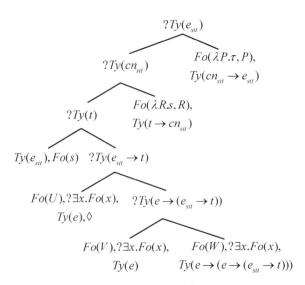

图 5.24 "都"的事件结构表征示意图

在图 5.24 中,$Fo(U)$、$Fo(V)$ 和 $Fo(W)$ 这三个元变量表征事件结构的类型,是由具体的语境所决定的。简单点说,"都"所表征的事件可以强化外论元、内论元或谓项,这也就很好地解释了为什么"都"既可以左向强化也可以右向强化了。下面我们就以"都"的显性强化与隐性强化为例,简要呈现"都"字句的动态解析过程。

首先来看"都"的显性强化。此类句子中,"都"的使用并不会产生选项集,但依然会触发含有某一变量的隐性事件结构,通过这一隐性事件结构与主句的显性事件结构的真值依存关系,最终实现句子的强化解读。以"村民们都买车了"[1]为例,"都"的使用可以触发事件节点进一步投射,并借助函项变量 τ 与 s,构建出蕴含事件变量的论元节点 $Ty(t)$。"都"的词项行为与树图如下例(18)及图 5.25 所示[2]:

---

[1] 需要注意的是,当话语重音落在"村民们"之上时,"都"也可能会触发隐性事件结构。第6章与第7章的具体分析中将观照话语语音及语用等因素对"都"语义解读的影响,此处暂不考虑此类歧义解读。

[2] 按照动态句法解析的线性顺序,"都"的解析先于句子函项的解析,其投射出的事件结构含有如图 5.23 所示的若干事件变量,在其后的解析中逐渐被常量所替代,并只保留待强化的事件变量。为了解析的便利与清晰,此处的相关替代过程从略,下文的解析与此类似,不再另做说明。

5 现代汉语动态句法模型及"都"动态解析模型的构建

（18）"村民们都买车了"中"都"的词项行为指令

    IF   ?$Ty(e_{sit})$

  THEN   make($\langle\downarrow_1\rangle$); go($\langle\downarrow_1\rangle$);

           put($Ty(cn_{sit}{\rightarrow}e_{sit})$, $Fo(\lambda P.\ \tau,\ P)$); go($\langle\uparrow_1\rangle$);

           make($\langle\downarrow_0\rangle$); go($\langle\downarrow_0\rangle$); put (?$Ty(cn_s)$); make($\langle\downarrow_1\rangle$); go($\langle\downarrow_1\rangle$);

           put (?$Ty(t{\rightarrow}cn_{sit})$), freshput ($s$, $Fo(\lambda R.\ s,\ R)$); go($\langle\uparrow_1\rangle$);

           make($\langle\downarrow_0\rangle$); go($\langle\downarrow_0\rangle$); put(?$Ty(t)$);

           make($\langle\downarrow_0\rangle$); go($\langle\downarrow_0\rangle$); put($Ty(e_{sit}),Fo(s)$); go($\langle\uparrow_0\rangle$);

           make($\langle\downarrow_1\rangle$); go($\langle\downarrow_1\rangle$); put(?$Ty(e{\rightarrow}(e_{sit}{\rightarrow}t))$;

           make($\langle\downarrow_1\rangle$); go($\langle\downarrow_1\rangle$); put($Fo(Mai')$, $Ty(e{\rightarrow}(e{\rightarrow}(e_{sit}{\rightarrow}t)))$);

           go($\langle\uparrow_1\rangle$); make($\langle\downarrow_0\rangle$); go($\langle\downarrow_0\rangle$);

           put($Fo(\varepsilon,y,Che'(y))$, $Ty(e)$); go($\langle\uparrow_0\rangle\langle\uparrow_1\rangle$);

           make($\langle\downarrow_0\rangle$); go($\langle\downarrow_0\rangle$); put($Fo(U)$, $Ty(e)$, ?$\exists x.Fo(x)$)

  ELSE   abort

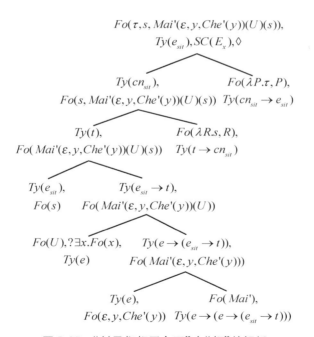

图 5.25 "村民们都买车了"中"都"的解析

在例（18）中，"都"的使用触发了事件节点的进一步投射，所以词项行为指

令第一步就是构建 $Ty(e_{sit})$。随后通过指令 $[\text{make}(\langle\downarrow_1\rangle);\text{go}(\langle\downarrow_1\rangle)]$ 构建函项节点,并通过指令 $[\text{put}(Ty(cn_{sit}\rightarrow e_{sit}),Fo(P.\tau,P))]$ 引入 τ 项。[1] 完成该节点后,再构建论元节点 $Ty(cn_{sit})$。通过相关指令再构建另一个函项女儿节点和一个类型 $Ty(t)$ 的论元女儿节点。值得注意的是,指令 $[\text{freshput}(s,Fo(R.s,R))]$ 指的是第一次放置前文没出现过的变量,而此处 $Ty(t)$ 所表征的并不是具有真值意义的命题,而是某一事件。完成限制节点的构建后,指令 $[\text{make}(\langle\downarrow_0\rangle);\text{go}(\langle\downarrow_0\rangle);\text{put}(Ty(e_{sit}),Fo(s))]$ 则标志着事件解析的开始,按照上文所提及的汉语动词的词项行为指令,通过相关行为指令我们先构建 $Ty(e\rightarrow(e\rightarrow(e_{sit}\rightarrow t)))$ 节点,随后再通过期待规则,构建内论元节点的复数名词"车",即 $[\text{put}(Fo(\varepsilon,y,Che'(y)),Ty(e))]$。最后才是外论元节点 $[Fo(U),Ty(e),?\exists x.Tn(x)]$,其中,$U$ 为指称人的元变量。在完成"都"的词项行为操作后,函项运用自下而上进行收敛,并在根节点添加相应的域说明,即 $SC(E_x)$,如图 5.25 所示。在完成"都"的解析之后,主句的解析随之展开,其解析过程如图 5.26 所示(语句的时态信息略去)[2]:

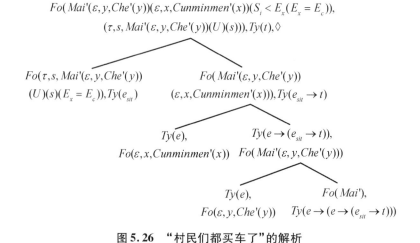

图 5.26 "村民们都买车了"的解析

在图 5.26 中,随着主句事件结构的解析完成,根节点上也随之添加了相应的域说明,正如我们上文提到的那样,具有显性强化域的"都"字句包含的是单

---

[1] "都"的使用表可高可低的程度,其对主句的事件起着限定作用,因此,这里引入项。关于项的作用可参见 3.4.3.1 小节 Gregoromichelaki(2006,2011)对英语条件句的解析。

[2] 汉语中的"们"一般可以看作复数词缀,也可以被分析为隐性的全称标记,相关分析可参见 Chen(2017)。在本书的分析中,"村民们"被处理为普通复数名词(如图 5.25 所示),并用 ε 项加以表征。

一事件,并不产生选项集,此时的域评估就是 $E_c = E_x$。[1] 此外,根节点语义式中的 τ 项既限定了"都"所触发的隐性事件的真值,同时,域评估条件里真值依存条件也会限定主句事件的真值,即在每一个既定事件结构里,"村民们买车了"都为真,从而实现显性强化的目的。

"都"的隐性强化与此类似,不同的是,"都"的使用会触发选项集,在"都"所触发的隐性事件结构扩展时,选项集先要与主句的事件进行域评估,并产生对主句事件结构的限制条件。其基本示意图如5.27所示:

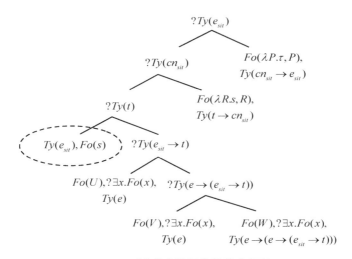

图 5.27 "都"隐性强化的基本解析

以"张三都买车了"为例,"都"的使用触发了选项集"x买车了($x[e_1, e_2, e_3,…])$",此时的选项集须与主句事件进行域评估后才能得到进一步解析,"都"的词项行为可表述如下:

(19)"张三都买车了"中"都"的词项行为指令

  IF $?Ty(e_{sit})$
  THEN make($\langle\downarrow_1\rangle$); go($\langle\downarrow_1\rangle$);
     put($Ty(cn_{sit}{\rightarrow}e_{sit})$, $Fo(\lambda P.\,\tau, P)$); go($\langle\uparrow_1\rangle$);
     make($\langle\downarrow_0\rangle$); go($\langle\downarrow_0\rangle$); put ($?Ty(cn_s)$); make($\langle\downarrow_1\rangle$); go($\langle\downarrow_1\rangle$);
     put ($?Ty(t{\rightarrow}cn_{sit})$), freshput($s$, $Fo(\lambda R.\,s,\,R)$); go($\langle\uparrow_1\rangle$);
     make($\langle\downarrow_0\rangle$); go($\langle\downarrow_0\rangle$); put($?Ty(t)$); make($\langle\downarrow_0\rangle$); go($\langle\downarrow_0\rangle$);

---

[1] 需要指出的是,域评估条件一般只能标注在根节点上。本书在事件节点解析之后加标相应的域评估条件以应对域评估的渐进性与层次性。下文以此类推,不再赘述。

put($Ty(e_{sit})$,?[$\exists x. Fo(x) \wedge \langle L \rangle Fo(x)$]);
go($\langle \uparrow_0 \rangle$); make($\langle \downarrow_1 \rangle$); go($\langle \downarrow_1 \rangle$); put(?$Ty(e \to (e_{sit} \to t))$);
make($\langle \downarrow_1 \rangle$); go($\langle \downarrow_1 \rangle$); put($Fo(Mai')$, $Ty(e \to (e \to (e_{sit} \to t)))$);
go($\langle \uparrow_1 \rangle$); make($\langle \downarrow_0 \rangle$); go($\langle \downarrow_0 \rangle$);
put($Fo(\iota, y, Che'(y))$, $Ty(e)$); go($\langle \uparrow_0 \rangle \langle \uparrow_1 \rangle$);
make($\langle \downarrow_0 \rangle$); go($\langle \downarrow_0 \rangle$); put($Fo(U)$, $Ty(e)$, ?$\exists x.Tn(x)$)

ELSE　　abort

与例（18）显性强化中"都"的词项行为不同的是，例（19）的表述在"都"所触发的事件节点下的 $Ty(e_{sit})$ 节点处添加了一个链接（即图 5.27 中虚线椭圆标示处），表征为 [$Ty(e_{sit})$, ?[$\exists x. Fo(x) \wedge \langle L \rangle Fo(x)$]]。这是因为"都"所触发的选项集必须要与当前事件进行域评估，且在事件节点上必须产生两者之间的真值依存关系，否则整个句子的解析就会停滞。其具体的解析如图 5.28 所示：

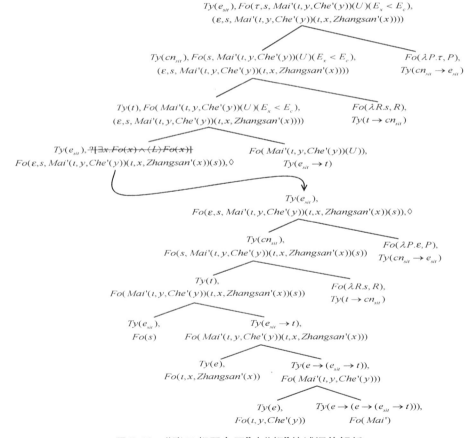

图 5.28　"张三都买车了"中"都"的域评估解析

如图 5.28 所示,"都"所触发的选项集 E_x 与主句所预设的事件结构 E_c 之间存在真值依存关系,即选项真则主句真,主句真,选项不一定为真,在 $Ty(e_{sit})$ 节点表征为 $E_x < E_c$。在完成"都"的域评估之后,主句的解析随之展开,其具体解析如图 5.29 所示(语句的时态信息略去):

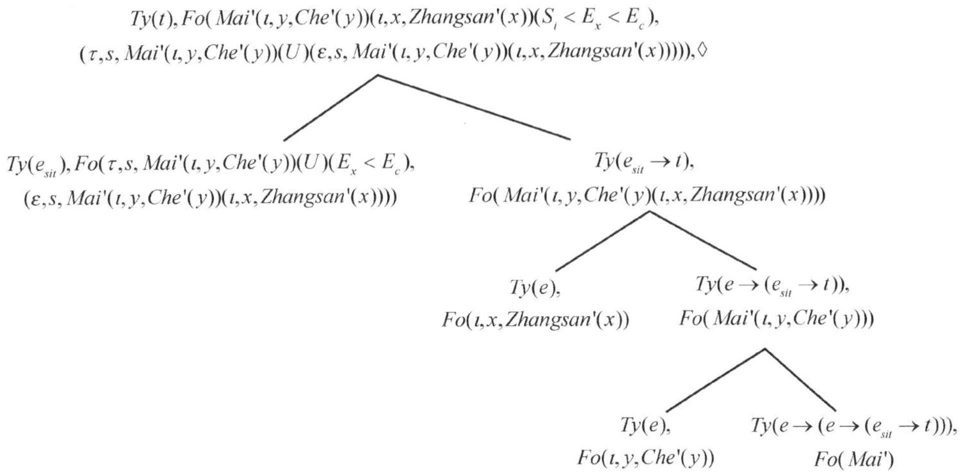

$Ty(t), Fo(Mai'(\iota,y,Che'(y))(\iota,x,Zhangsan'(x))(S_i < E_x < E_c),$
$(\tau,s,Mai'(\iota,y,Che'(y))(U)(\varepsilon,s,Mai'(\iota,y,Che'(y))(\iota,x,Zhangsan'(x)))), \Diamond$

$Ty(e_{sit}), Fo(\tau,s,Mai'(\iota,y,Che'(y))(U)(E_x < E_c),$
$(\varepsilon,s,Mai'(\iota,y,Che'(y))(\iota,x,Zhangsan'(x))))$

$Ty(e_{sit} \to t),$
$Fo(Mai'(\iota,y,Che'(y))(\iota,x,Zhangsan'(x))))$

$Ty(e),$
$Fo(\iota,x,Zhangsan'(x))$

$Ty(e \to (e_{sit} \to t)),$
$Fo(Mai'(\iota,y,Che'(y)))$

$Ty(e),$
$Fo(\iota,y,Che'(y))$

$Ty(e \to (e \to (e_{sit} \to t))),$
$Fo(Mai')$

图 5.29 "张三都买车了"的解析

在图 5.29 中,随着主句事件结构的解析完成,整个句子域评估也就变成了 $Scope(S_i < E_x < E_c)$。根节点语义式中的 τ 项既限定了"都"所触发的隐性事件的真值,也赋予了强化效果,即在每一个既定事件结构里,"张三买车了"都为真。域说明中 $E_x < E_c$ 所表明的真值依存关系为:如果"张三买车了",则选项集 U 为真,从而使句子蕴含了"所有人都买车了"这样的强化解读,换言之,τ 项所强化的也就是选项集。这与第 4 章中我们对"都"字句具有隐性强化域的预测基本一致。当然,应对不同类型的"都"字句,具体的操作过程及解析也会有所侧重,这些都将成为下一章具体分析的重点,在此不再深入探讨。

5.3 本章小结

本章主要介绍了汉语动态句法解析模型及"都"字句解析的动态句法学模型。首先,在基于语序类型比较的基础上,我们总结了汉语动态句法学解析的基本运作机制,并以具体的汉语语料为参照,详尽地介绍了现代汉语动态解析在计算规则、词项行为及语用行为方面的特点及操作方式,并在此基础之上构建了现代汉语的动态解析模型。

其次，基于"都"字句的考量，我们介绍了动态句法学中的域评估这一概念，并将其原有的基于变量之间的依存关系进一步推广至基于真值条件的依存关系，即"都"所触发的事件可以通过这一评估条件与主句的事件产生真值依存关系，这也是"都"字句解析的前提条件。最后，我们通过相应事件节点的引入构建起"都"的解析模型，并通过事件间的真值依存关系及 τ 项所起到的限制作用实现"都"字句的强化解读。

6 "都"显性强化的动态解析

在第4章的分析中,我们重新界定了"都"的功能,其本质上是一个程度加强词,它的使用可以赋予句子某种强化解读。有时这种强化解读并不依托于语境或听话人的语用推理,即可以通过所在句子的形态句法结构得以确定,这样的句子在本书中统称为"都"的显性强化。本章将首先梳理这一类显性强化句在汉语中的分布情况,即依据"都"的强制出现与否分别展开论述。随后,本书依托第5章所给出的"都"解析的动态句法模型,并从"都"强制出现结构与非强制出现结构中挑选典型的例句,分别给出各类显性强化句的动态解析。

6.1 "都"显性强化在现代汉语中的分布

正如前文提到的那样,"都"之所以被分析为像全称量词这样的算子,是因为当句中出现全量表达时,"都"往往必须强制出现。除此之外,有些情况下"都"不必强制出现,即"都"的有无并不是完句的必要条件。由此,"都"的显性强化也就可以分为上述这两类情况,文献回顾中所提到的"都₁"句大体上属于显性强化的范畴。

首先来看"都"必须强制出现的句子。第一类是全量结构与"都"的共现。当句中出现全称限定词"所有"或"每"时,"都"通常会强制出现,否则句子的合法度会下降,甚至不被接受。如(选自北京大学中国语言学研究中心语料库):

(1) 所有学生都交了"饮水费"(每生20元),绝大部分学生都交了"保险费"(每生25元)。

(2) 每个人都想夺冠,每个人都认为自己是最棒的。

在上面两例中,"所有""每个"这样的全称限定词要求"都"必须强制出现。除了与全称限定词连用外,"都"还可以与其他的全量表达共现,如下面各

例(选自北京大学中国语言学研究中心语料库)[1]:

(3) a. 满街筒子都是人,墙上趴的,树上钻的,人多是这里的一大奇观。
b. 整个学校都知道她是我女朋友,我是她男朋友。
c. 这个消除烦恼的方法,任何人都可以使用,非常简单。

(4) a. 望着伙伴们把他抱上马车送回去,老乡们个个都流下了眼泪。
b. 条条线索都导向了王振武,经验告诉记者,答案就在他身上。
c. 有一回年三十赶上当班,哪哪儿都关门。

例(3)中的"满""整""任何"这类的全量表达也被称为全称限定词(曹秀玲 2005),而例(4)中的叠词同样蕴含着全量意义,它们也皆倾向于与"都"连用以标示极量的出现,并实现强化的效果。

第二类"都"必须强制出现的情况是表任指的疑问代词与"都"的共现,这一类结构也就是第 2 章中所提及的包含自由选项词的语句。如以下各例(选自北京大学中国语言学研究中心语料库):

(5) a. 当 1986 年几百万斤萝卜烂在地里后,第二年谁都不种萝卜了。
b. 他好像什么都知道,你认为他们这种人是真的在历史上存在吗?
c. 只要没有警察,哪都敢停,这是"中巴"现存的另一个问题。

例(5)中的疑问代词"谁""什么""哪"都可以作"任何"解读,即它们可以指称论域中任何个体或事件,其功能上相当于自由选项词。但是,正如 Huang(1982)指出的那样,疑问词"为什么"与"都"的连用并不会带来任指解读。如下面两例(选自北京大学中国语言学研究中心语料库):

(6) a. 神宗帝冷笑道:"你们为什么都跪着? 想替郑妃求情吗?"
b. 陈亮说:"这个三太爷来,为什么都站起来,莫非全都怕他?"

---

[1] 通过语料库的检索,我们发现,"都"与全量表达的共现并不存在绝对的强制性。如下面两例(选自北京大学中国语言学研究中心语料库):
(i) a. 所有旅馆的客人可以随时进去在同一个浴池里泡浴。
b. 每个人的回答也决不会完全一样。
即便在某些看似不可或缺的结构中,"都"的功能也同样可以被类似的表达所替换,如下例中的"也"(选自北京大学中国语言学研究中心语料库):
(ii) 这所有的一切也有利于提高教师的威信。
尽管如此,我们依然依照学界惯例将它们归为"都"必须强制出现的结构。

6 "都"显性强化的动态解析

从上面的两个例子可以看出,"都"与"为什么"连用并不会带来任指解读。这是因为"为什么"不能成为事件结构的核心变量,其所指称的只能是事件的状态。由此可见,疑问代词的任指解读或自由选项词功能并非由"都"带来的,"都"只是任指解读的允准者。[1]

除了上述的结构外,其他结构并不要求"都"强制出现。如下面两组例子[例(7a)与例(8a)选自北京大学中国语言学研究中心语料库,例(7b)与例(8b)为相应的变换形式]:

(7) a. 平时家长们总是对我说:"学生们都很喜欢你。"
    b. 平时家长们总是对我说:"学生们很喜欢你。"
(8) a. 你每天都吃什么?
    b. 你每天吃什么?

从上面两组例子可以看出,"都"的有无并不会影响句子的合法度,但一旦使用了"都",句子所传递的语力会得到进一步加强。这一类句子在结构上的差异主要体现在主语上,即主语是单数结构还是复数结构。汉语中的"都"字句并没有强制的复数性要求,如例(7)为复数主语结构,而例(8)则为单数主语结构。下文将按照本小节的分类,分别选取典型的"都"字句进行动态解析。

6.2 "都"强制出现结构的动态解析

按照上一小节的分类,现代汉语中"都"必须强制出现的结构可以大致划分为"全量表达+都"结构和"疑问词+都"结构,现分述如下。[2]

6.2.1 "全量表达+都"结构的解析

汉语中的全量表达可以进一步细分为全称限定词(如"所有""每""任何""各"等)、具有全量功能的叠词(如"个个""人人""天天"等)及具有全量功能

---

[1] 疑问词的任指用法与话题化的用法类似,当某一成分被突显强化时,倾向于用"都"来标记,有时候否定词也具有类似的功能。试比较下面两例:
(i) a. 我什么不知道。
    b. 我什么都知道。
上面两个例子所传递的意义并无差异,这也是为什么"都"会被分析为隐性否定极项成分(NPI)的原因(参见袁毓林2007)。由此可见,任指解读并非是由"都"带来的。

[2] 学界已有分析认为,在某些话题句中,"都"也是不可或缺的。由于本书所论及的各个结构大多涉及话题化问题,为了避免重复,话题句的解析不再单独设立章节。

的指代词(如"一切"等)。[1]下面分别选取典型的例句加以分析。

首先来看全称限定词与"都"的共现。以例(1)为例,复述如下(句子的后半部分及无关细节略去):

(9) 所有学生都交了"饮水费"。

例(9)的具体解析大致遵循下面的过程。第一步就是主语内部的解析,正如前一章所提到的那样,例(9)中的全称成分"所有"可以投射为 τ 名项,其内部结构如图6.1所示:

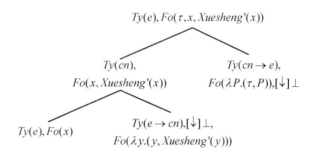

图6.1 "所有学生都交了'饮水费'"中"所有学生"的解析

随后是整个句子的解析,通过引入规则及核心动词"交"的驱动完成句子主干的解析。"交"的词项行为及句子的基本解析如例(10)及图6.2所示:

(10) "所有学生都交了'饮水费'"中"交"的词项行为指令

IF $Tn(\alpha), ?Ty(t)$
THEN IF $\langle\downarrow_0\rangle\langle\downarrow_1^*\rangle Ty(e)$
         THEN go($\langle\downarrow_0\rangle\langle\downarrow_1^*\rangle$); put(?$\langle\uparrow_0\rangle\langle\uparrow_1^*\rangle Tn(\alpha), ?Ty(e), ?\exists x. Tn(x)$);
            go($\langle\uparrow_0\rangle\langle\uparrow_1^*\rangle Tn(\alpha)$); make($\langle\downarrow_0\rangle$); go($\langle\downarrow_0\rangle$); put(?$Ty(e_{sit})$);
            go($\langle\uparrow_0\rangle$); make($\langle\downarrow_1\rangle$); go($\langle\downarrow_1\rangle$); put(?$Ty(e_{sit}\rightarrow t)$);
            make($\langle\downarrow_1\rangle$); go($\langle\downarrow_1\rangle$); put($Fo(Jiao'), Ty(e\rightarrow(e_{sit}\rightarrow t)), [\downarrow]\bot$);
            go($\langle\uparrow_1\rangle$); make($\langle\downarrow_0\rangle$); go($\langle\downarrow_0\rangle$); put(?$Ty(e)$);
            go($\langle\uparrow_0\rangle\langle\uparrow_1\rangle$); make($\langle\downarrow_0\rangle$); go($\langle\downarrow_0\rangle$); put(?$Ty(e)$)
         ELSE   abort
     ELSE   abort

---

[1] 值得注意的是,指代词也可以重叠,其全量表述会得到进一步加强。如下例(转自北京语言大学汉语语料库):

(i) 一切的一切都变了,只有那香味使我想起的桐花没有变。

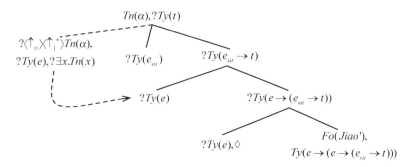

图 6.2 "所有学生都交了'饮水费'"的初步解析

由图 6.2 可以看出,动词"交"可以投射出完整的命题结构,此时指针停留在其内论元节点,而依靠引入规则引入的非固定节点[$?Ty(e), ?\exists x.Fo(x)$]也必须在下一步解析中合并进入树结构,从而保障整个句子的命题意义。那为什么全量表达倾向于要求"都"的强制出现呢?这是因为非固定节点与树结构中的 $?Ty(e)$ 合并时必须要经过域评估,才能实现其全称意义解读。换言之,此时的事件节点必须进一步投射以促成域评估,即"都"的使用会触发事件节点投射出含有元变量的隐性事件结构,并通过与主句的显性事件结构的真值依存关系进行域评估,最终实现句子的强化解读。"都"的词项行为及相关的树结构扩展如例(11)及图 6.3 所示:

(11) "所有学生都交了'饮水费'"中"都"的词项行为指令

    IF $?Ty(e_{sit})$
    THEN make($\langle\downarrow_1\rangle$); go($\langle\downarrow_1\rangle$);
               put($Ty(cn_{sit}\to e_{sit}), Fo(\lambda P.\ \tau, P)$); go($\langle\uparrow_1\rangle$);
               make($\langle\downarrow_0\rangle$); go($\langle\downarrow_0\rangle$); put ($?Ty(cn_s)$); make($\langle\downarrow_1\rangle$); go($\langle\downarrow_1\rangle$);
               put ($?Ty(t\to cn_{sit})$), freshput($s, Fo(\lambda R.\ s, R)$); go($\langle\uparrow_1\rangle$);
               make($\langle\downarrow_0\rangle$); go($\langle\downarrow_0\rangle$); put($?Ty(t)$);
               make($\langle\downarrow_0\rangle$); go($\langle\downarrow_0\rangle$); put($Ty(e_{sit}), Fo(s)$); go($\langle\uparrow_0\rangle$);
               make($\langle\downarrow_1\rangle$); go($\langle\downarrow_1\rangle$); put($?Ty(e\to(e_{sit}\to t))$);
               make($\langle\downarrow_1\rangle$); go($\langle\downarrow_1\rangle$);
               put($Fo(Jiao'), Ty(e\to(e\to(e_{sit}\to t)))$);
               go($\langle\uparrow_1\rangle$); make($\langle\downarrow_0\rangle$); go($\langle\downarrow_0\rangle$);
               put($Fo(\iota, y, Yinshuifei'(y)), Ty(e)$); go($\langle\uparrow_0\rangle\langle\uparrow_1\rangle$);
               make($\langle\downarrow_0\rangle$); go($\langle\downarrow_0\rangle$); put($Fo(U), Ty(e), ?\exists x.Fo(x)$))
    ELSE abort

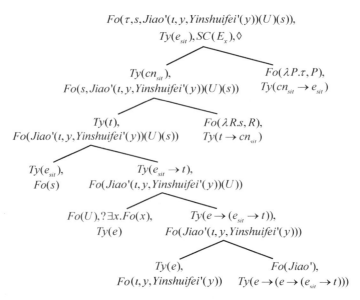

图 6.3 "所有学生都交了'饮水费'"中"都"的解析

正如第 5 章提到的那样,图 6.3 中引入的 τ 项是为了限定事件之间的真值依存,也就是说,"都"所触发的单一事件"x 交了饮水费"如果为真,则主句蕴含的事件"所有学生交了饮水费"必为真。此时,τ 项的功能相当于前文所提过的域限定功能。[1] 经过"都"所触发事件结构的域评估后,非固定的全称短语"所有学生"与 $Ty(e)$ 节点合并,并最终完成整个句子的解析,其解析的过程及完整的树结构如图 6.4 和图 6.5 所示:

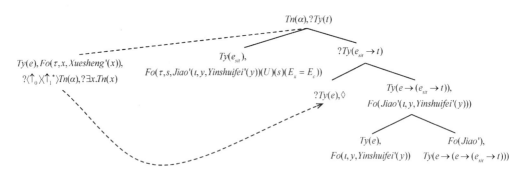

图 6.4 "所有学生都交了'饮水费'"中"所有学生"的解析

---

[1] 关于域限定的相关研究可参见 Von Fintel(1994)、Stanley(2002)及 Giannakidou(2004)等的专项研究。

6 "都"显性强化的动态解析

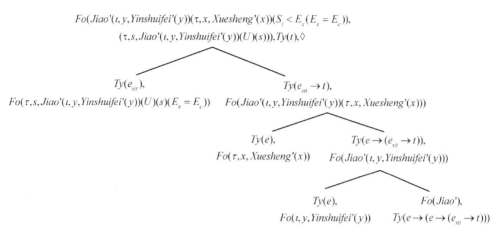

图6.5 "所有学生都交了'饮水费'"的解析

在图6.4中,加接于根节点的非固定节点(图中直线虚线所标示部分)在经过域评估之后合并进入主树,如图中虚线箭头所示。随着解析的完成,如图6.5所示,根节点上也随之被添加了相应的域说明,由于显性强化域的"都"字句中"都"所触发的是单一事件,且此事件必须与句子本身蕴含的事件结构相等,此时的域评估可以表示为 $E_c = E_x$。此外,项的使用也限定了"都"所触发的隐性事件与主句事件的真值,即"所有学生交了饮水费"为真,则"x 交了饮水费"必为真,从而实现显性强化的目的。上一小节中所提到的其他全称限定词的解析与之类似,都遵循相同的解析过程,在此不再赘述。

接下来,我们再看具有全量功能的叠词与"都"的共现。需要指出的是,有些叠词具有限定词的功能,如例(4b)"条条线索"中的"条条",而有些叠词则具有指代的功能,如下例(选自北京语言大学汉语语料库):

(12) 别看她们都是普通的士兵,个个都念过许多书。

在例(12)中,"个个"很明显指代的是语境中出现的"她们",也就是间接指称"士兵"。[1]同时,由于指代词"个个"具有全量的指称功能,它的具体语义指称指语境或上下文中"每一个士兵"或"所有的士兵",其具体的替代解析过程如图6.6所示:

---

[1] 值得注意的是,"个个"通常还会与名词短语或人称代词共现,并进一步强化主语的全量表达。如(选自北京语言大学汉语语料库):
(i) a. 敌人宣布要枪毙你们,你们个个都很从容。
b. 学生们个个都在睡觉。

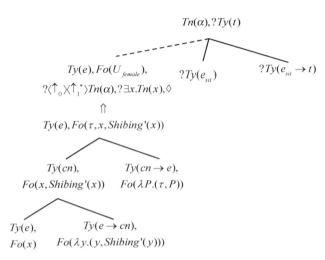

图6.6 "个个都念过许多书"中"个个"的替代解析

在完成主语的解析后,整个句子的解析遵循例(9)的解析顺序,先完成事件节点的构建,主语"个个"在经过域评估后,与主树的 $?Ty(e)$ 节点合并,最终完成句子的解析,相关的域说明也随之被添加至根节点。整个解析过程如图6.7与图6.8所示(句子的时体信息及词项行为略去):

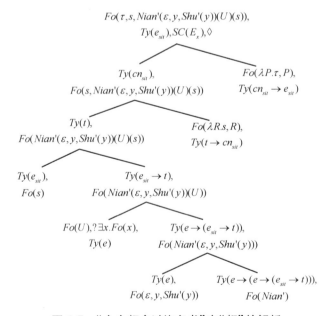

图6.7 "个个都念过许多书"中"都"的解析

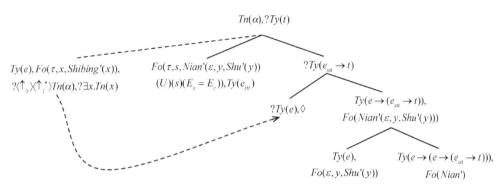

图6.8 "个个都念过许多书"中"个个"的解析

在图6.7中,"都"的强制出现使得事件节点 $Ty(e_{sit})$ 进一步投射为含有一个元变量的单一事件结构,其域说明为 $Scope(E_x)$。此时,该隐性事件真值与句子本身所预设的事件真值(表示为 E_c)是一种相互蕴含的关系,即 $E_x = E_c$。经过两个事件域的评估之后,处于非固定节点的"个个"可以通过合并操作进入固定节点 $?Ty(e)$,如图6.8中虚线箭头所示。图6.9是解析完成后的结构图,通过函项运用及瘦身规则的运用,获得句子解析的语义式,并添加相应的域说明 $Scope(S_i < E_x(E_x = E_c))$,最终完成句子的解析。[1]

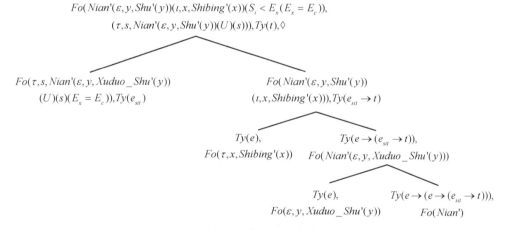

图6.9 "个个都念过许多书"的解析

最后,再来看具有全量功能的指代词"一切"与"都"的共现。如下例(选自

---

[1] 需要注意的是,此时根节点的语义式中依然还有变量的存在。其实 $Ty(e_{sit})$ 节点所提供的仅仅是限制条件,与Cann(2011)对时体信息的处理一致,该节点只是为"都"字句真值依存提供域说明,并不会改变句子主干的语义真值。

北京大学中国语言学研究中心语料库）：

(13) 学友是在1984年、1985年出道的,参加唱歌比赛,得了冠军,签了宝丽金,开始出唱片,能够到红馆去演出,还开了个唱,一切都很风光。

在上例中,首先要确定"一切"的指代对象,才能完成相应的替代解析。这里的"一切"指代的是张学友出道以来关于演唱的所有事情。完成"一切"的解析后,其他的解析步骤与例(12)基本相同,在此不再展开论述。

总而言之,"全量表达+都"结构涉及的隐性事件结构的变量总是位于主语位置,其解析关键是:"都"所触发的隐性事件结构与主句事件结构相互蕴含,非固定全称短语只有经过"都"的域评估后,才能与句子主干的外论元节点合并,并最终完成整个句子的解析。

6.2.2 "疑问词+都"结构的解析

在汉语中,当疑问词置于"都"之前的时候,其自身的疑问语气会消失,并展现出可以表全量的任指义。[1]如下面三例所示(选自北京大学中国语言学研究中心语料库)：

(14) a. 在他为农的时候,阴天下雨,冬季农闲,总是有许多人围着他,邀他讲古,他冬天像盆火,夏天像个大凉棚,谁都喜欢他。
b. 那我一小儿捡煤去,我什么都干过。
c. 你去哪儿? 这都几点了,你们俩都坐着,哪都别去,我去!

例(14a)节选自小说《林海雪原》,其中,"他"指代的是小说的主人公"杨子荣",主语位置表任指的疑问代词"谁"指称的是"所有农友"。例(14b)节选自北京话语料调查资料(1982),"我"指的是语料调查的说话人,处于话题位置

---

[1] 关于"都"的任指解读,詹卫东(2004)认为"都"所指向的是一个全称集合,而这与疑问成分的非全称性质相违背,所以"都"之前的疑问词表任指。而袁毓林(2005a)则认为,"都"之所以不能约束疑问词,是由疑问代词特殊的语义性质所决定的。疑问代词既可以是算子(operator),也可以是变量(variable),出现在"都"之前的疑问词必须丧失算子功能,这样才能被"都"等其他算子所约束,否则就会违反算子只能约束变量的原则。本书基本认同袁文的分析,但与之不同的是,"都"兼有程度加强与域限定的语义功能。在"疑问代词+都"的结构中,"都"的语义功能决定了疑问代词必须定指以加强语力,从而使得其失去疑问功能,这并不是"都"的算子功能决定的。疑问代词置于"也"之前也具有类似的任指解读,如下例中的"谁"(选自北京大学中国语言学研究中心语料库)：

(i) 我们外面那个链子都已经锁上了,谁也跑不了。

的"什么"指代的是前文所提及的"各种工作"。例(14c)节选自小说《蜗居》,疑问代词"谁"前面隐含主语为"你们俩",也就是小说前文中所提及的"海萍和海藻",而任指疑问代词"哪"则从宾语位置提升到话题位置。

以例(14a)为例,我们首先来看主语位置表任指疑问代词的解析。通过 * 局部加接规则及核心动词"喜欢"的词项行为驱动,句子完整命题结构的初步架构可以表述如例(15)和图6.10所示:

(15)"谁都喜欢他"中"喜欢"的词项行为指令

IF $Tn(\alpha), ?Ty(t)$

THEN IF $\langle\downarrow_0\rangle\langle\downarrow_1^*\rangle Ty(e)$

THEN $go(\langle\downarrow_0\rangle\langle\downarrow_1^*\rangle); put(?\langle\uparrow_0\rangle\langle\uparrow_1^*\rangle Tn(\alpha), ?Ty(e), ?\exists x. Tn(x));$

$go(\langle\uparrow_0\rangle\langle\uparrow_1^*\rangle Tn(\alpha)); make(\langle\downarrow_0\rangle); go(\langle\downarrow_0\rangle);$

$put(?Ty(e_{sit})); go(\langle\uparrow_0\rangle);$

$make(\langle\downarrow_1\rangle); go(\langle\downarrow_1\rangle); put(?Ty(e_{sit}\to t))); make(\langle\downarrow_1\rangle); go(\langle\downarrow_1\rangle);$

$put(Fo(Xihuan'), Ty(e\to(e_{sit}\to t)), [\downarrow]\bot); go(\langle\uparrow_1\rangle);$

$make(\langle\downarrow_0\rangle); go(\langle\downarrow_0\rangle); put(Fo(V_{male}), Ty(e), ?\exists y.Fo(y));$

$go(\langle\uparrow_0\rangle\langle\uparrow_1\rangle); make(\langle\downarrow_0\rangle); go(\langle\downarrow_0\rangle); put(?Ty(e))$

ELSE abort

ELSE abort

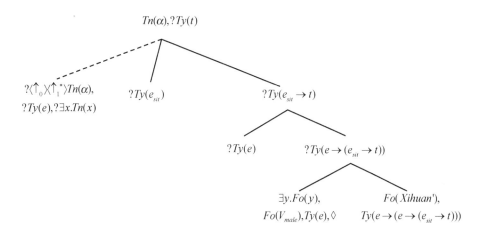

图6.10 "谁都喜欢他"的初步解析

从例(15)的词项行为指令可知,核心动词"喜欢"可以投射出一个包含非固定节点及一个人称变量的命题结构。在图6.10中,指针停留在动词内论元这一节点上,通过上下文,我们知道这一男性人称元变量指代的是"杨子荣"这一个体。随后解析的是非固定节点,其在树生长的过程中最终会被固定在外论元位置,这是由动词"喜欢"的语义所决定的。[1] 具体的替代解析如图6.11所示:

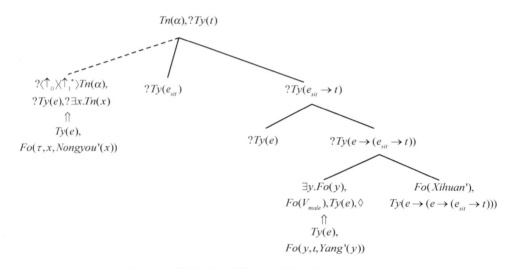

图6.11 "谁都喜欢他"中"谁"与"他"的替代解析

随着句子主干解析的完成,"都"触发的事件节点做进一步投射,其词项行为与例(11)相似[具体指令参见例(11)],相应的树结构扩展如图6.12所示:

---

[1] 其实,任指疑问代词"谁"语义值的确定发生在"都"进一步投射之后,在此之前,"谁"只是一个疑问词,而经过域评估之后,其语义值指代的是语境中特定的一群人,即"所有的农友"。为了形式刻画的方便,在图6.10中我们预先呈现了相应的替代过程。

6 "都"显性强化的动态解析

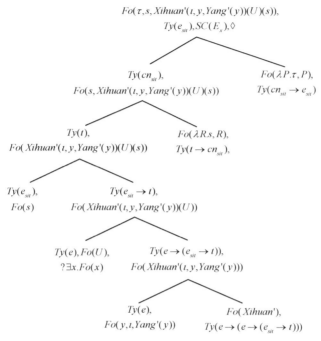

图 6.12 "谁都喜欢他"中"都"的解析

在图 6.12 中,"都"触发事件节点 $Ty(e_{sit})$ 进一步投射为包含元变量 U 的隐性事件结构,其语义功能上相当于句子的预设"x 喜欢杨子荣",此时,变量 U 和 x 都不是选项集,与主句在真值上可以形成相互蕴含的关系。而两个事件之间的依存关系则由引入的项来保障,这种依存关系可以表述为:如果所有农友都喜欢杨子荣,则 x 喜欢杨子荣($x = U$),也就是隐含事件与主句事件相同,从而实现句子的强化解读。通过事件节点的真值依存评估,非固定节点必须要合并进入句子的命题结构,与此同时,"都"的域评估消除了"谁"自身的疑问语气,图 6.12 中非固定节点的替代得以进行,并随之合并进入外论元节点。这一过程如图 6.13 所示:

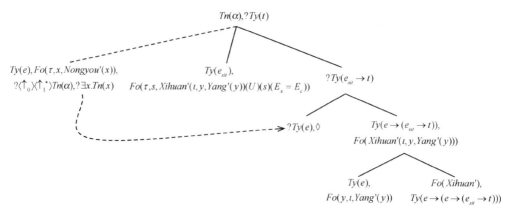

图 6.13　"谁都喜欢他"中"谁"的解析

在图 6.13 中，加接于根节点的非固定节点经过域评估之后合并进入主树，如图中虚线箭头所示。随着解析的递增，事件节点上的域说明也随之被添加至根节点，即 $Scope(S_i < E_x (< E_x = E_c))$。显性强化域的"都"字句中"都"所触发的是单一事件，且此事件必须与句子本身蕴含的事件结构相等，再加上 τ 项的限定作用，最终实现了"都"的强化功能，并完成了句子的解析，其完整解析如图 6.14 所示：

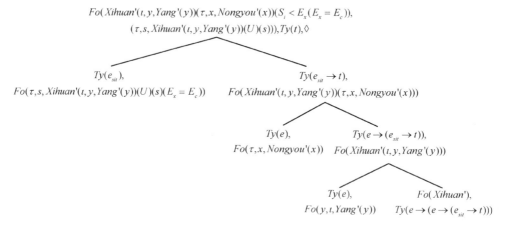

图 6.14　"谁都喜欢他"的解析

与例(14a)不同，例(14b)与例(14c)中的任指疑问代词处于话题位置或话题焦点位置[1]，其具体的解析过程与例(14a)也略有不同。下面我们就以例(14c)为例，简要分析这一类句子的解析过程。首先，通过引入规则及主要动词的词项行为完成句子的基本构建。"去"的词项行为指令可表述如下：

(16) "哪都别去"中"去"的词项行为指令

  IF $Tn(\alpha), ?Ty(t)$

  THEN IF $\langle\downarrow_0\rangle\langle\downarrow_1^*\rangle Ty(e)$

    THEN go($\langle\downarrow_0\rangle\langle\downarrow_1^*\rangle$); put(?$\langle\uparrow_0\rangle\langle\uparrow_1^*\rangle Tn(\alpha), ?Ty(e), ?\exists x. Tn(x)$);

    go($\langle\uparrow_0\rangle\langle\uparrow_1^*\rangle Tn(\alpha)$); make($\langle\downarrow_0\rangle\langle\downarrow_1^*\rangle$); go($\langle\downarrow_0\rangle\langle\downarrow_1^*\rangle$);

    put(?$\langle\uparrow_0\rangle\langle\uparrow_1^*\rangle Tn(\alpha), ?Ty(e), ?\exists y. Tn(y)$);

    go($\langle\uparrow_0\rangle\langle\uparrow_1^*\rangle Tn(\alpha)$); make($\langle\downarrow_0\rangle$); go($\langle\downarrow_0\rangle$); put($Ty(e_{sit})$);

    go($\langle\uparrow_0\rangle$); make($\langle\downarrow_1\rangle$); go($\langle\downarrow_1\rangle$); put(?$Ty(e_{sit}\rightarrow t)$);

    make($\langle\downarrow_1\rangle$); go($\langle\downarrow_1\rangle$);

    put(?$Ty(e\rightarrow(e_{sit}\rightarrow t))$); go($\langle\uparrow_1\rangle$); make($\langle\downarrow_1\rangle$); go($\langle\downarrow_1\rangle$);

    put($Fo(Bie'), Ty((e\rightarrow(e_{sit}\rightarrow t))\rightarrow(e\rightarrow(e_{sit}\rightarrow t)))$);

    go($\langle\uparrow_1\rangle$); make($\langle\downarrow_0\rangle$); go($\langle\downarrow_0\rangle$); put(?$Ty(e\rightarrow(e_{sit}\rightarrow t))$);

    make($\langle\downarrow_1\rangle$); go($\langle\downarrow_1\rangle$);

    put($Fo(Qu'), Ty(e\rightarrow(e\rightarrow(e_{sit}\rightarrow t)))), [\downarrow]\bot$);

    go($\langle\uparrow_1\rangle$); make($\langle\downarrow_0\rangle$); go($\langle\downarrow_0\rangle$);

    put (?$Ty(e)$); go($\langle\uparrow_0\rangle\langle\uparrow_0\rangle\langle\uparrow_1\rangle$);

    make ($\langle\downarrow_0\rangle$); go($\langle\downarrow_0\rangle$); put(?$Ty(e)$)

    ELSE abort

  ELSE abort

与例(15)的词项行为不同的是，例(16)的词项行为以加接的方式引入两个非固定节点，即[?$\langle\uparrow_0\rangle\langle\uparrow_1^*\rangle Tn(\alpha), ?Ty(e), ?\exists x. Fo(x)$]与[?$\langle\uparrow_0\rangle\langle\uparrow_1^*\rangle Tn$

---

[1] 刘丹青、徐烈炯(1998)把汉语中的焦点分为三类：信息焦点[＋突出，－对比]、对比焦点[＋突出，＋对比]和话题焦点[－突出，＋对比]。汉语"都"字句中的话题也不例外，"都"除了焦点标记外，还具有进一步强化以加强语力的作用。例(14a)主语位置的疑问代词兼有主语和话题焦点的功能，所以去掉"都"之后句子依然成立，而例(14b)与例(14c)则不同，疑问代词只能是话题焦点，缺少标记后句子不成立。

（α），?Ty(e)，?∃y.Fo(y)]，此外还在右侧的谓项添加了节点 $Ty((e→(e_{sit}→t))→(e→(e_{sit}→t)))$ 以解析副词成分"别"。随着解析的进行，句子隐含的主语"海萍和海藻"得以提取并替代相应的变量，而另一非固定节点，即话题焦点节点的解析则在"都"域评估之后进行。此处，为了便于清晰展示树结构递增式的解析过程，我们将话题节点与主语节点的替代同步进行，两个节点的替代过程及合并过程如图 6.15 及图 6.16 所示：

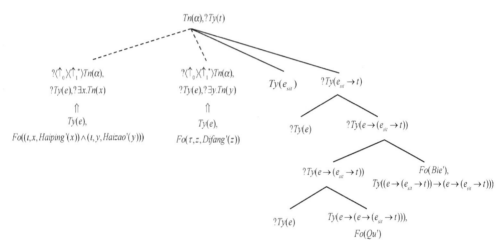

图 6.15　"哪都别去"中的替代解析

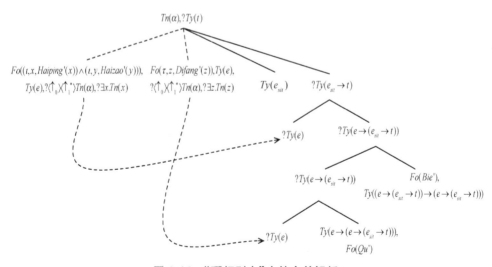

图 6.16　"哪都别去"中的合并解析

随着句子主干架构的基本完成，"都"的使用触发事件节点做进一步投射，其调整后的词项行为与相应的树结构扩展分别如例（17）和图 6.17 所示：

(17)"哪都别去"中"都"的词项行为指令[1]

  IF   ?$Ty(e_{sit})$
  THEN make($\langle\downarrow_1\rangle$); go($\langle\downarrow_1\rangle$); put($Ty(cn_{sit}\to e_{sit})$, $Fo(\lambda P.\tau, P)$); go($\langle\uparrow_1\rangle$);
     make($\langle\downarrow_0\rangle$); go($\langle\downarrow_0\rangle$); put(?$Ty(cn_s)$); make($\langle\downarrow_1\rangle$); go($\langle\downarrow_1\rangle$);
     put (?$Ty(t\to cn_{sit})$), freshput(s, $Fo(\lambda R.s, R)$); go($\langle\uparrow_1\rangle$);
     make($\langle\downarrow_0\rangle$); go($\langle\downarrow_0\rangle$); put(?$Ty(t)$); make($\langle\downarrow_1\rangle$); go($\langle\downarrow_0\rangle$);
     put($Ty(e_{sit})$, $Fo(s)$); go($\langle\uparrow_0\rangle$); make($\langle\downarrow_1\rangle$); go($\langle\downarrow_1\rangle$);
     put(?$Ty(e\to(e_{sit}\to t))$); make($\langle\downarrow_1\rangle$); go($\langle\downarrow_1\rangle$);
     put($Fo(Bie')$, $Ty(e\to(e_{sit}\to t)\to(e\to(e_{sit}\to t)))$);
     go($\langle\uparrow_1\rangle$); make($\langle\downarrow_0\rangle$); go($\langle\downarrow_0\rangle$); put(?$Ty(e\to(e_{sit}\to t))$);
     make($\langle\downarrow_1\rangle$); go($\langle\downarrow_1\rangle$); put($Fo(Qu')$, $Ty(e\to(e\to(e_{sit}\to t)))$), [$\downarrow$]$\bot$;
     make($\langle\downarrow_0\rangle$); go($\langle\downarrow_0\rangle$); put($Fo(W)$, $Ty(e)$, ?$\exists x.Fo(x)$);
     go($\langle\uparrow_0\rangle\langle\uparrow_0\rangle\langle\uparrow_1\rangle$); make($\langle\downarrow_0\rangle$); go($\langle\downarrow_0\rangle$);
     put($Fo(Haiping'\wedge Haizao')$, $Ty(e)$)
  ELSE abort

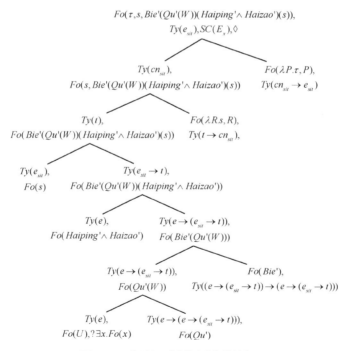

图6.17 "哪都别去"中"都"的解析

---

[1] "都"词项行为指令的最后一步所放置的 $Ty(e)$ 包含两个变量,其具体语义式为 $Fo((\iota,x, Haiping'(x))\wedge(\iota,y,Haizao'(y)))$,为了解析的方便,此处代之以简略形式 $Fo(Haiping'\wedge Haizao')$。

在图6.17中,"都"触发事件节点 $Ty(e_{sit})$ 进一步投射为包含内论元元变量 W 的隐性事件结构,这一事件结构与主句在真值上可以形成相互蕴含的关系。通过事件节点的真值依存评估,非固定节点,也就是悬浮的话题,必须要合并进入句子的命题结构。此时,"都"的域评估已消除了"哪"自身的疑问语气,相应的语义值也为语境所确定(替代过程参见图6.15中的双箭头),并随之合并进入句子的命题结构(参见图6.16中的虚线箭头)。最后,通过函项运用及瘦身规则的运用,在根节点添加相应的域说明 $Scope(S_i < E_x(E_x = E_c))$,最终获得如图6.18所示的完整解析式:

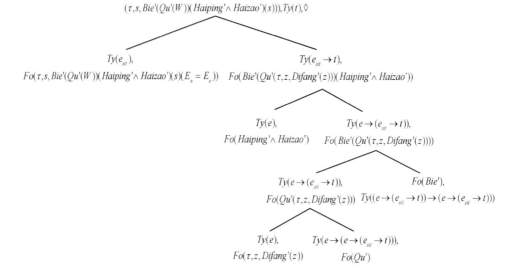

图6.18 "哪都别去"的解析

此外,基于动态句法学的"疑问词+都"结构的解析还可以消除该结构在具体语境下的歧义,因为"都"每次强化的事件变量只能有一个,如下面两例(选自手机搜狐网友评论):

(18) a. 中国女排谁都能赢。
　　　b. 中国男足谁都能赢。

在上面两例中,句子的结构相同,为何只是主语的差异就会带来不同的解读?这是因为在国人的"词典"中,中国女排是战无不胜的,而中国男足则是屡败屡战。其简要解析过程如图 6.19 与图 6.20 所示[1]：

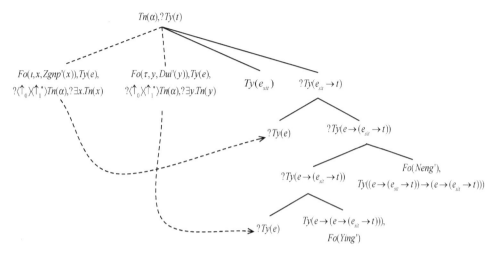

图 6.19 "中国女排谁都能赢"的简要解析

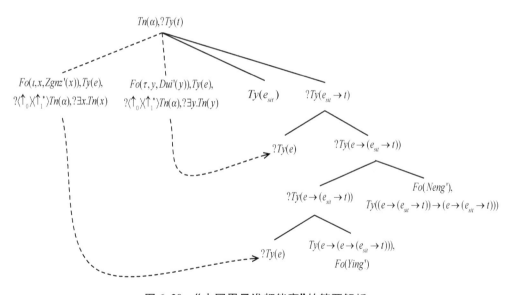

图 6.20 "中国男足谁都能赢"的简要解析

在图 6.19 中，"都"所触发的事件结构是"中国女排能赢 x"，所以非固定节点"中国女排"合并入外论元节点，而另一非固定节点则合并入内论元节点，从

---

[1] 为了解析的便利，本书的解析采用首字母缩略形式来解析某些音节较多的短语，如中国男足可表征为 $Zgnz'$。下文以此类推，不再加以说明。

而实现"中国女排能赢任何对手"的强化解读。而在图 6.20 中,"都"所强化的事件结构为"x 能赢中国男足",非固定节点"中国男足"合并进入内论元节点,并带来"任何队都能赢中国男足"的解读。[1]

总的来说,"疑问词+都"结构的解析比"全量表达+都"结构更加复杂,其解析不仅关涉主宾语位置的变量,还会涉及话题位置的变量,但它们遵循的规则与"都"的显性强化一致,即"都"触发的事件节点投射可以为"都"的显性强化提供域评估,并保障句子的真值依存关系。下一小节我们将主要解析"都"不必强制出现的结构。

6.3 "都"非强制出现结构的动态解析

在第 4 章的分析中,我们提到,现代汉语里的"都"是由其"汇聚"这个比较具体的初始义素虚化而来的,这一初始义往往要求复数性的主语与"都"共现,这也是"都"非强制出现结构的普遍特征,除此之外,"都"还可以与单数主语连用。非强制使用"都"的结构由此可以分为三类:"复数名词+都"结构、"单数名词+都"结构及"都+疑问代词"结构。第 5 章结束时,我们曾尝试给出"复数名词+都"结构的解析模型(参见第 5 章图 5.25),本小节将重点聚焦后两种结构的动态解析。

6.3.1 "单数名词+都"结构的解析

在第 2 章文献回顾时,我们曾提到,单数主语与"都"连用的情况也被分析为"都"的右向关联,蒋静忠、潘海华(2013)(另见冯予力、潘海华 2018 等)认为此类句子具有排他性,"都"为全称量词。我们认为,所谓的排他性是由焦点所带来的,"都"主要起程度加强功能。如下面两例[例(19a)改编自马真 1983,例(19b)选自北京语言大学汉语语料库][2]:

(19) a. 他都吃馒头。
　　　b. 雨都停了,还在打伞,怪不得过路的人看我一眼。

---

[1] 从动态句法学对例(18)这类歧义句的分析可以看出,"都"所强化的对象是唯一的,即"都"不可能同时强化两个或两个以上的变量,关于"都"关联对象的分歧可参见 2.2.1 小节的分析。

[2] 需要指出的是,如果话语重音落到主语上时,此时的"都"字句相当于"连……都"结构,如沈家煊(2015)认为,"天都黑了"这样的句子会触发选项集,其中"(现在)天"是黑了可能性最小的一个成员。在本节的分析中,我们默认话语重音都落在谓语部分。

6 "都"显性强化的动态解析

上面两个例句基本概括了"单数名词+都"结构的全貌,即"都"既可以和人称主语[如例(19a)]连用,也可以和非人称主语[如例(19b)]连用。下面我们就以例(19)为实例来呈现"单数名词+都"结构的具体解析过程。

首先,我们来看例(19a)这样的句子。在我们的分析框架内,"都"的主要功能是强化事件。[1] 例(19a)在不同的语境下,可以强化不同的事件变量,如下面两例所示:

(20) a. 他不吃别的,都吃馒头。
　　 b. 他都(是)吃馒头,从不做馒头。[2]

在上面两个语境下,"都"分别强化了内论元位置的"馒头"及动词"吃"。以名词变量"馒头"为例,例(20a)的解析首先通过引入规则及"吃"的词项行为完成句子的初步架构。"吃"的词项行为指令与树结构扩展如例(21)及图6.21所示:

(21) "他都吃馒头"中"吃"的词项行为指令
　　　IF　　　　　$Tn(\alpha), ?Ty(t)$
　　　THEN IF　　$\langle\downarrow_0\rangle\langle\downarrow_1^*\rangle Ty(e)$
　　　　　THEN go($\langle\downarrow_0\rangle\langle\downarrow_1^*\rangle$); put(?$\langle\uparrow_0\rangle\langle\uparrow_1^*\rangle Tn(\alpha), ?Ty(e), ?\exists x. Tn(x)$);
　　　　　go($\langle\uparrow_0\rangle\langle\uparrow_1^*\rangle Tn(\alpha)$); make($\langle\downarrow_0\rangle$); go($\langle\downarrow_0\rangle$); put(?$Ty(e_{sit})$);
　　　　　go($\langle\uparrow_0\rangle$); make($\langle\downarrow_1\rangle$); go($\langle\downarrow_1\rangle$); put(?$Ty(e_{sit}\to t)$);
　　　　　make($\langle\downarrow_1\rangle$); go($\langle\downarrow_1\rangle$); put(?$Ty(e\to(e_{sit}\to t))$); make($\langle\downarrow_1\rangle$);
　　　　　go($\langle\downarrow_1\rangle$); put($Fo(Chi'), Ty(e\to(e\to(e_{sit}\to t)))$), [↓]⊥);go($\langle\uparrow_1\rangle$);
　　　　　make($\langle\downarrow_0\rangle$); go($\langle\downarrow_0\rangle$); put($Fo(\varepsilon, x, Mantou'(x)), Ty(e)$);
　　　　　go($\langle\uparrow_0\rangle\langle\uparrow_1\rangle$); make($\langle\downarrow_0\rangle$); go($\langle\downarrow_0\rangle$); put(?$Ty(e)$)
　　　　　ELSE　abort
　　　ELSE　abort

---

[1] 在我们的分析框架内,"都"可以强化任一事件变量,这是现有的形式语义分析所不能涵盖的,即便是加合算子分析也无法细致地厘清动词变量与名词变量之间的差异,而基于动态句法学的分析可以协调语用、语义与句法三者之间的关系,并刻画不同语境下"都"的强化对象。

[2] 语感调查人对例(20b)的可接受度存在分歧,但从他们的反馈来看,当动词前面加上"是"之后,其接受度会得到很大的提高。此外,从语料库检索的语料来看,"都"完全可以强化谓语动词。如下例(转自北京大学中国语言学研究中心语料库):
　　(i) 对此,他都亲自过问,从不推诿。
当然,如果话语重音落在主语"他"上,还会产生"连他都吃馒头"这样的解读,这将是下一章解析的重点,在此不再展开。

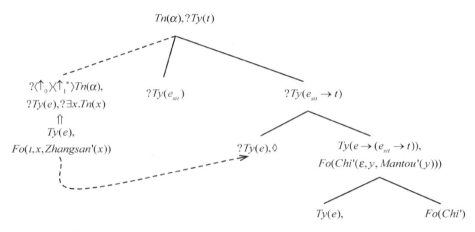

图6.21 "他都吃馒头"的初步解析

如图6.21所示,代词"他"被语境中的某个个体"张三"所赋值,并合并进入外论元节点。随后,"都"触发事件节点 $Ty(e_{sit})$ 进一步投射,并引入待评估的事件变量,其相应的词项行为指令及树扩展如例(22)和图6.22所示:

(22) "他都吃馒头"中"都"的词项行为指令

IF　　$?Ty(e_{sit})$

THEN　$make(\langle\downarrow_1\rangle); go(\langle\downarrow_1\rangle); put(Ty(cn_{sit}{\rightarrow}e_{sit}), Fo(\lambda P. \tau, P)); go(\langle\uparrow_1\rangle);$

　　　$make(\langle\downarrow_0\rangle); go(\langle\downarrow_0\rangle); put(?Ty(cn_s)); make(\langle\downarrow_1\rangle); go(\langle\downarrow_1\rangle);$

　　　$put(?Ty(t{\rightarrow}cn_{sit})), freshput(s, Fo(\lambda P. s, R)); go(\langle\uparrow_1\rangle);$

　　　$make(\langle\downarrow_0\rangle); go(\langle\downarrow_0\rangle); put(?Ty(t)); make(\langle\downarrow_0\rangle); go(\langle\downarrow_0\rangle);$

　　　$put(Ty(e_{sit}), Fo(s)); go(\langle\uparrow_1\rangle); make(\langle\downarrow_1\rangle); go(\langle\downarrow_1\rangle);$

　　　$put(?Ty(e{\rightarrow}(e_{sit}{\rightarrow}t))); make(\langle\downarrow_1\rangle); go(\langle\downarrow_1\rangle);$

　　　$put(Fo(Chi'), Ty(e{\rightarrow}(e{\rightarrow}(e_{sit}{\rightarrow}t)))); go(\langle\uparrow_1\rangle); make(\langle\downarrow_0\rangle); go(\langle\downarrow_0\rangle);$

　　　$put(Fo(W), Ty(e), ?\exists x.Fo(x)); go(\langle\uparrow_0\rangle\langle\uparrow_1\rangle);$

　　　$make(\langle\downarrow_0\rangle); go(\langle\downarrow_0\rangle); put(Fo(\iota, x, Zhangsan'(y)), Ty(e))$

ELSE　abort

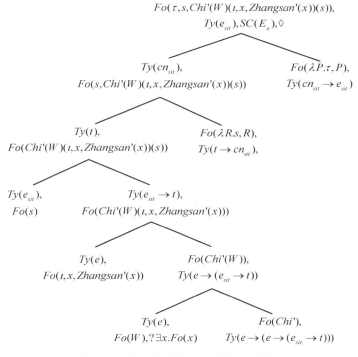

图6.22 "他都吃馒头"中"都"的解析

由例(22)和图 6.22 可知,"都"触发事件节点 $Ty(e_{sit})$ 进一步投射为待评估的隐性事件结构,并在这一结构的内论元节点放置了一个元变量 W,其语义功能上相当于"张三吃 W"。此时,"都"所触发的事件结构与主句本身的显性事件结构在真值上可以形成相互蕴含的关系,这种真值依存关系由引入的项来保障,即"如果张三吃 W"则"张三吃馒头",也就是隐含事件与主句事件相互蕴含,从而实现句子的强化解读。在完成事件节点的解析之后,非固定节点合并进入句子的命题结构,通过函项运用和瘦身规则的收敛,事件节点的域说明被添加至根节点,并最终完成整个句子的解析,其最终的解析表达式如图 6.23 所示:

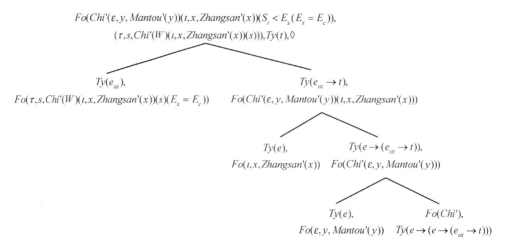

图 6.23 "他都吃馒头"的解析

与例(20a)的语境不同,例(20b)中"都"所强化的是谓语动词,其具体解析的差异主要体现在事件节点上,它的树扩展如图 6.24 所示("都"的相关词项行为指令略去):

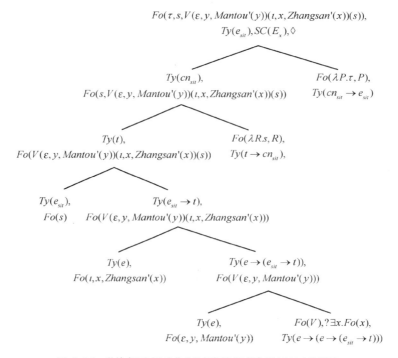

图 6.24 "他都吃馒头"中"都"的解析[例(20b)语境]

由图 6.24 可以看出,"都"触发的事件结构含有一个动词变量 V,该节点所引入的项保障了句子的强化解读,即"他只吃馒头,而不做馒头"。其他的解析步骤与例(20a)类似,在此不再赘述。

"都"除了可以强化论元和动词之外,还可以强化句子的附加成分,如下例(选自北京大学中国语言学研究中心语料库):

(23) 他都在餐厅吃早饭,而且总是一份麦片和一杯咖啡。

在上例中,"都"在具体语境下可以强化附加语"在餐厅",意为:他只在餐厅吃早饭,而不是在其他地方。接下来我们就以例(23)为例来分析"都"对附加成分的强化。

首先,我们可以通过"吃"的词项行为及 * 局部加接规则来构建句子的基本结构,其相应的词项行为与树结构的初步扩展如例(24)和图 6.25 所示:

(24) "他都在餐厅吃早饭"中"吃"的词项行为指令

  IF $Tn(\alpha), ?Ty(t)$

  THEN IF $\langle\downarrow_0\rangle\langle\downarrow_1^*\rangle Ty(e)$

    THEN $go(\langle\downarrow_0\rangle\langle\downarrow_1^*\rangle); put(?\langle\uparrow_0\rangle\langle\uparrow_1^*\rangle Tn(\alpha), ?Ty(e), Fo(U_{male}))$;

      $go(\langle\uparrow_0\rangle\langle\uparrow_1^*\rangle Tn(\alpha)); make(\langle\downarrow_0\rangle); go(\langle\downarrow_0\rangle)$;

      $put(?Ty(e_{sit})); go(\langle\uparrow_0\rangle)$;

      $make(\langle\downarrow_1\rangle); go(\langle\downarrow_1\rangle); put(?Ty(e_{sit}\rightarrow t)); make(\langle\downarrow_1\rangle)$;

      $go(\langle\downarrow_1\rangle); put(Ty(e\rightarrow(e_{sit}\rightarrow t))); make(\langle\downarrow_1\rangle); go(\langle\downarrow_1\rangle)$;

      $put(Fo(Zaicanting'), Ty((e\rightarrow(e_{sit}\rightarrow t))\rightarrow(e\rightarrow(e_{sit}\rightarrow t))))$;

      $go(\langle\uparrow_1\rangle); make(\langle\downarrow_0\rangle); put(?Ty(e\rightarrow(e_{sit}\rightarrow t)))$;

      $make(\langle\downarrow_1\rangle); go(\langle\downarrow_1\rangle); put(Ty(e\rightarrow(e\rightarrow(e_{sit}\rightarrow t))), Fo(Chi'))$;

      $go(\langle\uparrow_1\rangle); make(\langle\downarrow_0\rangle); go(\langle\downarrow_0\rangle)$;

      $put(Ty(e), Fo(\varepsilon, y, Zaofan'(y)))$;

      $go(\langle\uparrow_0\rangle\langle\uparrow_0\rangle\langle\uparrow_1\rangle); make(\langle\downarrow_0\rangle); go(\langle\downarrow_0\rangle); put(?Ty(e))$

  ELSE abort

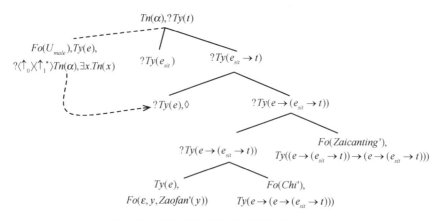

图 6.25 "他都在餐厅吃早饭"的初步解析

随后,"都"的使用可以触发事件节点进一步投射,投射后的事件节点包含了隐性的事件结构,附加语"在餐厅"也被相应的附加语变量 Z 所替代,而人称元变量则被语境中的个体"乔治"(柯达公司总裁)所替代。其树结构扩展如图 6.26 所示("都"的词项行为略去):

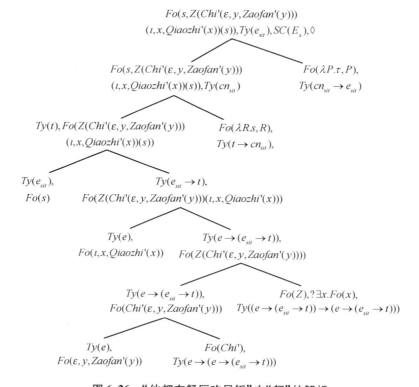

图 6.26 "他都在餐厅吃早饭"中"都"的解析

在此之后，"都"所触发的隐性事件结构与主句的事件结构形成相互蕴含的真值关系，即隐性事件中的附加语变量 Z 必为"在餐厅"，从而实现句子的强化解读，相应的域说明也会被添加至根节点。整个句子的最终解析如图6.27所示：

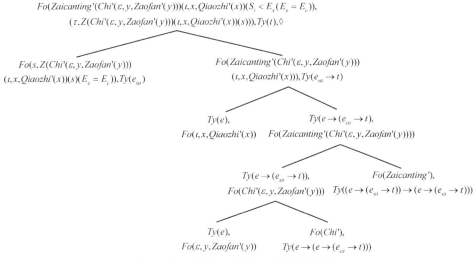

图6.27 "他都在餐厅吃早饭"的解析

到目前为止，我们分析了人称主语与"都"连用结构中的强化效应，也就是说，"都"可以分别强化事件结构中的论元变量、动词变量及附加语变量。接下来，我们再来聚焦例(19b)这类非人称主语与"都"连用的句子。对于非人称主语句，沈家煊(2015)认为，"都"的使用会产生选项集，例如像"天都黑了"这样的句子，就会触发关于"天"的选项，其中"(现在)天"是黑了可能性最小的一个成员。我们认为这样的分析并不符合语感，在汉语中，话题或主语所承载的都是已知信息，例(19b)这类句子的话语中心基本上不会落到"雨"这样的已知信息上，也不会产生所谓的选项集去指称"不同时期的雨"，"都"的使用主要是用来强调"雨停了"这一事件。以例(19b)为例，非人称主语句中"都"的事件强化效应可做如下解析。首先，在动词"停"的词项行为驱动下完成句子的基本构建，其词项行为指令与树扩展如例(25)及图6.28所示：

(25) "雨都停了"中"停"的词项行为指令

IF $Tn(\alpha), ?Ty(t)$
THEN IF $\langle\downarrow_0\rangle\langle\downarrow_1^*\rangle Ty(e)$
          THEN go($\langle\downarrow_0\rangle\langle\downarrow_1^*\rangle$); put(?$\langle\uparrow_0\rangle\langle\uparrow_1^*\rangle Tn(\alpha), ?Ty(e), ?\exists x. Tn(x)$);

go($(\langle\uparrow_0\rangle\langle\uparrow_1^*\rangle Tn(\alpha)$); make($\langle\downarrow_0\rangle$)); go($\langle\downarrow_0\rangle$);

put ($?Ty(e_{sit})$); go($\langle\uparrow_0\rangle$);

make($\langle\downarrow_1\rangle$); go($\langle\downarrow_1\rangle$); put($?Ty(e_{sit}\rightarrow t)$);

make($\langle\downarrow_1\rangle$); go($\langle\downarrow_1\rangle$); put($Fo(Ting')$, $Ty(e\rightarrow(e_{sit}\rightarrow t))$, $[\downarrow]\bot$)

go($\langle\uparrow_1\rangle$); make($\langle\downarrow_0\rangle$); go($\langle\downarrow_0\rangle$); put($?Ty(e)$)

ELSE   abort

ELSE   abort

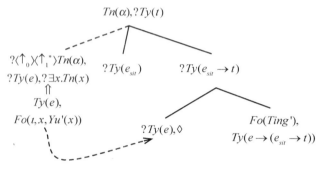

图 6.28 "雨都停了"的初步解析

如图 6.28 所示,非固定节点被具体语义值替代后,合并进入句子的命题结构,正如前文所提到的那样,"都"的使用触发事件节点进一步投射,其相应的词项行为指令与树扩展分别如例(26)与图 6.29 所示:

(26)"雨都停了"中"都"的词项行为指令

IF $?Ty(e_{sit})$

THEN   make($\langle\downarrow_1\rangle$); go($\langle\downarrow_1\rangle$); put($Ty(cn_{sit}\rightarrow e_{sit})$, $Fo(\lambda P.\ \tau, P)$); go($\langle\uparrow_1\rangle$);

make($\langle\downarrow_0\rangle$); go($\langle\downarrow_0\rangle$); put($?Ty(cn_s)$); make($\langle\downarrow_1\rangle$); go($\langle\downarrow_1\rangle$);

put ($?Ty(t\rightarrow cn_{sit})$), freshput($s$, $Fo(\lambda R.\ s,\ R)$); go($\langle\uparrow_1\rangle$);

make($\langle\downarrow_0\rangle$); go($\langle\downarrow_0\rangle$); put($?Ty(t)$); make($\langle\downarrow_0\rangle$); go($\langle\downarrow_0\rangle$);

put($Ty(e_{sit})$, $Fo(s)$); go($\langle\uparrow_0\rangle$); make($\langle\downarrow_1\rangle$); go($\langle\downarrow_1\rangle$);

put($Fo(W)$, $Ty(e\rightarrow(e_{sit}\rightarrow t))$, $?\exists x.Fo(x)$);

make($\langle\downarrow_0\rangle$); go($\langle\downarrow_0\rangle$); put($Fo(\iota,\ x,\ Yu'(x))$, $Ty(e)$)

ELSE   abort

6 "都"显性强化的动态解析

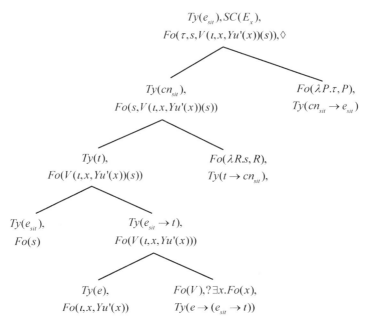

图6.29 "雨都停了"中"都"的解析

在图6.29中,"都"所触发的隐性事件结构中含有一个动词变量,其与主句事件形成相互蕴含的真值依存关系,即在所有"雨 V 了"的情境中,必然会"雨停了",其相应的域评估条件可以表示为 $E_x = E_c$,此时 τ 项的使用恰好保障了两个事件结构间的依存条件。随着事件节点解析的完成,相应的域说明被添加至根节点,通过函项运用和调用相关计算规则,整个句子的解析最终得以完成,其最终解析表达式如图6.30所示:

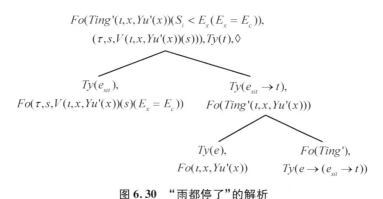

图6.30 "雨都停了"的解析

需要进一步指出的是,在非人称主语句中,"都"还可以强化上下文中相关的信息。试比较"雨停了"和"雨都停了"这两句话,我们明显可以感知后者并

161

不具备完句条件,总有一种意犹未尽的感觉,而前者则是一个完整的陈述句。由此,我们认为,例(19b)所传递的信息除了强化"雨停了"之外,还进一步强调后续句,即说话人不应该打伞。两个小句之间的联系可以通过链接条件<D>[1]来表示,两个句子之间意义联系的表征大致如图6.31所示:

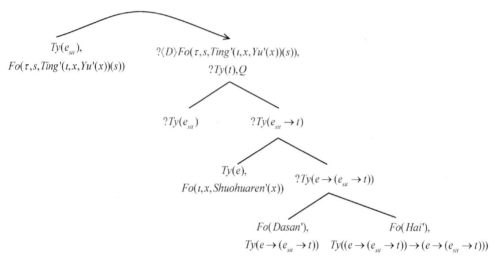

图6.31 "雨都停了,还在打伞"的解析

从图6.31可以看出,后续句与当前句一样共享着同一个事件信息,即"雨停了",通过链接<D>,共享事件结构的语义值可以拷贝至后续句的某个节点,从而带来"雨停了,不应该再打伞"这样的解读。这一类结构的后续解析并不是本研究的重点,在此不再深入探讨。

总体上讲,"单数名词+都"结构一直是形式语义分析的难点,在我们的分析框架内,"都"强化的事件变量总是位于其右侧,它触发的隐性事件中可以含有论元变量、动词变量或附加语变量,并通过隐性事件与主句之间的域评估条件,从而实现句子的强化解读。

6.3.2 "都+疑问代词"结构的解析

在6.2.2小节中,我们讨论了"疑问词+都"结构,在这类结构中,"都"的程度加强功能会给句子带来任指解读。除此之外,"都"还可以出现在疑问词之前,此时,"都"的有无并不会影响句子的合法性,也不会带来额外的意

---

[1] 动态句法学通过链接操作构建两棵相对独立语义树之间的联系,这里<D>表示某种非固定节点模态的链接关系,即通过链接评估可以在主树上为链接树提供相应的节点,并为其语义值的拷贝提供需求。链接<D>是比较弱的链接关系,能够为句法操作中的"孤岛条件"(island constraint)等提供解析。

6 "都"显性强化的动态解析

义解读。[1] 这一类结构大致可以分为两类,即"NP + 都 + 谓词 + WH"和"都 + WH + NP + 谓词",如下面两例(选自北京大学中国语言学研究中心语料库):

(27) a. 你还做过编剧？你都写过哪些电视剧？
　　 b. 这么着吧,我去跟大家解释,都谁知道这事？你给我个名单。

在上面两例中,"都"分别置于疑问词"哪些"与"谁"之前,其强化的分别是内外论元位置的疑问词,句子所传递的依然还是疑问语气。下文将主要围绕例(27a)这个例句,简要呈现"都 + 疑问代词"结构的解析过程。

根据 Kempson et al.(2001)的观点(另见 Cann et al. 2005),疑问代词可以直接分析为 WH 元变量,在"写"这一动词词项行为的驱动下,句子完成初步的架构。"写"的词项行为指令可表述如下:

(28) "你都写过哪些电视剧"中"写"的词项行为指令

　　IF　　　　$Tn(\alpha), ?Ty(t)$
　　THEN IF　$\langle\downarrow_0\rangle\langle\downarrow_1^*\rangle Ty(e)$
　　　　THEN go($\langle\downarrow_0\rangle\langle\downarrow_1^*\rangle$); put(?$\langle\uparrow_0\rangle\langle\uparrow_1^*\rangle Tn(\alpha)$, ?$Ty(e)$,?$\exists x. Tn(x)$);
　　　　　　go($\langle\uparrow_0\rangle\langle\uparrow_1^*\rangle Tn(\alpha)$); make($\langle\downarrow_0\rangle$); go($\langle\downarrow_0\rangle$);
　　　　　　put(?$Ty(e_{sit})$); go($\langle\uparrow_0\rangle$); make($\langle\downarrow_1\rangle$); go($\langle\downarrow_1\rangle$);
　　　　　　put(?$Ty(e_{sit} \to t)$); make($\langle\downarrow_1\rangle$); go($\langle\downarrow_1\rangle$);
　　　　　　put(?$Ty(e \to (e_{sit} \to t))$); make($\langle\downarrow_1\rangle$);
　　　　　　go($\langle\downarrow_1\rangle$); put($Fo(Xie')$, $Ty(e \to (e \to (e_{sit} \to t)))$, $[\downarrow]\bot$);
　　　　　　go($\langle\uparrow_1\rangle$); make($\langle\downarrow_0\rangle$); go($\langle\downarrow_0\rangle$); put(?$Ty(e)$);
　　　　　　make($\langle\downarrow_1\rangle$); go($\langle\downarrow_1\rangle$); put($Fo(P. \varepsilon, P)$, $Ty(cn \to e)$, $[\downarrow]\bot$);
　　　　　　go($\langle\uparrow_1\rangle$); make($\langle\downarrow_0\rangle$); go($\langle\downarrow_0\rangle$); put(?$Ty(cn)$);
　　　　　　make($\langle\downarrow_1\rangle$); go($\langle\downarrow_1\rangle$); put(?$Ty(e \to cn)$); make($\langle\downarrow_1\rangle$); go($\langle\downarrow_1\rangle$);

---

[1] 关于"都"的功能,Gao(1990)等认为此类结构中的"都"具有强调的功能,而 Li(1995)等则认为此时的"都"依然具有全称量化的功能。程美珍(1987)也持类似的观点,她认为"都"与疑问代词所构成特指问句的答语必须用复数,如下例(转自程美珍1987):
　(i) A. 你都读了哪些书？
　　　B.《红楼梦》和《三国演义》/ *《红楼梦》。
在上面的答语中,只回答《红楼梦》是不合法的。我们认为复数性并不是"都"所带来的,而是"哪些书"的预设所带来的。如果将问句改为"你都读了什么",那么 B 的两个答语都是合法的。对"都"复数性要求的质疑可参见薛小英、韩景泉(2009)的分析。

put($Fo(Dianshiju')$, $Ty(e→(e→cn))$, $[↓]⊥$); go($⟨↑_1⟩$);
make($⟨↓_0⟩$); go($⟨↓_0⟩$); put($Fo(WH)$, $Ty(e)$, $[↓]⊥$);
go($⟨↑_0⟩⟨↑_1⟩$); make($⟨↓_0⟩$); go($⟨↓_0⟩$); put($Fo(y)$,?$Ty(e)$, $[↓]⊥$);
go($⟨↑_0⟩⟨↑_0⟩⟨↑_0⟩⟨↑_1⟩$); make($⟨↓_0⟩$); go($⟨↓_0⟩$); put(?$Ty(e)$))
　　　ELSE　　abort
　ELSE　　abort

由例(28)的词项行为可知,特殊疑问词"哪些"是"电视剧"的修饰成分,名词短语的内部结构必须得到解析,其具体的树扩展如图6.32所示(相关时体信息略去):

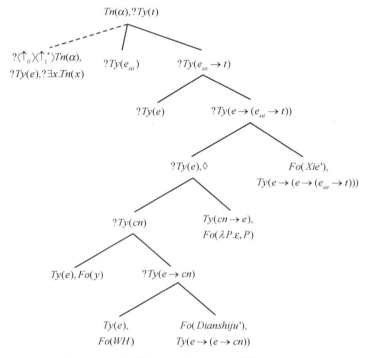

图 6.32　"你都写过哪些电视剧"的初步解析

在图 6.32 中,我们可以清楚地看到"哪些电视剧"的内部结构,这一节点可以投射出的 ε 名项以约束语义类型为 cn 的变量 P,随后, $Ty(cn)$ 进一步投射出一个全新的个体变量及将这一变量纳入普通名词表征的函项,该函项包含元变量 WH 及其限定节点。随后,非固定节点会被相应主语位置的"你"所替代,即语境中的听话人。其相关的替代解析如图 6.33 所示:

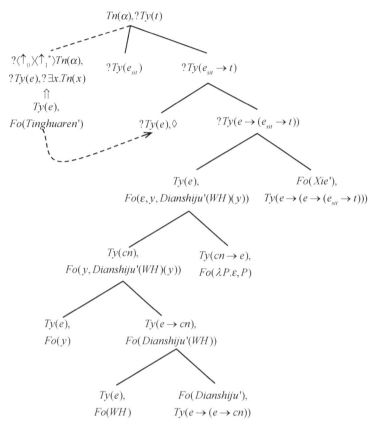

图 6.33 "你都写过哪些电视剧"中的合并解析

在图 6.33 中,特殊疑问代词"哪些"成为内嵌的元变量,那么,事件节点又将如何进一步投射以评估这一 WH 元变量呢?接下来就是事件节点的解析,"都"的词项行为指令及树扩展如例(29)和图 6.34 所示:

(29)"你都写过哪些电视剧"中的"都"的词项行为指令

IF $?Ty(e_{sit})$

THEN   make($\langle\downarrow_1\rangle$); go($\langle\downarrow_1\rangle$); put($Ty(cn_{sit}\rightarrow e_{sit})$, $Fo(\lambda P.\,\tau, P)$); go($\langle\uparrow_1\rangle$);
           make($\langle\downarrow_0\rangle$); go($\langle\downarrow_0\rangle$); put($?Ty(cn_s)$); make($\langle\downarrow_0\rangle$); go($\langle\downarrow_0\rangle$);
           put ($?Ty(t\rightarrow cn_{sit})$), freshput($s$, $Fo(\lambda R.\,s, R)$); go($\langle\uparrow_1\rangle$);
           make($\langle\downarrow_0\rangle$); go($\langle\downarrow_0\rangle$); put($?Ty(t)$); make($\langle\downarrow_0\rangle$); go($\langle\downarrow_0\rangle$);
           put($Ty(e_{sit})$, $Fo(s)$); go($\langle\uparrow_0\rangle$); make($\langle\downarrow_1\rangle$); go($\langle\downarrow_1\rangle$);
           put($?Ty(e_{sit}\rightarrow t)$); make($\langle\downarrow_1\rangle$); go($\langle\downarrow_1\rangle$); put($?Ty(e\rightarrow(e_{sit}\rightarrow t))$);

make($(\downarrow_1)$); go($(\downarrow_1)$); put($Fo(Xie'), Ty(e\rightarrow(e\rightarrow(e_{sit}\rightarrow t))))$;
go($(\uparrow_1)$); make($(\downarrow_0)$); go($(\downarrow_0)$); put($?Ty(e)$); make($(\downarrow_1)$); go($(\downarrow_1)$);
put($Fo(P.\varepsilon, P), Ty(cn\rightarrow e)$); go($(\uparrow_1)$); make($(\downarrow_0)$); go($(\downarrow_0)$);
put($?Ty(cn)$); make($(\downarrow_1)$); go($(\downarrow_1)$); put($?Ty(e\rightarrow cn)$); make($(\downarrow_1)$);
go($(\downarrow_1)$); put($Fo(Dianshiju'), Ty(e\rightarrow(e\rightarrow cn)))$; go($(\uparrow_1)$);
make($(\downarrow_0)$); go($(\downarrow_0)$); put(($Fo(W), Ty(e, ?\exists x.Fo(x))$));
go($(\uparrow_0)(\uparrow_1)$); make($(\downarrow_0)$); go($(\downarrow_0)$); put($Fo(y), ?Ty(e)$);
go($(\uparrow_0)(\uparrow_0)(\uparrow_1)$); make($(\downarrow_0)$); go($(\downarrow_0)$); put($Fo(Tinghuaren'), Ty(e)$)

ELSE　　abort

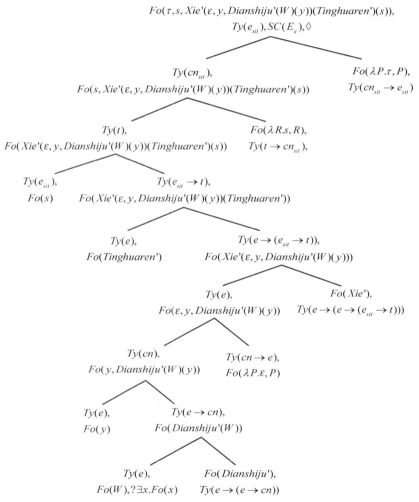

图6.34　"你都写过哪些电视剧"中"都"的解析

在图 6.34 中,"都"所触发的隐性事件结构中含有论元变量 W,此变量内嵌于名词短语内,这一隐性事件结构会与主句事件进行域评估,并形成相互蕴含的真值依存关系,其相应的域评估条件可以表示为 $E_x = E_c$,而限定部分所引入的 τ 项恰好保障了两个事件结构间的依存条件,即元变量 W 必等价于"哪些"。随着事件节点解析的完成,相应的域说明被添加至根节点,通过函项运用和调用相关计算规则,整个句子的解析得以完成,其最终解析表达式如图 6.35 所示:

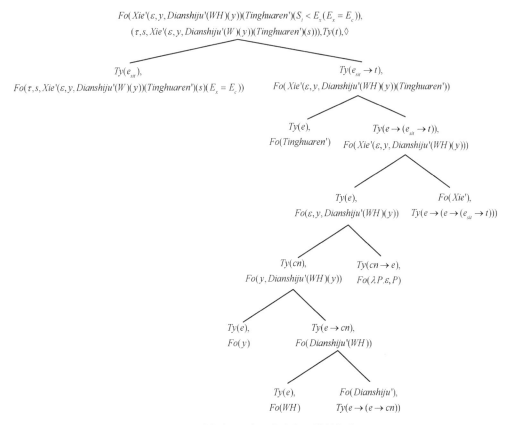

图 6.35 "你都写过哪些电视剧"的解析

总的来说,在"都+疑问代词"结构中,"都"总是通过它触发的隐性事件中的变量来实现其强化功能的,它的使用并不会为疑问代词提供量化动力,并带来所谓的复数性和穷尽性要求。如下面两例(选自北京大学中国语言学研究中心语料库):

(30) a. "爱,当然爱! 你能告诉我,被录取的都是哪些人吗?"我问她。

"是我！是您的女儿！被录取的是我……"

b. "他们都叫什么名字？""他们！啊，我得想一想。"他像真的一样，用手拍了拍头顶，你说他编得也快，一连说了七个名字，还是不打笨呵儿。

从上面两例可以看出，例(30a)的回答用的是单数，而例(30b)的回答明显也没有穷尽"他们"这一集合，这是因为人们在言语交际时一般都要遵循合作原则(cooperative principle)(Grice 1975)，特殊疑问句也不例外，而"都"的使用只不过是强化了这一原则，并不会带来所谓的穷尽性和复数性要求。我们对这一结构的分析从另一侧面验证了"都"只是一个表较高程度的副词或程度加强词，而不是全称量词。

6.4 本章小结

依托第5章所给出的"都"解析的动态句法模型，本章分析了现代汉语中"都"的显性强化域。本章首先梳理了"都"显性强化句在汉语中的分布情况，并依据"都"的强制出现与否将此类强化句分为"都"强制出现结构与非强制出现结构。随后，在这两类结构中挑选典型的例句，分别给出各类显性强化句的动态解析。

在"都"强制出现结构中，"全量表达+都"结构所涉及的事件变量处于外论元位置，而"疑问词+都"结构则涉及内外论元及话题位置。但这两类结构都遵循相同显性强化规则，即"都"触发的事件节点投射可以为"都"的显性强化提供域评估，并保障句子的真值依存关系。

在"都"非强制出现结构中，"单/复数名词+都"结构和"都+疑问代词"结构中的"都"所强化的事件变量总是位于其右侧，它触发的隐性事件中可以含有论元变量、动词变量或附加语变量，并通过隐性事件与主句之间的域评估条件，实现句子的强化解读。

此外，通过对"都"显性强化的分析，我们还发现，"都"的使用带来的所谓复数性和穷尽性要求并非是由"都"的本质性质所决定的："都"表"汇聚"初始义的影响使得其倾向于与复数性的主谓语搭配，而"都"的表可高可低程度的特性及交际中合作原则的要求，使得"都"字句倾向于选取所谓的穷尽性或最大化解读。由此可见，"都"所具有的所谓复数性和穷尽性特征只是一种幻象，"都"本质上只是一个程度加强词。

7 "都"隐性强化的动态解析

在第6章中,我们分析了"都"的显性强化特征,即"都"的强化域可以通过句子的形态句法结构得以确定。除此之外,有时候句子的强化解读还需要依靠听话人的语用推理来获得,这就是"都"的隐性强化特征。本章将首先梳理这一类隐性强化句在汉语中的分布情况,这类句子大致相当于传统语法分析中的"都$_2$"和"都$_3$"句,我们按照"都"与其所强化事件变量的位置把隐性强化句分为"左向强化句"与"右向强化句"。随后,本章依托"都"解析的动态句法模型,并从上述分类中挑选典型例句,分别给出各类隐性强化句的动态解析。

7.1 "都"隐性强化在现代汉语中的分布

在第2章的文献回顾中,我们提到,一些学者认为,汉语中的"都"与英文的"even"有异曲同工之处,有些学者甚至认为"都"就是"even"(详见 Mok & Rose 1997;Liao 2011;Liu 2017,2018;等)。[1] 这是因为英语中的"even"和汉语中的"都"的使用都会带来所谓的级差义,如下面两例[例(1a)转自 König 1991 例38,例(1b)为其相应的汉语译文]:

(1) a. Even Fred gave a present to Mary.
　　b. 弗莱德都送了玛丽一件礼物。

例(1b)中"都"的使用预设了弗莱德是最不可能送礼物给玛丽的人,即弗

---

[1] 其实从句法位置上看,"even"比"都"更加灵活,它可以出现在句首、句尾或助动词复合体(auxiliary complex)中,如下面三例(转自 König 1991 例38—40):
　(i) a. Even Fred gave a present to Mary.
　　　b. Fred could have bought a bike even.
　　　c. Fred may even have given presents to Mary.
Shyu(2004,2018)等认为,"even"所对应的汉语结构应该是"甚至"或"连……都"结构。

莱德处于语用量级的低点,其送礼物的可能性很小。"都"和"even"一样具有级差追加性算子(scalar additive operator)的类似功能。这样的"都"字句也就是本章所涉及的隐性强化句,一般可以分为左向强化句和右向强化句。[1]本小节将通过语料库语料来呈现"都"隐性强化句在现代汉语中的具体分布情况。

首先来看左向强化句。这类句子一般对应传统语法研究中的"都$_2$"句,笼统一点来说,就是学界经常探讨的"连……都"结构。一般来说,这类结构中的"连"可以省略,但"都"所强化的焦点必须要重读,如下面两例(选自北京语言大学汉语语料库):

(2) a. 奶奶给我熬米汤,烤馒头片。(连)爷爷都跟着忙,我心里很难过。
b. 家珍说也给我做一件,谁知我的衣服没做完,家珍(连)针都拿不起了。

在上面两例中,"连"都可以省略不讲,但它所引入的焦点"爷爷"和"针"必须要重读。例(2a)预设了"爷爷是很少做家务的人",即便是这样,他也为"我"而忙碌起来,从而实现了句子的强化解读,即所有人都为"我"而忙碌起来。而在例(2b)所预设的"做衣服"的事件中,"拿起针"则是最简单、最基本的步骤,而"家珍"连这一步都做不到,从而强化了"我"所要传递的信息,即"家珍身体很虚弱"这一事实。

除了标示论元位置的焦点外,"都"还倾向于与表非限定的"一+量+名"结构或"一点+名"结构连用,即"都"是最小子(minimizer)的允准者[2],并形成"(连)+最小子+都+否定"这样的组合结构。[3]如下面两例[例(3a)选自北京语言大学汉语语料库,例(3b)选自北京大学中国语言学研究中心语料库]:

(3) a. 只要能够入选的孩子,一分钱都不用交。包括学费、资料费、

---

[1] 所谓"左向强化"或"右向强化",指的是"都"所强化事件结构里的事件变量是位于其左侧还是其右侧。
[2] 最小子指的是表示最小数量或程度的短语,它通常与否定极项成分共现。基于"连……都"结构与最小子共现的事实,"都"一般被看作允准者,具体研究可参见Shyu(2016)的论述。
[3] 值得注意的是"都"之后的否定形式并不是必需的,如下例:
 (i) 约翰连一分钱都要。
上例所传递的意思是:约翰很贪婪,即使很少的钱,他也会要。

7 "都"隐性强化的动态解析

书本费以及生活费。
  b. 事实上《时代》杂志和《新闻周刊》都做了这个题材,一点都不出人意料。

  在上面两例中,"都"通过与极量成分"一分钱""一点"及否定成分的共现强化了句子自身所传递的信息,即"不用交钱"和"不出人意料",实现强化话语语力的效果。

  左向强化句的另外一类例子比较特殊,这也就是在第4章初步分析中我们所提到的动词拷贝句或重动句。[1] 在这一类句子中,"连"所引入的话题化焦点通常是谓词性的成分,而"都"则通过强化预设选项集中处于梯级最低位或最高位的事件来实现强化的效果,如下面两例(选自北京语言大学汉语语料库):

(4) a. 谁知家珍的病越来越重了,到后来走路都走不了几步,都是那灾年把她给糟蹋成这样的。
  b. 你们那些蛮子酒令文绉绉的,听都听不懂,谁爱弄那种玩意儿!

  由例(4a)可知,"走路"是人这一个体生存的基本技能,即在事关生存技能的事件集合里,"走路"处于梯级的较低位置,"都"正是通过强化"走路走不好"这一事件来实现其强化效果,并将其归因于"家珍病重且是荒年所导致的"这一事实。而例(4b)中"都"的使用则触发了关于"行酒令"的选项集,其中,"听懂"是行酒令最基本的要求,作者通过强化这一基本的事件,传递了说话人并不想与那些蛮子交往这一真实的意图,即后续句所提及的"谁爱弄那种玩意儿"。当然这一类结构也并不总能激发出选项集,正如第4章分析中所提到的那样,有时候"都"仅仅是为了强化某一动作。如下面两例(选自北京大学中国语言学研究中心语料库):

(5) a. "死了还算啥敌人?死都死了,还有罪过?还不能去看看?"葡萄说着,一把拉住他的胳膊。
  b. 现在说都说了,说出来的话泼出去的水,你再怪我也没有用。

  从上面两例可以看出,"都"的主要功能仍然是强化事件,但在具体语境

---

[1] 这一类句子也被称为重动分裂句,新近的研究可参见 Cheng & Vicente(2013)及 Yang & Wu(2017,2019)等对这类结构的专题讨论。

下,很难说这一特定事件会隶属于某个选项集。[1] 换言之,"都"字句中的重动结构也只有在具体语境下才可以触发选项集,我们必须要区别对待该类结构,在下文的解析中,我们将会关照到上述差异。

"都"隐性强化的另一类结构是右向强化句,这类结构大致相当于传统语法分析中的"都$_3$"句,其强化的对象是处于焦点位置的梯级成分,该成分通常会重读。在这类结构中,"都"的使用会产生某个预设命题,且该预设命题处于事件选项集中较高的位置。[2] 通过强化这一预设命题,强调后续事件是多么的不合时宜。如下面两例(选自北京语言大学汉语语料库):

(6) a. 都民国了,还敢这样虐待儿媳妇,惹恼了我,一把火把上官家那鳖窝给烧了!
　　b. 他都癌症了,还不停发心灵鸡汤。

在例(6a)中,"都民国了"表示时间已推进到一个比较新的时代,进而折射出后续"虐待儿媳妇"这一事件是多么的不应该。而例(6b)中"罹患癌症"也表示在疾病类属的集合中已经达到了较高的程度,从而强化了后续句中"发心灵鸡汤"与这一较高程度的不适宜。当然,"都"的强化还具有一定的主观性,比如"幼儿园"客观上表达了一个比较低的受教育程度,但在主观上依然可以成为一个大量。如下例(选自北京语言大学汉语语料库):

(7) 都幼儿园了,还尿裤子!

在说话者的主观意识中,相对于"尿裤子"这一事件,"幼儿园"处于一个比较高的量度,从而表达了"幼儿园的孩子不应该再尿裤子了"这一隐含义。

除了与名词性成分连用外,"都"还可以右向强化数量短语,如下面两例(选自北京语言大学汉语语料库):

(8) a. 我都写了一个下午的作业了,为什么还有那么多!感觉像没写!

---

[1] 通过语料检索我们发现,这一类句子通常都是"V 都 V"结构,如果"都"后面的动词加上否定标记,句子较为容易得到梯级焦点解读。如下例(转自北京大学中国语言学研究中心语料库):
　　(i) 旁边一位中年男子自言自语地说:"真承受不起,死都死不起了。"
从上例可以看出,选项集可能是"都"与否定标记"不"协作而触发的,因为"都"所强化的梯级焦点一般都是论元位置的成分。我们由此可以假定,"都"如果要强化选项集中的事件则必须依托否定标记才可以实现。

[2] 与"都"的左向强化不同,这类结构所强化的一般都是主观大量,而左向强化所强化的事件不管是处于低位还是高位都是可能性较小的事件。

b. 一面吓唬她:"再哭,再哭我就揍你,你都吃了八根儿了,再吃肚子里要长虫子啦。"

在上面两例中,不管是例(8a)中的"一个下午"还是例(8b)中的"八根(冰棍)"都是说话人主观意识中的"大量",他们正是通过强化这一"大量"来强调后续事件的不合时宜。

本节梳理了"都"隐性强化在现代汉语中的分布情况,下文将按照这一分类,分别选取典型的"都"字句进行动态解析。

7.2 "都"左向强化结构的动态解析

在上一小节的分析中,我们提到,"都"左向强化的对象一般是焦点或话题焦点,其中比较特殊的一类结构就是"都"字句中的重动结构,其解析的过程比一般的焦点结构相对复杂得多,因此,本节将"都"左向强化结构细分为"焦点+都"结构和"重动"结构。

7.2.1 "焦点+都"结构的解析

在"焦点+都"结构中,根据焦点的类型可以进一步分为"单一焦点+都"结构和"话题焦点+都"结构。前者"都"所强化的焦点为句子的主语,通常"连"可以略去。而后者"都"所强化的通常是句子的宾语或附加成分,该类成分身兼"话题"与"焦点"两个功能。下文将就上述分类分别选取典型的例句加以分析。

首先来看"都"对主语位置焦点的强化。在这一类结构中,"都"的使用会触发包含外论元变量的选项集,如下例[1](选自北京语言大学汉语语料库):

(9)"所以,街上一点儿都听不见留声机的声音,是吧,泽尔?使用这些唱针,嘿,连楼上都听不见。"

在上例中,通过描述留声机所发出的声音不仅街上听不见,就连楼上的人也听不见,进一步说明了留声机新唱针的效果。此时,"都"的使用会产生一个关于能否听见留声机声音的选项集,该选项集可以表示为"x 听见留声机的声

---

[1] 例(9)为省略句,通过上下文,我们知道动词"听见"后面省略了宾语"留声机的声音",而主语"楼上"则隐含着动作的发起者"楼上的人"。在接下来的解析中,我们会补出省略的部分,并按照句子的完整语义结构进行解析。

音($x \in$[楼上,……,街上])"，这也就涉及相应语境的刻画，其相应选项集的构建如图7.1所示[1]：

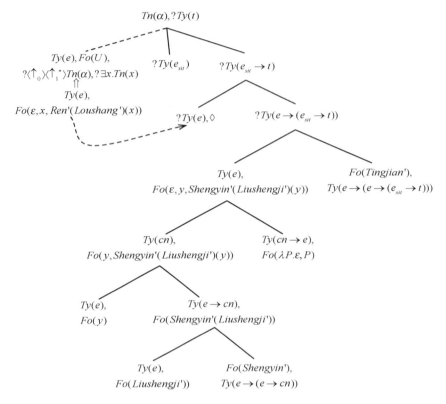

图7.1 "连楼上都听不见"中隐性事件的解析

从图7.1可以看出，"都"的使用预设着某个选项集的存在。根据第5章给出的"都"隐性强化的模型，此时的选项集须与主句所预设的事件进行域评估后才可以进行下一步解析。接下来就是"连"所引入事件结构的解析，如图7.2所示：

---

[1] 在本书的分析中，句中否定词的主要功能是保障选项集事件与主句事件之间的真值依存关系，在域评估之前，即在图7.1和图7.2的解析中，并不涉及否定词的解析。

7 "都"隐性强化的动态解析

图 7.2 "连楼上都听不见"中"连"的解析

随后,"都"的使用使得事件节点 $Ty(e_{sit})$ 进一步投射,并将图 7.1 和图 7.2 两个事件纳入该节点以进行域评估,其中,两个事件之间的联结是通过这一事件节点下的另一事件节点 $Ty(e_{sit})$ 构建的,其表征为 $[Ty(e_{sit}), ?[\exists x. Fo(x) \wedge \langle L \rangle Fo(x)]]$。其词项行为与树扩展分别如例(10)和图 7.3 所示:

(10)"连楼上都听不见"中"都"的词项行为指令

IF　　　　$?Ty(e_{sit})$

THEN　　make($\langle\downarrow_1\rangle$); go($\langle\downarrow_1\rangle$); put($Ty(cn_{sit}\rightarrow e_{sit})$, $Fo(\lambda P. \tau, P)$); go($\langle\uparrow_1\rangle$);
　　　　make($\langle\downarrow_0\rangle$); go($\langle\downarrow_0\rangle$); put($?Ty(cn_s)$); make($\langle\downarrow_1\rangle$); go($\langle\downarrow_1\rangle$);
　　　　put ($?Ty(t\rightarrow cn_{sit})$), freshput($s, Fo(\lambda R. s, R)$); go($\langle\uparrow_1\rangle$);
　　　　make($\langle\downarrow_0\rangle$); go($\langle\downarrow_0\rangle$); put($?Ty(t)$); make($\langle\downarrow_0\rangle$); go($\langle\downarrow_0\rangle$);
　　　　put($Ty(e_{sit})$, $?[\exists x. Fo(x)\wedge\langle L\rangle Fo(x)]$); go($\langle\uparrow_0\rangle$);
　　　　make($\langle\downarrow_1\rangle$); go($\langle\downarrow_1\rangle$); put($?Ty(e\rightarrow(e_{sit}\rightarrow t))$);
　　　　make($\langle\downarrow_1\rangle$); go($\langle\downarrow_1\rangle$); put($Fo(Tingjian')$, $Ty(e\rightarrow(e\rightarrow(e_{sit}\rightarrow t)))$);
　　　　go($\langle\uparrow_1\rangle$); make($\langle\downarrow_0\rangle$); go($\langle\downarrow_0\rangle$);

put($Fo(\varepsilon, y, Shengyin'(Liushengji')(y))$, $Ty(e)$); go($\langle\uparrow_0\rangle\langle\uparrow_1\rangle$);

make($\langle\downarrow_0\rangle$); go($\langle\downarrow_0\rangle$); put($Fo(U)$, $Ty(e)$, $?\exists x.Fo(x)$)

ELSE　　abort

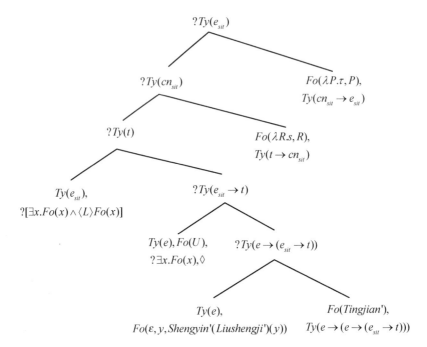

图7.3 "连楼上都听不见"中"都"的初步解析

通过图7.3中的[$Ty(e_{sit})$, $?[\exists x.Fo(x) \wedge \langle L\rangle Fo(x)]$]节点,句子主句蕴含的事件被引入选项集事件的树结构,并完成事件结构节点的构建。其解析如图7.4所示:

7 "都"隐性强化的动态解析

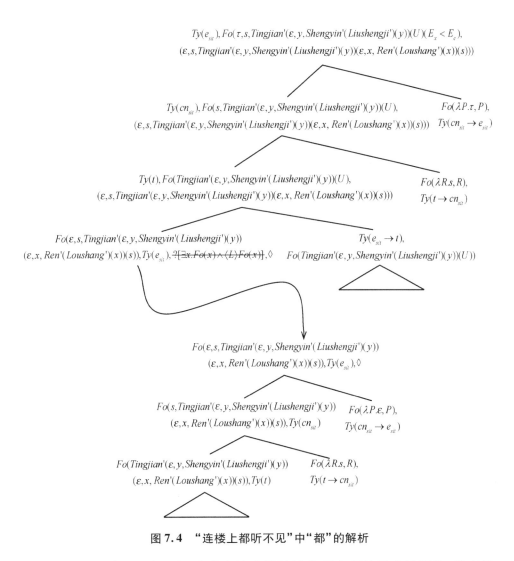

图 7.4 "连楼上都听不见"中"都"的解析

在图 7.4 中,通过 $Ty(e_{sit})$ 节点构建的链接将两个事件纳入域评估,其真值依存条件如根节点所示,可以表示为 $E_x < E_c$,即如果选项集 E_x 为真,则主句所预设的事件结构 E_c 也为真,但 E_c 为真,并不能保障选项集 E_x 为真。简而言之,"连"所引入的事件处于低点,并不能保证选项集事件的真值,此时,主句只有通过否定 E_c 才能允准 $E_x < E_c$ 这一真值依存条件,这也同时说明否定词的域

是大于选项集的域。[1] 最后,在完成事件节点的构建后,相应的真值依存条件被添加至根节点,句子的解析完成。其解析式如图 7.5 所示[2]:

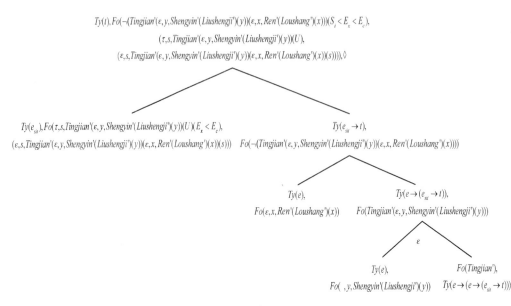

图 7.5 "连楼上都听不见"的解析

在图 7.5 中,随着主句事件结构的解析完成,整个句子域评估也就变成了 $Scope(S_i < E_x < E_c)$。这一评估条件保障了句子的真值依存条件,也就是说,如果楼上听不见留声机的声音,那么街上也听不见。而根节点语义式中的 τ 项则主要起限定作用,并赋予隐性选项集事件强化效果,即进一步强化句子的否定语气,其所传递的意思是:选项集内的任何地方都听不到留声机的声音。

与上述分析类似,"都"对话题化宾语的强化也同样会产生包含内论元变量的选项集。如下例(选自北京大学中国语言学研究中心语料库):

(11) 她喜欢普希金朴素的长诗,连童话诗都喜欢。

在上例中,"童话诗"显然是"长诗"的一个子集,并且它还是比较"小众"的诗歌形式,或者不是普希金所擅长的诗歌类型。通过强调"连"所引入的事

---

[1] Hole(2004)等认为,不管是在结构中还是语境中,该类句子中的否定是必须存在的。而在本书的分析中,我们认为否定只是真值依存的充分条件,如果真值依存能够得到满足,则否定不一定需要出现,详见下文的分析。

[2] 需要指出的是,"连"引入的事件结构与主句之间存在 <D> 链接关系,由于"连"通常情况下可以省略,且其引入的事件已纳入主句事件节点的评估中,故这一链接操作略去。

件"她喜欢童话诗",实现强化选项集事件的目的,即"她喜欢普希金所有的长诗"。首先来看句中隐性选项集的基本构建,如图7.6所示(相应的词项行为略去):

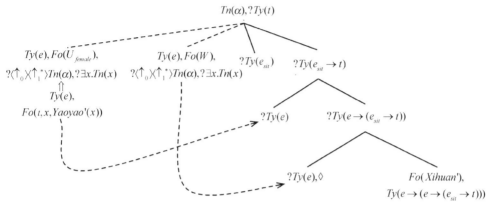

图7.6 "(连)童话诗都喜欢"中隐性事件的解析

在图7.6的解析中,我们补出了省略的主语"她(妖妖)",相应的元变量 U_{female} 会被语境中特定的个体 $[Ty(e), Fo(\iota,x,Yaoyao'(x))]$ 所替代,然后合并进入外论元位置。接下来就是"连"所引入事件结构的解析,如图7.7所示:

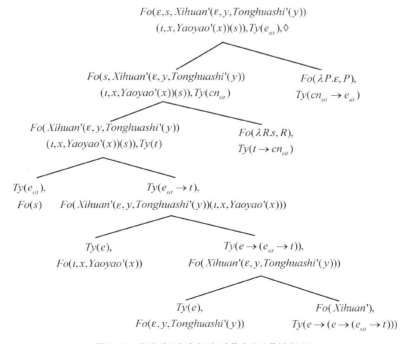

图7.7 "连童话诗都喜欢"中"连"的解析

在完成图 7.7 的解析后,上述两个事件结构被共同纳入句子的事件节点以进行域评估,主句事件节点的树扩展如图 7.8 所示("都"的词项行为指令略去):

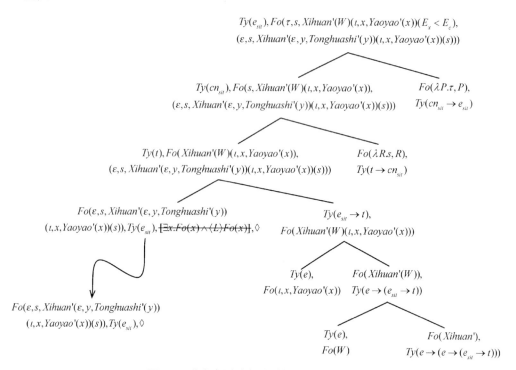

图 7.8 "连童话诗都喜欢"中"都"的解析

由上文我们得知,如果"妖妖"喜欢非常小众的"童话诗",那么,她一定也会喜欢普希金其他的长诗,其真值依存条件因此可以表示为 $E_x < E_c$。与例(9)不同的是,此时我们并不需要主句的否定来保障句子的真值依存关系。句子的解析进一步进行,其最终解析式如图 7.9 所示:

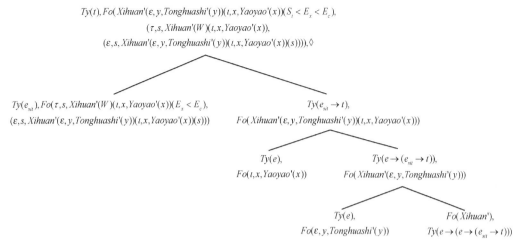

图 7.9 "连童话诗都喜欢"的解析

随着解析的完成，整个句子域评估条件也就变成了 $S_i < E_x < E_c$，这一评估条件保障了句子的真值依存条件。而根节点语义式中的 τ 项则主要起限定作用，并赋予隐性选项集事件强化效果，即"妖妖喜欢普希金所有的长诗"。

此外，本章 7.1 小节所提及的"都"与表非限定的"一+量+名"结构或"一点+名"结构的连用大体上也都是强化句子的内论元，如下例（选自北京语言大学汉语语料库）：

(12)"哦，说真话，我一个人都不认识。"少校说。

在上例中，少校通过强化非限定短语"一个人"这一个客观小量实现句子强化解读，即"少校所有人都不认识"。[1] 例(12)的解析过程与例(11)类似，只不过例(12)的真值依存关系依赖于主句的否定标记，其最终的解析式如图 7.10 所示〔解析的中间步骤与例(11)类似，在此不再赘述〕：

---

[1] 正如第 4 章分析时所论及的那样，"都"的使用具有很强的主观性，在具体的语境下，此处的"一个人都不认识"可能仅仅表示不认识大多数的人，也就是表比较高的程度。

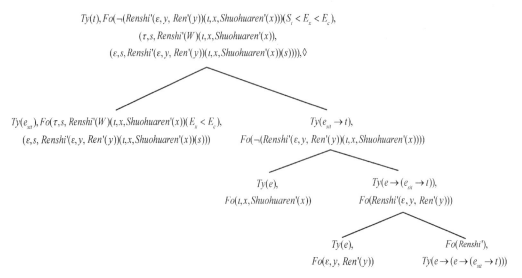

图 7.10 "我一个人都不认识"的解析

与图 7.9 一样,图 7.10 中"都"所触发的选项集事件结构都包含内论元变量 W,但事件间的真值依存关系不同,图 7.10 是依靠主句中的否定标记¬,即否定辖域高于事件结构,从而保障了 $S_i < E_x < E_c$ 这一真值依存关系。此外,事件节点引入的 τ 项则赋予隐性选项集事件强化效果,即"我所有人都不认识"。

除了对句子主宾语的强化外,"都"所触发的隐性事件还可以强化句子的附加成分。如下例(转自北京语言大学汉语语料库):

(13) 金士章道:"马君勤的学问了不得,出门都带书,可谓手不释卷。"

在上例中,"出门"为"出门时"的省略形式,属于句子的附加成分,也是"都"强化的对象。与上文的分析类似,"出门时带书"处于"带书"这一事件集合比较低的位置,即一般情况下"出门时都不带书",通过强化"出门时带书"这一事件,实现强化选项集事件的目的,即"马君勤是书不离手的"。这一句子的解析首先还是始于隐性选项集的构建,如图 7.11 所示(相应的词项行为略去):

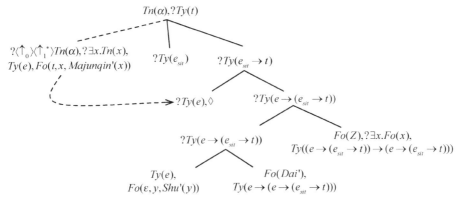

图 7.11 "出门时都带书"中隐性事件的解析

从图 7.11 可以看出,"都"的使用触发了一个包含附加成分变量 Z 的选项集,这一事件结构接下来会与句子蕴含的当前事件结构,即主句事件结构进行域评估,并产生真值依存条件。接下来就是主句事件结构的解析,也就是前面所提到的"连"所引入的事件结构,此处"连"被省略了。其基本解析如图 7.12 所示:

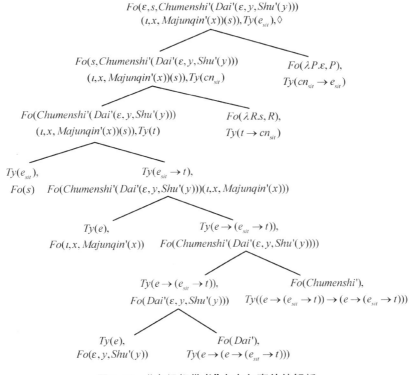

图 7.12 "出门都带书"中主句事件的解析

在完成图 7.12 所示的当前事件节点的解析后,该事件结构与图 7.11 的隐性事件结构被共同纳入句子的事件节点以进行域评估,主句事件节点的树扩展如图 7.13 所示("都"的词项行为指令略去):

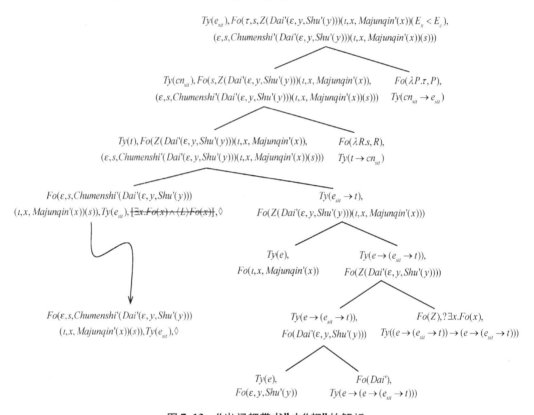

图 7.13 "出门都带书"中"都"的解析

在完成事件节点的评估后,句子的解析进一步进行,其最终解析式如图 7.14 所示:

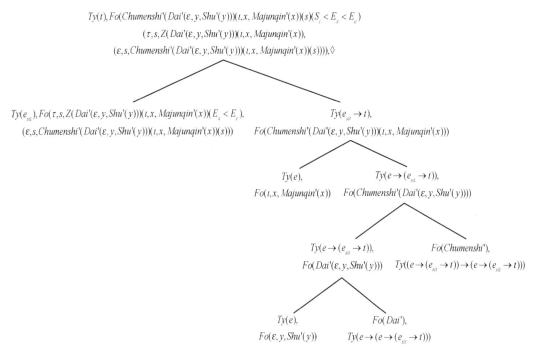

图7.14 "出门都带书"的解析

在图 7.14 中，随着整个句子解析的完成，其域评估也就变成了 $Scope(S_i < E_x < E_c)$。这一评估条件保障了句子的真值依存条件，即如果马君勤出门的时候都带书，那么，其他的时间他更是书不离手，这也就是上图中附加语变量 Z 表征的所有时间段，对这一变量的强化效果主要是通过根节点语义式中的 τ 项来实现的。

总体来说，在"焦点+都"结构中，"都"所强化的对象一般是句子的焦点或话题焦点，其可以充当句子的内外论元，也可以是句子的附加成分。"都"所触发的选项集事件结构必须与主句的事件结构解进行域评估，并衍生出两者之间的真值依存关系，最终实现句子的强化解读。需要指出的是，"都"所强化的事件与主句的事件可以是不同的类型，例如在第4章提到的例子"连门都没让进"中，"都"的使用所触发的就是一个有语义分级的事件集合，即{不让进门→没见着要见的人→没办成要办的事}。在这一事件集合里，"不让进门"处于较低的位置，通过域评估，"都"最终所强化的则是"没办成要办的事情"。下一小节我们将分析"都"隐性强化中比较特殊的一类结构：重动结构。

7.2.2 "都"字句中重动结构的解析

在第 4 章的分析中,我们曾提到"都"与重动结构的连用,其在增强语力的同时还会触发隐性的域,如下例[复述自第 4 章例(35b)]:

(14) 她只晓得蜷伏在客房内,一动都不动,直至累极入睡。

在上例中,"都"触发的隐域是一个运动事件集合{静止不动,动一下,动两下……动个不停},其所强调的则是运动域中的最低程度或最小值,即"静止不动"。而根据 Yang & Wu(2017)对汉语重动分裂结构的考察,第一个动词是一个省略的表达式,其指称的是语境中建立的某个事件,而后一动词则依托前一话题位置的动词恢复其语义内容。他们的分析与我们的方案不谋而合,简而言之,"都"字句中的重动结构是与事件相关联的。本小节将选取典型的例句,通过解析来探究这一类重动句是如何实现强化解读的。

"都"字句中的重动句顾名思义就是"都"所强化的是动词,也就是本书所讲的事件,如下面两例(选自北京语言大学汉语语料库):

(15) a. 萧胜每天去打饭,也闻到南食堂的香味。羊肉、米饭,他倒不稀罕:他见过,也吃过。黄油烙饼他连闻都没闻过。
b. 先生连问都不问,就把我的罪状插在我帽子上,拉我到花台边去。

在例(15a)中,重动结构"黄油烙饼他连闻都没闻过"预设着"萧胜吃黄油烙饼"这一事件,而"吃黄油烙饼"这一事件集合则由多个次事件组成,譬如"闻黄油烙饼""见黄油烙饼""吃黄油烙饼"等。其中,"闻黄油烙饼"处于事件集合的低位,"都"通过强化这一低位事件实现其强化意义,即"萧胜从来没有吃过黄油烙饼"。例(15b)与之类似,重动结构中"都"的使用预设着"先生想给我定罪"这一有语义级差的事件集合。其中,"问询"只是处于这一事件集合的低位,通过强化该低位事件可以实现整个句子的强化解读。下面我们就以例(15a)为例来解析重动句的强化机制。

首先,例(15a)的上下文预设着某一特定事件的存在,即"萧胜吃黄油烙饼",其基本构建如图 7.15 所示:

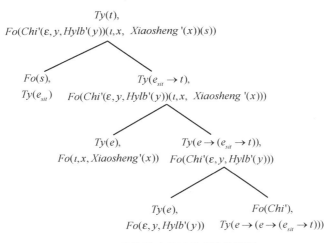

图 7.15 "萧胜吃黄油烙饼"的解析

随后,"都"的使用会触发一个包含动作变量 V 的事件结构,这也是句子的隐性事件结构。而"连"的使用则会引入主句的事件结构,即"萧胜闻黄油烙饼"。上述两个事件结构的解析如图 7.16 和图 7.17 所示:

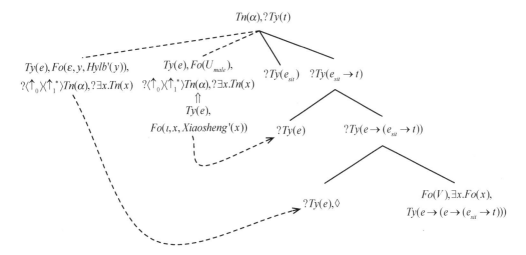

图 7.16 "黄油烙饼他连闻都没闻过"中隐性事件的解析

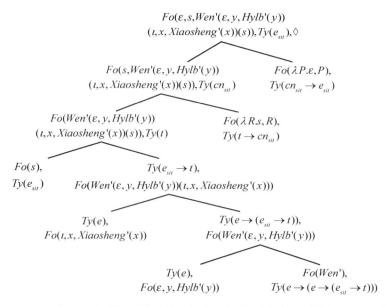

图 7.17 "黄油烙饼他连闻都没闻过"中"连"的解析

在完成上述两个事件结构的解析后,按照句子解析的线性顺序,"连"所引入的事件合并进入句子的事件节点之下以进行域评估,其具体的合并过程大体如图 7.18 所示:

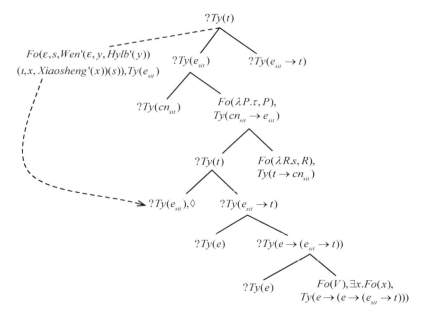

图 7.18 "黄油烙饼他连闻都没闻过"中事件的合并解析

7 "都"隐性强化的动态解析

在图 7.18 中,由"连"引入的事件节点必须合并进入隐性事件结构的 $Ty(e_{sit})$ 以进行域评估,如图 7.18 中虚线箭头所示。图 7.18 的解析可以解释为什么重动结构中的"都"必须强制出现,因为只有"都"的进一步投射才能将非固定的事件节点合并入它的树结构中,也只有这样才能保障句子的合法性。"都"的相应词项行为及其树扩展如例(16)和图 7.19 所示:

(16) "黄油烙饼他连闻都没闻过"中"都"的词项行为指令

IF $?Ty(e_{sit})$

THEN   make($\langle\downarrow_1\rangle$); go($\langle\downarrow_1\rangle$); put($Ty(cn_{sit}{\rightarrow}e_{sit})$, $Fo(\lambda P.\ \tau,\ P)$); go($\langle\uparrow_1\rangle$);

     make($\langle\downarrow_0\rangle$); go($\langle\downarrow_0\rangle$); put($?Ty(cn_s)$); make($\langle\downarrow_1\rangle$); go($\langle\downarrow_1\rangle$);

     put ($?Ty(t{\rightarrow}cn_{sit})$), freshput($s$, $Fo(\lambda R.\ s,\ R)$); go($\langle\uparrow_1\rangle$);

     make($\langle\downarrow_0\rangle$); go($\langle\downarrow_0\rangle$); put($?Ty(t)$); make($\langle\downarrow_1\rangle$); go($\langle\downarrow_0\rangle$);

     put($?Ty(e_{sit})$); go($\langle\uparrow_0\rangle$);

     make($\langle\downarrow_1\rangle$); go($\langle\downarrow_1\rangle$); put($?Ty(e{\rightarrow}(e_{sit}{\rightarrow}t))$);

     make($\langle\downarrow_1\rangle$); go($\langle\downarrow_1\rangle$); put($Fo(V)$, $?\exists x.Fo(x), Ty(e{\rightarrow}(e{\rightarrow}(e_{sit}{\rightarrow}t)))$);

     go($\langle\uparrow_1\rangle$); make($\langle\downarrow_0\rangle$); go($\langle\downarrow_0\rangle$);

     put($Fo(\varepsilon, y, Hylb'(y))$, $Ty(e)$); go($\langle\uparrow_0\rangle\langle\uparrow_1\rangle$);

     make($\langle\downarrow_0\rangle$); go($\langle\downarrow_0\rangle$); put($Fo(\iota, x, Xiaosheng'(x))$, $Ty(e)$)

ELSE   abort

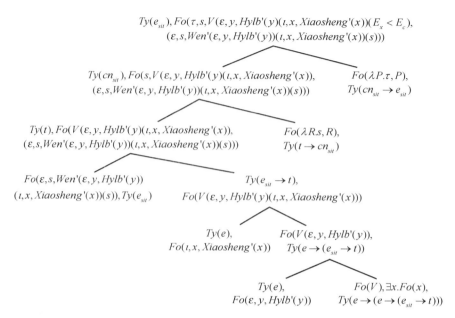

图 7.19 "黄油烙饼他连闻都没闻过"中"都"的解析

从例(16)的词项行为指令可以看出,主句事件节点下的 $Ty(e_{sit})$ 节点并没有放置链接指令?$[\exists x.Fo(x) \wedge \langle L \rangle Fo(x)]$,这是因为该节点将与"连"所引入的事件节点合并。在此之后,两个事件之间的评估条件被添加至根节点,如图7.19所示。但此时两个事件之间的真值依存条件并没有得到满足,即"萧胜闻黄油烙饼"这一事件并不能保障隐性事件的真值,因此,在随后的句子解析中,只有通过对主句事件的否定才能保障真值依存关系,其最终的解析式如图7.20所示:

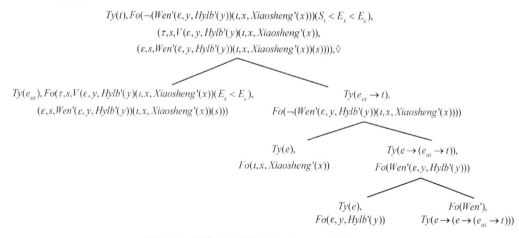

图 7.20 "黄油烙饼他连闻都没闻过"的解析

如图 7.20 所示,随着整个句子解析的完成,相应的域评估条件也就变成了 $Scope(S_i<E_x<E_c)$,此评估条件保障了句子的真值依存条件,也就是说,如果萧胜没闻过黄油烙饼的味道,那么,他根本就没吃过黄油烙饼。此时根节点语义式中的 τ 项则主要起限定作用,并进一步强化了隐性选项集事件的否定语气,其所传递的意思是:萧胜从未吃过黄油烙饼。

在日常交际中,除了上述重动结构之外,有时候此结构中的第一个动词还会出现在主语之前,产生所谓的分裂结构。如下例(选自新浪微博):

(17) 绿皮火车别说坐了,连见,我都好多年没见过了。

在上例中,说话人谈论的是关于乘坐绿皮火车的相关事件。通过强化这一事件集合中处于较低位置的次事件"见过绿皮火车",可以实现整个句子的强化解读,即说话人从未坐过绿皮火车。[1]与例(15)中的重动结构不同,例(17)中的第一个动词是悬浮在句子主干之外的话题成分,它为第二个动词的解析提供相应的语义内容,即"连"所引入的内容与主句共享同一个事件信息。在解析中,我们可以通过 $<D>$ 来构建起二者之间的链接关系。首先来看"连"的解析,其解析如图 7.21 所示:

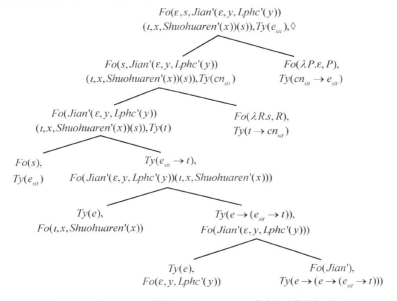

图 7.21 "连见,我都好多年没见过了"中"连"的解析

---

[1] 从发布的信息来看,该博主应该是一位"80后",他不仅见过绿皮车,应该还坐过绿皮车。由此也可以看出,"都"的使用具有很强的主观性,这句话的目的只是强调一个事实:如今绿皮车已经很少见了。

在完成"连"的解析之后,就是主句的解析,正如上文所提到的那样,主句与话题共享一个事件信息,可以构建起如图7.22所示的链接:

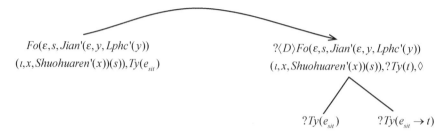

图7.22 "连见,我都好多年没见过了"中共享事件信息的解析

在构建起与"连见"这一话题的链接之后,"都"的使用使得主句的事件节点 $Ty(e_{sit})$ 进一步投射,并将共享的事件信息纳入域评估。其树结构扩展如图7.23所示("都"的相关词项行为指令略去):

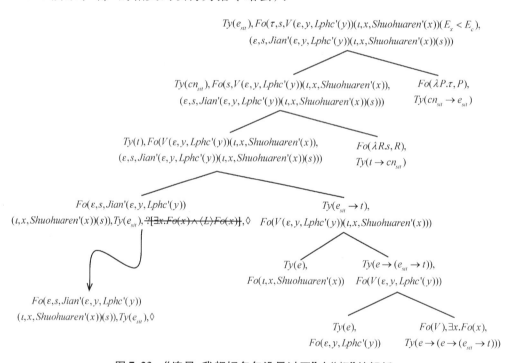

图7.23 "连见,我都好多年没见过了"中"都"的解析

在完成了事件节点的域评估后,句子的解析继续进行,并最终生成如图7.24所示的解析式:

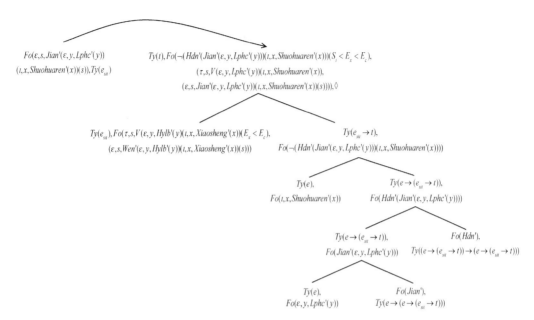

图 7.24 "连见,我都好多年没见过了"的解析

在图 7.24 中,通过否定主句事件以保障整个句子的真值依存条件,相应的域评估条件 $Scope(S_i < E_x < E_c)$ 被添加至根节点,其所保障的真值依存条件是:如果说话人没有见过绿皮火车,那么,他根本就没有坐过绿皮火车。此时根节点语义式中的 τ 项则主要起限定作用,并进一步强化隐性选项集事件的否定语气,其所传递的意思是:说话人没有坐过绿皮火车。

当然,正如本章开始时所提到的那样,"都"字句中的重动结构并不总会触发选项集,有时候"都"的使用也仅仅是为了强化某一单一事件,如下例(选自北京大学中国语言学研究中心语料库):

(18) 又自言自语:"死都死了,说这些还管啥用呢? 你在的时候,还不是整天跟我闹?"

由例(17)的上下文我们可以知道,"都"的使用主要是强化"老曾的老婆已去世多年"这一事件,并不会触发选项集事件,其解析与"都"的显性强化一致,即通过强化单一的动作变量实现句子的强化解读。限于篇幅,具体的解析请参见第 6 章的相关内容,在此不再赘述。

总而言之,"都"的左向强化句大致对应传统语法分析中的"都$_2$"句。在这一类结构中,"都"所强化的事件变量总是位于其左侧,同时主句事件总是处于选项集中较高或较低的位置,并通过强化这一事件实现句子的强化解读。除了左向强化之外,"都"还可以强化位于其右侧的事件变量,这就是"都"的右向强化,下一小节将就此展开讨论。

7.3 "都"右向强化结构的动态解析

"都"右向强化的对象一般是处于其右侧焦点位置的梯级成分,"都"的使用会产生某个预设命题,且该预设命题处于事件选项集中较高的位置。因此,本节将"都"右向强化结构进一步划分为"都+名词"结构和"都+数量短语"结构,现分述如下。

7.2.1 "都+名词"结构的解析

从字面上看,"都+名词"结构强化的是名词短语,其实,"都"所强化的是后续句中的事件,如下例(选自北京语言大学汉语语料库):

(19) 妈咪刚才拿刺绣包装上的一句诗问我什么意思。"不懂。""啊?! 都大学生了,还不懂?!"

在例(19)中,说话人所强化的对象并不是"听话人已经是大学生",而是后续句中"还不懂这句诗",所以在"都+名词"结构中,"都"所强化的依然是事件。以例(19)为例,其大致解析过程如下。

首先,"都"的使用会触发一个隐性的选项集,即"大学生懂 W"。在这一事件集合中,"大学生懂这句诗"处于比较低的位置。隐性选项集事件与主句事件的解析如图 7.25 和图 7.26 所示:

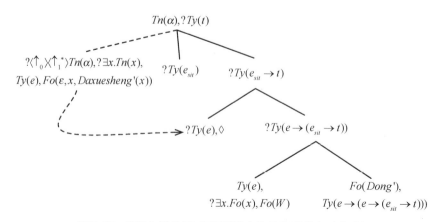

图 7.25 "都大学生了,还不懂"中隐性事件的初步解析

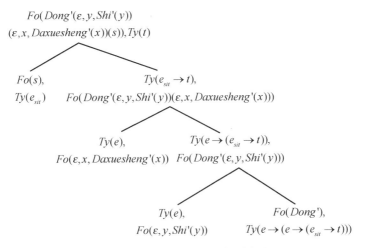

图 7.26 "大学生懂这句诗"的解析

在完成上述两个事件的解析后,"都"的使用使得事件节点 $Ty(e_{sit})$ 进一步投射,并将图 7.25 和图 7.26 两个事件纳入该节点以进行域评估。"都"的词项行为及其树扩展分别如例(20)和图 7.27 所示:

(20) "都大学生了,还不懂"中"都"的词项行为指令

IF　　?$Ty(e_{sit})$

THEN　make($\langle\downarrow_1\rangle$); go($\langle\downarrow_1\rangle$); put($Ty(cn_{sit}\to e_{sit})$, $Fo(\lambda P.\ \tau,\ P)$); go($\langle\uparrow_1\rangle$); make($\langle\downarrow_0\rangle$); go($\langle\downarrow_0\rangle$); put(?$Ty(cn_s)$); make($\langle\downarrow_1\rangle$); go($\langle\downarrow_1\rangle$); put (?$Ty(t\to cn_{sit})$), freshput($s$, $Fo(\lambda R.\ s,\ R)$); go($\langle\uparrow_1\rangle$); make($\langle\downarrow_0\rangle$); go($\langle\downarrow_0\rangle$); put(?$Ty(t)$); make($\langle\downarrow_0\rangle$); go($\langle\downarrow_0\rangle$); put($Ty(e_{sit})$,?$[\exists x.\ Fo(x)\wedge\langle L\rangle Fo(x)]$); go($\langle\uparrow_0\rangle$); make($\langle\downarrow_1\rangle$); go($\langle\downarrow_1\rangle$); put(?$Ty(e\to(e_{sit}\to t))$); make($\langle\downarrow_1\rangle$); go($\langle\downarrow_1\rangle$); put($Fo(Dong')$, $Ty(e\to(e\to(e_{sit}\to t)))$); go($\langle\uparrow_1\rangle$); make($\langle\downarrow_0\rangle$); go($\langle\downarrow_0\rangle$); put($Fo(W)$, $Ty(e)$, ?$\exists x.Fo(x)$); go($\langle\uparrow_0\rangle\langle\uparrow_1\rangle$); make($\langle\downarrow_0\rangle$); go($\langle\downarrow_0\rangle$); put($Fo(\varepsilon,\ x,Daxuesheng'(x))$)

ELSE　abort

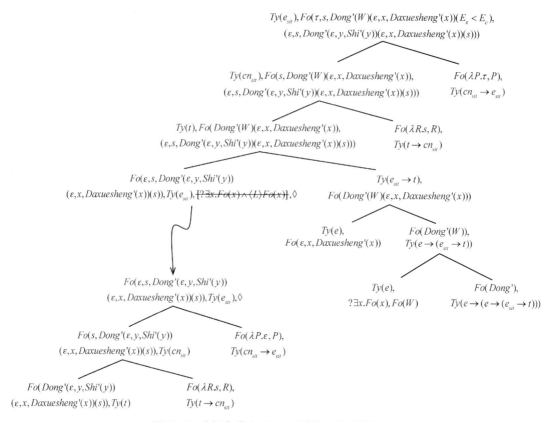

图 7.27 "都大学生了,还不懂"中"都"的解析

由图 7.27 根节点中的真值依存条件 $E_x < E_c$ 可知,主句事件必须要保障选项集事件的真值,即如果"大学生懂这句诗",那么,他们必然也懂其他的东西 W。显然,此时的真值依存条件并没有得到满足,在接下来的解析中,只有通过否定主句才能保障 $E_x < E_c$ 这一真值依存条件。整个句子的最终解析如图 7.28 所示:

7 "都"隐性强化的动态解析

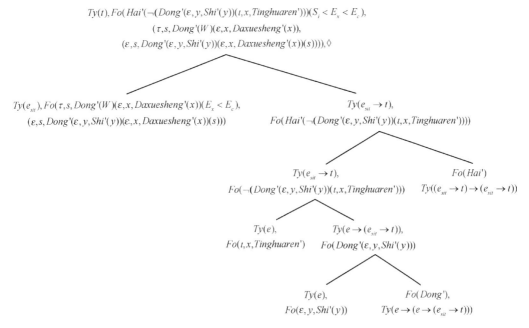

图 7.28 "都大学生了,还不懂"的解析

在图 7.28 中,通过否定大学生中的一员(听话人),句子的真值依存条件得以满足,同时,根节点中的 τ 项通过自身的限定作用,赋予句子强化解读,即听话人不懂这句诗。其实,我们还可以换一个视角来解析"都"的强化作用,即处于受教育程度较高的"大学生"之于比较简单的"一句诗"具有怎样的强化效能。这时,"都"所触发的隐性事件的变量就变成了外论元,其事件间的评估解析大致如图 7.29 所示(其他解析步骤及词项行为从略):

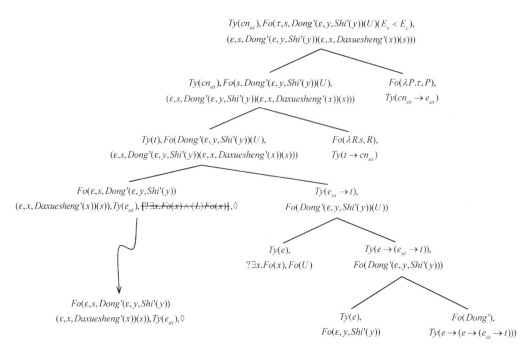

图7.29 "都大学生了,还不懂"中"都"的另一解析

与图7.27中"都"的解析类似,在图7.29中,"大学生懂这句诗"也并不能保障"U也懂这句诗"的真值,因为"大学生"处于变量集合U的较高位置,因此,其后的解析中仍然需要通过否定主句以保障真值依存条件,但此时项对选项集的限定则表明:选项集中所有成员都应该懂这句诗,作为受教育程度较高的"大学生"更应该懂这句诗,从而实现强化解读(其最终解析式略去)。由此可见,不管选取哪类变量,"都"的使用都是为了强化后续句所涉及的事件。另外需要注意的是,如果"都"所强化的名词短语所对应的事件是偶发的或比较少见的,其真值依存条件又会有所变化,如7.1小节中提到的例子"都幼儿园了,还尿裤子"。在此例中,如果"幼儿园孩子尿裤子"为真,那么,选项集事件"U尿裤子(U的取值为低于幼儿园年龄段的孩子)"也为真,这个时候就不需要后续解析中对主句的否定操作了。

除了对表人称名词短语的强化外,"都+名词"结构强化的对象还可以是非人称名词短语,如下面两例[复述自第4章例(36)和例(39)]:

(21) a. 还不走呀? 都一点钟了,明天再来。

　　b. 现在都楼房了,谁还养一些家禽。

7 "都"隐性强化的动态解析

在上面两例中,"都"与非人称名词短语连用表示时间推进到某种程度,其蕴含着事件的可更替性或级差性。以例(20b)为例,"都"的使用会触发关于住房类型的选项集,相对于"养家禽"这一事件,"楼房"处于相对不相宜的较高位置。如果住楼房都可以养家禽,那么,住其他像平房这样房型的就更可以养了,即主句事件能够满足选项集事件的真值要求,从而达到强化的效果,也就是,住楼房不应该养家禽。下一小节我们将主要聚焦右向强化的另一类型——"都+数量短语"结构。

7.2.2 "都+数量短语"结构的解析

"都"除了右向强化名词短语(包括数量名短语)外,还可以右向强化附加语中的数量短语,如下面两例所示(选自北京大学中国语言学研究中心语料库):

(22) a. 她快人快语地对记者说:"老乡,咱家乡的人现在出去旅游的可多了。俄罗斯我都去过三次了。"
b. 阿丽病了那么久,在床上都睡了三个多月,用了多少钱,你知道么?

由具体语境可以得知,例(22)中的附加语中的"三次"与"三个多月"都是一个比较大的量。例(22a)意为说话人出去旅游的次数比较多,而例(22b)则意指阿丽在床上躺了很长一段时间,这样的强化解读是由"都"带来的。[1]下面就以例(22b)为例,简要呈现"都"隐性强化的实现过程。

首先,我们可以通过"睡"的词项行为及 * 局部加接规则构建句子的基本结构,其词项行为及句子的初步构建如例(23)和图7.30所示(句子的时体信息及名词的内部结构从略)[2]:

(23) "阿丽在床上睡了三个多月"中"睡"的词项行为指令
  IF $Tn(\alpha), ?Ty(t)$
  THEN IF $\langle\downarrow_0\rangle\langle\downarrow_1^*\rangle Ty(e)$

---

[1] 如果缺少"都",例(21)中的两个例子只是分别陈述一个事实,并无任何的言外之意,也不会增强话语的语力。

[2] 根据 Marten(2002)和 Wu(2017)的分析,由于动词的不明确性,英汉语中一些不明确附加成分可以统一处理为 $Ty(e)$,此处为了突显"都"对附加成分强化的刻画,我们将"三个月"处理为非论元成分。另外,本书重点探讨的是"都"的解析和刻画,"三个多月"的内部结构暂且忽略。

THEN go($\langle\downarrow_0\rangle\langle\downarrow_1^*\rangle$);put(?$\langle\uparrow_0\rangle\langle\uparrow_1^*\rangle Tn(\alpha)$,?$\exists x. Tn(x), Ty(e), Fo(Ali')$);

go($\langle\uparrow_0\rangle\langle\uparrow_1^*\rangle Tn(\alpha)$); make($\langle\downarrow_0\rangle$); go($\langle\downarrow_0\rangle$);

put (?$Ty(e_{sit})$); go($\langle\uparrow_0\rangle$); make($\langle\downarrow_1\rangle$); go($\langle\downarrow_1\rangle$);

put(?$Ty(e_{sit}\to t)$); make($\langle\downarrow_1\rangle$); go($\langle\downarrow_1\rangle$);

put($Ty(e\to(e_{sit}\to t))$); make($\langle\downarrow_1\rangle$); go($\langle\downarrow_1\rangle$);

put($Fo(Sangeyue'), Ty((e\to(e_{sit}\to t))\to(e\to(e_{sit}\to t)))$);

go($\langle\uparrow_1\rangle$); make($\langle\downarrow_1\rangle$); put($Ty(e\to(e_{sit}\to t))$); make($\langle\downarrow^*\rangle$);

go($\langle\downarrow^*\rangle$); put($Fo(Shui'),Ty(e\to(e^*\to(e_{sit}\to t)))$); go($\langle\uparrow^*\rangle$);

make($\langle\downarrow_1\rangle$); go($\langle\downarrow_1\rangle$); put($Ty(e\to(e\to(e_{sit}\to t)))$); go($\langle\uparrow_1\rangle$);

make($\langle\downarrow_0\rangle$); go($\langle\downarrow_0\rangle$); put($Ty(e), Fo(Zaichuangshang')$);

go($\langle\uparrow_0\rangle\langle\uparrow_0\rangle\langle\uparrow_1\rangle$); make($\langle\downarrow_0\rangle$); go($\langle\downarrow_0\rangle$); put(?$Ty(e)$))

ELSE   abort

ELSE   abort

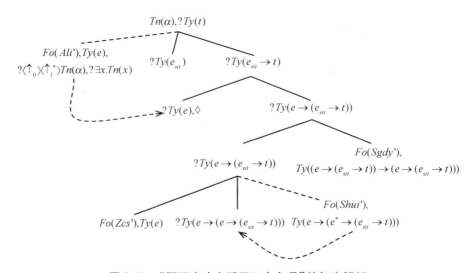

图 7.30 "阿丽在床上睡了三个多月"的初步解析

随后,"都"的使用会预设某个事件的存在,这也就是前文所提及的主句事件,其树扩展如图 7.31 所示:

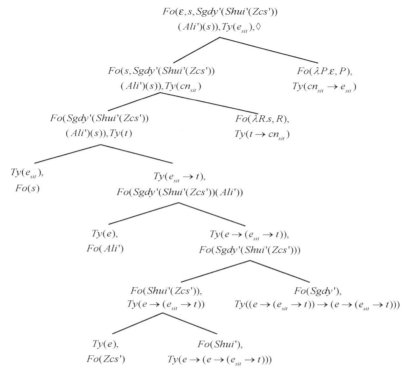

图 7.31 "阿丽在床上睡了三个多月"主句事件的解析

"都"的使用会触发隐性的选项集事件结构,在这一结构中,相应的数量短语会被代之以相应的变量 Z。这一隐性事件结构将会在主句的事件节点与主句预设事件结构中进行域评估,即图 7.31 所示的事件结构会被纳入扩展后的事件节点以进行域评估,"都"的相应词项行为可表述如下:

(24) "阿丽在床上睡了三个多月"中"都"的词项行为指令

IF　　　?$Ty(e_{sit})$

THEN　make($\langle\downarrow_1\rangle$); go($\langle\downarrow_1\rangle$); put($Ty(cn_{sit}\to e_{sit})$, $Fo(\lambda P.\tau, P)$);

　　　　go($\langle\uparrow_1\rangle$); make($\langle\downarrow_0\rangle$); go($\langle\downarrow_0\rangle$); put (?$Ty(cn_s)$);

　　　　make($\langle\downarrow_1\rangle$); go($\langle\downarrow_1\rangle$);

　　　　put(?$Ty(t\to cn_{sit})$), freshput(s, $Fo(\lambda R.\ s,\ R)$);

　　　　go($\langle\uparrow_1\rangle$); make($\langle\downarrow_0\rangle$); go($\langle\downarrow_0\rangle$); put(?$Ty(t)$);

　　　　make($\langle\downarrow_0\rangle$); go($\langle\downarrow_0\rangle$); put($Ty(e_{sit})$,?$[\exists x.\ Fo(x)\wedge\langle L\rangle Fo(x)]$);

　　　　go($\langle\uparrow_0\rangle$); make($\langle\downarrow_1\rangle$); go($\langle\downarrow_1\rangle$); put(?$Ty(e\to(e_{sit}\to t))$);

make($\langle\downarrow_1\rangle$); go($\langle\downarrow_1\rangle$);

put($Fo(Z)$, ?∃$x.Fo(x)$, $Ty((e\to(e_{sit}\to t))\to(e\to(e_{sit}\to t)))$);

go($\langle\uparrow_1\rangle$); make($\langle\downarrow_0\rangle$); go($\langle\downarrow_0\rangle$); put(?$Ty(e\to(e_{sit}\to t))$);

make($\langle\downarrow_1\rangle$); go($\langle\downarrow_1\rangle$); put($Fo(Shui')$, $Ty(e\to(e\to(e_{sit}\to t)))$);

go($\langle\uparrow_1\rangle$); make($\langle\downarrow_0\rangle$); go($\langle\downarrow_0\rangle$);

put($Fo(Zcs')$, $Ty(e)$); go($\langle\uparrow_0\rangle\langle\uparrow_0\rangle\langle\uparrow_1\rangle$);

make($\langle\downarrow_0\rangle$); go($\langle\downarrow_0\rangle$); put($Fo(Ali')$, $Ty(e)$))

ELSE   abort

从例(24)的词项行为指令可以看出,为了突显"都"的程度加强功能,项被引入事件评估,除了保障事件真值依存关系之外,它对主句事件还具有限定作用,并会带来预期的强化解读。此外,在事件节点下的 $Ty(e_{sit})$ 节点添加了相应的链接解析,其表征为[$Ty(e_{sit})$,?[∃$x.Fo(x)\land\langle L\rangle Fo(x)$]],通过这一节点,图7.31中的事件结构会被纳入隐性事件结构的域评估中,并由此产生相应的真值依存条件。"都"的树扩展如图7.32所示:

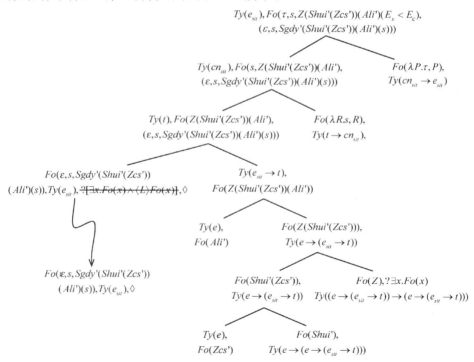

图7.32 "阿丽在床上都睡了三个多月"中"都"的解析

在图 7.32 中，我们通过链接操作（如图中箭头所示）将主句事件纳入域评估。由于该事件能够保障隐性事件的真值，即"阿丽躺在床上三个多月了"能够保障"阿丽躺在床上 Z"为真，所以其真值依存条件为 $E_x < E_c$。句子的解析继续进行，其最后的解析表达式如图 7.33 所示：

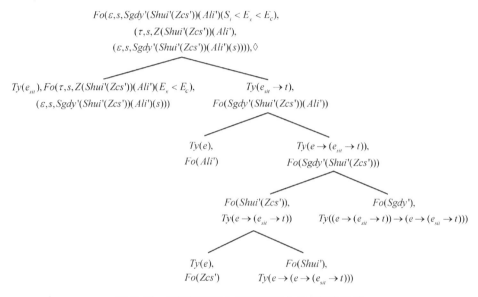

图 7.33 "阿丽在床上都睡了三个多月"的解析

由于主句事件能够保障隐性事件的真值，所以根节点中的 τ 项也就主要用来限定主句事件，并带来整个句子的强化解读，即"阿丽躺在床上三个多月了，已经是很长的时间了"。

另外，值得注意的是，"都"所强调的一般是相对大量，并不是客观大量，如下例（选自北京语言大学汉语语料库）：

(25) 医生又给开了一堆药，也说不清是怎么回事。医院换了两家，药都吃了一个月了。哎！北京这么大，到底有没有会看病的医生啊！

从时间长短来讲，"一个月"并不是很长的时间，但在"说话人"的预期中，应该是一个相对大量了。"都"的使用赋予句子强化解读"已经吃了很长时间的药了"。

总的来说，"都"的右向强化句大致对应传统语法分析中的"都$_3$"句。在这一类结构中，"都"所强化的事件变量总是位于其右侧，且主句所蕴含的事件总是处于选项集较高的位置，它可以保障"都"所触发的隐性事件的真值，并由此实现句子的强化解读。

7.4 本章小结

本章主要分析了现代汉语中"都"的隐性强化特征。我们首先梳理了"都"隐性强化句在汉语中的分布情况,并依据被强化事件变量相对于"都"的位置,把隐性强化句分为左向强化句与右向强化句,这也大致对应传统语法分析中的"都$_2$"句和"都$_3$"句。

在"都"的左向强化分析中,"都"所强化的事件变量总是位于其左侧,这些事件变量可以是内外论元、附加语,或者是动词本身(动词拷贝句),同时主句事件总是处于选项集中较高或较低的位置,并通过强化这一事件实现句子的强化解读。

在"都"的右向强化分析中,其右向强化的对象一般是处于其右侧焦点位置的梯级成分,"都"的使用会产生某个预设命题,且该预设命题处于事件选项集中较高的位置,并可以保障"都"所触发的隐性事件的真值,并由此实现句子的强化解读。

此外,需要注意的是,"都"所强化的事件与主句的事件可以是不同的类型事件序列或集合,而且"都"的隐性强化还具有很强的主观性与语境性,上述的隐性强化句有时候也并不会触发选项集事件,这时的解析就会转而与"都"的显性强化一致。至此,我们已经给出了所有"都"字句的解析,下一章我们将聚焦"都"易位结构的动态解析。

8 "都"易位结构的动态解析

在第4章的分析中,我们曾运用"都"的易位分析来重新审视"都"的语义功能。一般情况下,句法位置的改变并不会改变语句的真值,但会赋予语句不同的语用功能,那么,"都"的易位到底是如何形成的?它是移位生成的还是原位生成的?我们又应该如何来界定这一类结构的性质?本章将从移位分析与原位分析的角度回顾学界对这类结构的已有分析,并根据"都"的动态解析模型给出"都"易位结构的统一解析。对"都"易位结构的解析再次验证了"都"的主要功能是强化或追加强化,"易位"并不等于"移位",其在本质上更接近于"追补"结构(周永、吴义诚 2021)。

8.1 "都"易位结构的移位与原位分析

关于"都"易位结构的性质,我们在第4章曾做过简要的回顾,学界对此有不同的观点。总体上讲,对"都"易位结构的分析主要可以分为"移位说"与"原位说",我们首先简要回顾一下这两种观点。

8.1.1 "都"易位的移位分析

所谓移位分析,指的是通过移动句子的某些部件而形成易位句,也就是说,"都"易位结构可以是"都"的右移,也可以是"都"之外成分的左向移动。前者的代表观点包括陆俭明(1980,2018)及持倒装或后置观点的学者等。而后者的拥趸主要是形式学派的学者,包括 Cheung(1997,2005,2009,2015)、Law(2003)、王晨(2014)及 Lee(2017)等,其中尤以 Cheung 的系列研究最具代表性。下文将主要以他的研究为基础,扼要介绍移位分析的运作机制。

一般来说,持移位说的学者将"易位句"分为三个部分:前移句子成分、句末助词 SP(sentence particle)与剩余句子成分(remnant)。其中,位置通常是易位结构的焦点,位置可以是名词、副词等成分,但它不可以具有强调作用。[1] 以上文提到的易位句"他们去过北京了都"为例,示例如下[复述自第 4 章例(52b)]:

(1) 他们去过北京　　　了　　　都。
　　　　β　　　　　　SP　　　α

之所以会出现上述的易位结构,是因为汉语的句末助词在结构上一直以来被分析为标句词短语(CP)域内功能投射的中心语,其在语义上可以统领整个句子,并表明说话人的态度或语力。从理论上讲,围绕句末助词的句子构建可以有两种范式,分别是中心语居前结构(head-initial structure)与中心语居后结构(head-final structure),如图 8.1 所示:

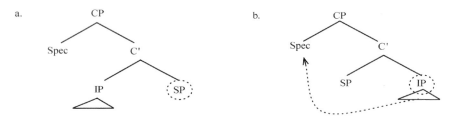

图 8.1　中心语居前与中心语居后结构示意图

如图 8.1b 所示,汉语是句末助词(SP)中心语居前的语言,正常的汉语语序是经过屈折词短语(IP)移位至[Spec,CP]而形成的(详见 Cheng 1991,Sybesma 1999 等)。Cheung(2009)认为汉语易位句只存在左向移位[2],并通过图 8.2 所示的移位方式形成易位句特殊的语序(转自 Cheung 2009 例 16):

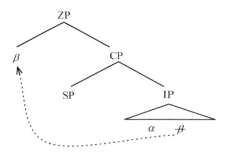

图 8.2　易位句移位图示

---

[1]　陆俭明(1980)把易位句分为前置部分与后移部分。关于易位句形式特征的分析可参见梁源(2005)的分析。

[2]　Cheung(2009)把易位句称为易位焦点结构(DFC),并认为易位结构中不存在右向移位,因为右向移位缺乏动因,且会生成不合语法的句子,不符合语言经济原则。

8 "都"易位结构的动态解析

在图 8.2 中,屈折词短语之下的任意短语(XP),即图中的 β,通过移位操作移至高于句末助词的节点,形成易位结构。采纳 Chomsky(1995)的观点,Cheung(2009)认为,句末助词是标句词短语域内中心语居前功能投射功能性短语(FP)的中心语,而焦点短语(FocP)则位于功能性短语(FP)之上,其中心语 Foc^0 携有焦点特征,这一特征驱动被焦点标记任意短语(XP)提升(XP-raising),移位至[Spec, FocP]以核查并消除 Foc^0 所具有的焦点特征,从而形成易位结构特殊的语序。其可易位成分树形图如图 8.3 所示:

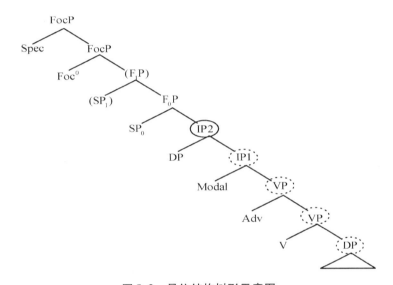

图 8.3　易位结构树形示意图

如图 8.3 所示,虚线椭圆标示的部分都是可易位成分,而实线椭圆标示的 IP2 的移位可以形成正常的语序,也就是说,Cheung(2009)的分析可以预测易位结构与正常语序句子的生成。[1] 这一分析同样适用于"都"的易位,以"他们去过北京了都"为例,其易位如图 8.4 所示(时体信息略去):

---

[1] 为了规避易位句中出现的多个焦点成分,Lee(2017)将移位操作分为两个独立的部分。首先,去焦点化成分左向移位至低于句末助词的[Spec, DefocusP]位置,然后,TP 的剩余部分再移位至[Spec, FocP]位置,从而形成易位句的语序。

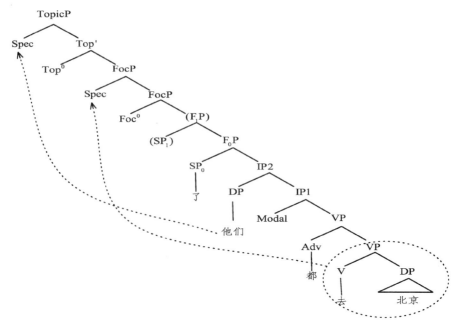

图 8.4 "他们去过北京了都"移位示意图

在图 8.4 中,为了核查并消除焦点短语(FocP)中心语 Foc^0 携带的焦点特征,动词短语"去北京"必须移位至[Spec, FocP]。与此同时,主语"他们"受话题中心语特征所吸引移位至[Spec, TopicP],最终形成"他们去过北京了都"这样的语序。

尽管移位分析能较为圆满地解释易位结构的语序,但仍然存在自相矛盾的地方。正如上文提到的那样,句子剩余部分不可以具有强调作用,但不管是我们的程度加强词分析,还是学界的焦点敏感算子分析,"都"都具有强调的功能。此外,以图 8.4 为例,"都"所标记的焦点也可以是主语"他们",那必然会形成"他们了都去过北京"这样不合语法的句子。此外,作为焦点标记的"都"为何没有移位?其滞留的动因又是什么?最后,移位分析也得不到自然语料的支持,通过语料检索,我们发现多例所谓的"双都句",如下面一组例子(选自北京语言大学汉语语料库):

(2) a. 驻足盯了会儿半空,眼睛都酸了都。
　　b. 小寒把人吓得够呛,把薄棉裤都穿上了都。
　　c. 酒吧其实好无聊的。都玩腻了都。

如果"都"易位结构都是移位而来的,那么,上面三例到底是如何得来的?

这都是移位分析无法解决的瓶颈。下一节我们将介绍易位句研究的非移位分析路径——原位分析。

8.1.2 "都"易位的原位分析

除了"移位说"之外,有些学者认为易位结构并不是非常规结构,例如赵元任(1968)的"追补"分析及陆镜光(2004)与邓思颖(2018)的"延伸句"分析等。其中,新近的非移位句法分析代表研究为 Tang(2015)的分析,下文将简要介绍"都"易位的原位分析的操作过程。

Tang(2015)认为句末语气词并不是中心语,而是某个功能范畴的补足语。在汉语中,表示焦点、程度与感情的语气词各自都是语气词的一个小类,可以分别记作 F1、F2 和 F3,这些语气词在语法系统中具有独立的地位,在句法上具有独立的投射,可以分别投射为 FP1、FP2 与 FP3。如图 8.5 所示(转自邓思颖 2010 例 101):

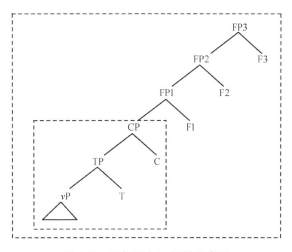

图 8.5　语气词句法投射示意图

在图 8.5 中,包含轻动词短语 vP、时间词短语 TP 及标句词短语 CP 的内方框部分称为"小句",这一部分加上语气词之后就构成了外方框所示的"句子"。在此基础之上,Tang(2015)把汉语语气词分为谓词性语气词和非谓词性语气词,并提出了语气词分析的概化句法模式(generalized syntactic schema),其示意图如图 8.6 所示:

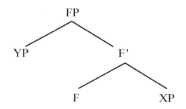

图 8.6 语气词概化句法模式示意图

在图 8.6 中,F 是连接 XP 与 YP 的连词,其中,XP 是语气词的句法位置,而 YP 则是语气词之前的主句的位置。以复合谓词性语气词为例,如例(3)(转自 Tang 2015 例 17):

(3) 你去好了。

在例(3)中,复合语气词"好了"可以解构为"好"与"了"两个语素,F1 首先与"好"合并,然后再与主句"你去"合并,形成如图 8.7 所示的结构(转自 Tang 2015 例 31):

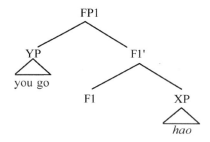

图 8.7 "你去好"的树形图

完成"好"的派生后,另一功能范畴 F2 会首先与"了"合并,随后再与 FP1 合并,生成整个句子,即 FP1 内嵌于 FP2,如图 8.8 所示(转自 Tang 2015 例 32):

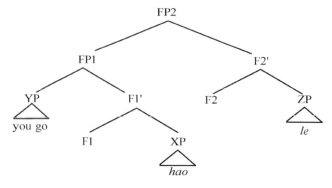

图 8.8 "你去好了"的树形图

Tang(2015)认为"概化句法模式"可以推广至包含易位句在内的所有含有语气词的句子,如下面两例(转自 Tang 2015 例 65):

(4) a. 佢都幾好喝,佢都
keoi_dou_gei_hou_wo, _keoi_dou
"他也很好哦,他也"
b. [Subject Adverb VP] F [Subject Adverb VP]

在例(4a)中,"佢都"出现在语气词"喝"之后,那么它可以被分析为 F 的内连接成分 XP,而语气词之前的主句则是外连接成分 YP,重复的谓词可以删略,如例(4b)所示。

在 Tang(2015)的分析中,句末语气词不再是中心语,也不存在任何的移位操作。如果将这一分析应用至"都"易位结构,"概化句法模式"可以阐释前文所提及的"双都句",它的内在结构大体与例(4b)相似,以例(2a)为例,其树形图如图 8.9 所示:

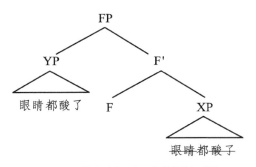

图 8.9 "眼睛都酸了都"的树形图

Tang(2015)的非移位分析实际上运用了双子句系统,这一假设貌似很合理,但并不符合语言的经济原则,即为何图 8.9 中要生成两个相同的子句?为什么同为重复部分的"都"没有被删略?其具体删略的规则又是什么?此外,原位分析无法解释像例(1)那样的"都"易位结构,我们很难说"他们去过北京了都"是由两个子句合并而来。如果"都"是一个句子删略的结果,那么,补全省略信息的句子就是"他们都去过北京了",这与前一子句"他们去过北京了"语义上并不一致。由此可见,"都"易位结构只能是一个句子。[1] 下一小节我们按照语言理解的线性顺序对"都"易位结构进行解析。

---

[1] Cheung(2009)在分析粤语易位句时曾从"只"测试、"到底"测试、"从来"测试及 C 原则测试四个方面验证 α 和 β 之间存在句法依存关系,从而证明了易位结构只是一个句子。

8.2 "都"易位结构的动态解析

正如本书绪论所言,动态句法学是按照线性序列逐步构建命题意义的动态过程,"都"易位结构也不例外。在从左至右递增式的解析过程中,后置"都"的解析是整个过程的最后一步,此时,作为非固定节点解析的事件节点最终与句子主干中的事件节点合并,完成整个易位结构的解析。易位结构中"都"的功能在本质上与非易位结构一致,主要是对整个命题或事件的强化。下文将从"单都"与"双都"的角度来对"都"易位结构进行解析。

8.2.1 "单都"易位结构的动态解析

所谓的"单都句"是相对于上一小节例(2)所示的"双都句"而言的,也就是我们通常所言的"都"易位结构。按照第 4 章所做的分析,"都"的易位频率大致呈"都$_3$ > 都$_1$ > 都$_2$"之势,而按照我们的分析,汉语中只存在一个表程度加强的"都",其强化域可为显性或隐性。遵循显性强化与隐性强化这一分类,其具体例子如下(选自北京大学中国语言学研究中心语料库):

(5) a. 脸沉沉地说:"高大哥!你加林在外面做瞎事,你为什么不管都?咱这村风门风都要败在你这小子手里了!"
  b. 石阿訇,石琨斌,主事儿的。他岁数大,老头儿了都。

首先,以例(5a)为例来看一下"都"显性强化的易位解析。该例节选自路遥的小说《人生》。易位结构"你为什么不管都"是一个省略句,省略了宾语"加林",而其主语则是加林的父亲"高玉德"。遵循语言解析从左至右的线性顺序,句子主干先成为解析的重心,而后置的"都"也会触发一个非固定的事件节点,这一节点会在解析的后期与主句的事件节点合并,并完成整个句子的解析。动词"管"的词项行为指令可表述为例(6):

(6) "你为什么不管都"中"管"的词项行为指令
  IF $Tn(\alpha), ?Ty(t)$
  THEN IF $\langle\downarrow_0\rangle\langle\downarrow_1^*\rangle Ty(e)$
    THEN go$\langle\downarrow_0\rangle\langle\downarrow_1^*\rangle$; put(?$\langle\uparrow_0\rangle\langle\uparrow_1^*\rangle Tn(\alpha), ?Ty(e), ?\exists x. Tn(x)$);
    go($\langle\uparrow_0\rangle\langle\uparrow_1^*\rangle Tn(\alpha)$); make($\langle\downarrow_0\rangle\langle\downarrow_1^*\rangle$); go($\langle\downarrow_0\rangle\langle\downarrow_1^*\rangle$);
    put(?$\langle\uparrow_0\rangle\langle\uparrow_1^*\rangle Tn(\alpha), ?Ty(e_{sit}), ?\exists x. Tn(x)$);

8 "都"易位结构的动态解析

$\text{go}(\langle\uparrow_0\rangle\langle\uparrow_1^*\rangle Tn(\alpha));\ \text{make}(\langle\downarrow_0\rangle);\ \text{go}(\langle\downarrow_0\rangle);$

$\text{put}(?Ty(e_{sit}));\ \text{go}(\langle\uparrow_0\rangle);\ \text{make}(\langle\downarrow_1\rangle);\ \text{go}(\langle\downarrow_1\rangle);$

$\text{put}(?Ty(e_{sit}\to t));\ \text{make}(\langle\downarrow_1\rangle);\ \text{go}(\langle\downarrow_1\rangle);$

$\text{put}(?Ty((e\to(e_{sit}\to t)));\ \text{go}(\langle\uparrow_1\rangle);\ \text{make}(\langle\downarrow_1\rangle);\ \text{go}(\langle\downarrow_1\rangle);$

$\text{put}(Fo(WH),\ Ty((e\to(e_{sit}\to t))\to(e\to(e_{sit}\to t))));$

$\text{go}(\langle\uparrow_1\rangle);\ \text{make}(\langle\downarrow_0\rangle);\ \text{go}(\langle\downarrow_0\rangle);\ \text{put}(?Ty(e\to(e_{sit}\to t)));$

$\text{make}(\langle\downarrow_1\rangle);\ \text{go}(\langle\downarrow_1\rangle);$

$\text{put}(Fo(Bu'),\ Ty((e\to(e_{sit}\to t))\to(e\to(e_{sit}\to t))));$

$\text{go}(\langle\uparrow_1\rangle);\ \text{make}(\langle\downarrow_0\rangle);\ \text{go}(\langle\downarrow_0\rangle);\ \text{put}(?Ty(e\to(e_{sit}\to t)));$

$\text{make}(\langle\downarrow_1\rangle);\ \text{go}(\langle\downarrow_1\rangle);\ \text{put}(Fo(Guan'), Ty(e\to(e\to(e_{sit}\to t))));$

$\text{go}(\langle\uparrow_1\rangle);\ \text{make}(\langle\downarrow_0\rangle);\ \text{go}(\langle\downarrow_0\rangle);\ \text{put}(?Ty(e));$

$\text{go}(\langle\uparrow_0\rangle\langle\uparrow_0\rangle\langle\uparrow_1\rangle);\ \text{make}(\langle\downarrow_0\rangle);\ \text{go}(\langle\downarrow_0\rangle);\ \text{put}(?Ty(e))$

   ELSE   abort

ELSE   abort

在动词"管"词项行为指令的驱动下,初步完成整个句子的架构。此时,内外论元节点的解析先后完成,即非固定节点的$?Ty(e)$合并进入外论元节点,而内论元节点则被语境中"加林"所替代。其树结构扩展如图 8.10 所示:

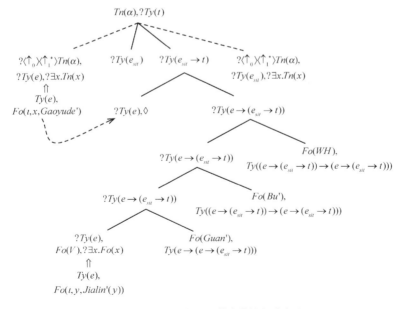

图 8.10 "你为什么不管都"的初步解析

通过函项运用，$Ty(e_{sit}\to t)$ 节点进一步收敛，此时，表征待建节点的指针会移动至非固定的事件节点 $[?\langle\uparrow_0\rangle\langle\uparrow_1^*\rangle Tn(\alpha),?Ty(e_{sit}),?\exists x.Fo(x)]$ 上，解析的重点也随之转移到"都"所触发事件节点的构建。相应的词项行为指令及相应的树扩展如例(7)和图 8.11 所示：

(7) "你为什么不管都"中"都"的词项行为指令

  IF $?\langle\uparrow_0\rangle\langle\uparrow_1^*\rangle Tn(\alpha),?Ty(e_{sit}),?\exists x.Fo(x)$

  THEN $make(\langle\downarrow_1\rangle); go(\langle\downarrow_1\rangle); put(Ty(cn_{sit}\to e_{sit}), Fo(\lambda P.\tau, P)); go(\langle\uparrow_1\rangle);$

     $make(\langle\downarrow_0\rangle); go(\langle\downarrow_0\rangle); put(?Ty(cn_s)); make(\langle\downarrow_1\rangle); go(\langle\downarrow_1\rangle);$

     $put(?Ty(t\to cn_{sit})), freshput(s, Fo(\lambda R.s, R)); go(\langle\uparrow_1\rangle);$

     $make(\langle\downarrow_0\rangle); go(\langle\downarrow_0\rangle); put(?Ty(t)); make(\langle\downarrow_0\rangle); go(\langle\downarrow_0\rangle);$

     $put(Ty(e_{sit}), Fo(s)); go(\langle\uparrow_0\rangle); make(\langle\downarrow_1\rangle); go(\langle\downarrow_1\rangle);$

     $put(Fo(WH), Ty((e\to(e_{sit}\to t))\to(e\to(e_{sit}\to t)))); go(\langle\uparrow_1\rangle);$

     $make(\langle\downarrow_0\rangle); go(\langle\downarrow_0\rangle); put(?Ty(e\to(e_{sit}\to t))); make(\langle\downarrow_1\rangle);$

     $go(\langle\downarrow_1\rangle); put(Fo(Bu'), Ty((e\to(e_{sit}\to t))\to(e\to(e_{sit}\to t))));$

     $go(\langle\uparrow_1\rangle); make(\langle\downarrow_0\rangle); go(\langle\downarrow_0\rangle); put(?Ty(e\to(e_{sit}\to t)));$

     $make(\langle\downarrow_1\rangle); go(\langle\downarrow_1\rangle); put(Fo(W), Ty(e\to(e\to(e_{sit}\to t))), ?\exists x.Fo(x));$

     $go(\langle\uparrow_1\rangle); make(\langle\downarrow_0\rangle); go(\langle\downarrow_0\rangle); put(Fo(\iota, y, Jialin'(y), Ty(e)));$

     $go(\langle\uparrow_0\rangle\langle\uparrow_0\rangle\langle\uparrow_1\rangle); make(\langle\downarrow_0\rangle);$

     $go(\langle\downarrow_0\rangle); put(Fo(\iota, x, Gaoyude'(x), Ty(e)))$

  ELSE abort

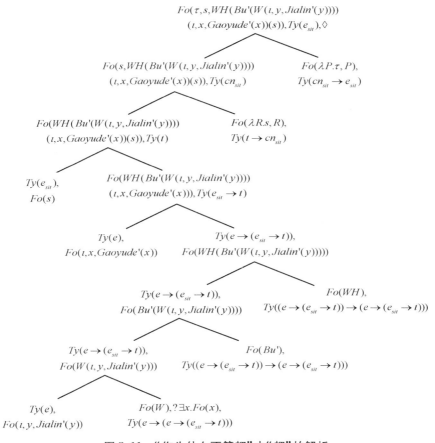

图 8.11 "你为什么不管都"中"都"的解析

在完成非固定事件节点的解析后,该节点必须与主句事件节点合并以保障句子的继续解析,其合并解析如图 8.12 所示:

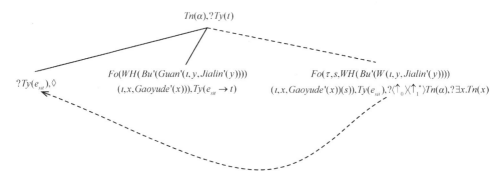

图 8.12 "你为什么不管都"中事件节点的合并解析

完成两个事件节点的合并解析后,相应的域说明会添加至事件节点的语义式中,并完成事件节点与主句事件之间的真值依存评估,即 $E_x = E_c$。通过函项运用,易位结构"你为什么不管都"完成最终的解析,其域说明 $S_i < E_x (E_x = E_c)$ 也被添加至根节点,其最终解析式如图 8.13 所示:

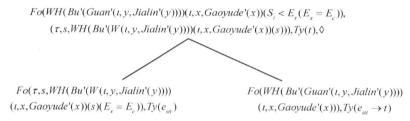

图 8.13 "你为什么不管都"的解析

需要指出的是,易位结构中"都"所强化的只能是谓词所标示的事件。也就是说,在例(4a)这样的句子中,"都"所触发的事件变量只能是动作变量。而根据第 6 章的分析,在具体语境下"都"不仅可以触发内外论元事件变量,甚至还可以触发附加语事件变量,换言之,在"都"易位结构中,语境效果被进一步削弱,那么,能够触发隐性强化域的句子的语境效果是否也会受到影响?接下来我们就聚焦"都"隐性强化结构的易位。

在第 7 章的分析中,我们提到"都"的隐性强化会触发事件选项集,且所强化事件总是处于选项集中较高或较低的位置。那么,其易位结构是否还具有同样的语用功能?先看下面两例(选自北京语言大学汉语语料库):

(8) a. 让我想起乙一了。看完不敢上厕所了都。
    b. 干什么呢你们?这么晚了都。这么大的声音会给邻居带来困扰的哟。

从上面两例可以看出,"都"易位后,其主要功能转而强化谓词所标示的事件,并不会触发所谓的事件选项集。如例(8a)并不会触发关于做事情的选项集,而例(8b)中"这么晚了都"本身也具备了完句条件。由此可见,"都"隐性强化的易位与显性强化易位具有相同的运作机制。下面就以例(5b)为例,简要呈现"都"隐性强化易位结构的解析过程。

从结构上看,例(5b)是一个省略了主语的名词谓语句,其完整的结构应该

是"他变成了老头儿了都"。[1] 我们首先来看句子主干的解析,其树结构扩展如图8.14所示(相应的词项行为指令略去):

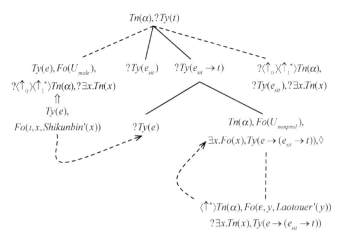

图8.14 "老头儿了都"中的后加接解析

在图8.14中,名词谓语句在谓项节点投射出一个非谓词元变量 $U_{nonpred}$,通过运用后*加接规则,该节点与名词谓语节点合并(如图8.14下部虚线箭头所示),满足了非谓词元变量的语义需求,也为非固定的名词谓语节点在树结构中找到了固定节点。在此之后,解析继续进行,非固定的名词谓语节点进入树结构,主语位置的元变量也被语境中相应的个体所替代。整个句子的初步解析如图8.15所示:

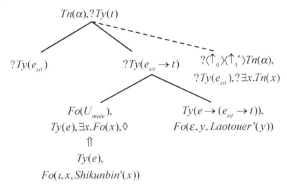

图8.15 "老头儿了都"的初步解析

---

[1] 当非谓词性成分充当谓语时,动词(一般为系词)没有必要出现。但值得注意是,"都"的使用会限制缺省动词的类型,例如我们一般不讲"他都是老头儿了",而是"他都变成老头儿了",由此可见,"都"所强化的是"完成类"的事件。

完成句子主干的基本解析后,语句解析的重点也会随之转移到"都"的解析上,其树结构扩展如图8.16所示("都"的词项行为指令略去):

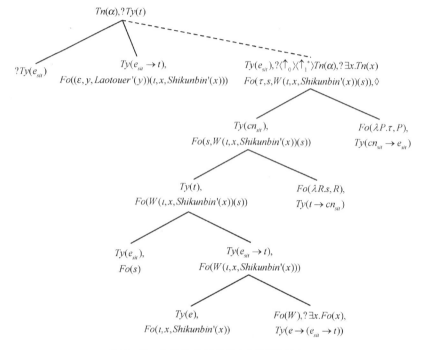

图8.16 "老头儿了都"中"都"的解析

完成非固定节点的解析后,该节点会与树结构中的固定节点 $Ty(e_{sit})$,并进入树结构。其合并解析如图8.17所示:

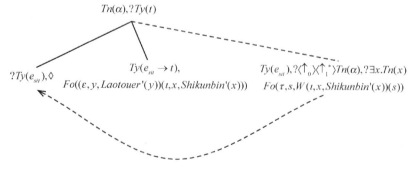

图8.17 "老头儿了都"中的合并解析

在完成如图8.17所示的合并解析后,相应的域说明 $E_x = E_c$ 会被添加至事件节点的语义式中,这也表明"都"所强化的是"他变成老头儿了"这一事件。通过函项运用,"老头儿了都"完成最终的解析,其最终解析式如图8.18所示:

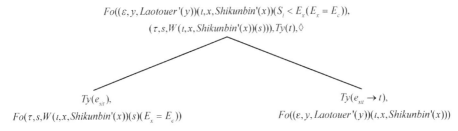

图8.18 "老头儿了都"的解析

从例(5b)的解析可以看出,易位结构中的"都"所强化的依然是事件结构,哪怕是对非谓语成分的强化也隐含着对完成类事件的强化。[1] 这进一步验证了本书的假设,即"都"的事件关联性。

本节对典型"都"易位结构进行了解析。通过解析发现,不管是显性强化还是隐性强化,"都"易位后,其主要功能都是强化谓词所标示的事件,通常也就是动态类或状态改变类的事件。下一小节我们将主要分析非典型"都"易位结构,也就是含有"双都"的易位结构。

8.2.2 "双都"易位结构的动态解析

所谓的"双都"易位结构,指的是有些时候正常语序的"都"字句在其句尾还会使用"都"的情况。[2] 这也是8.1.1小节所提及的移位分析面临的最大挑战,即如果"都"易位是经过移位而来的,那么,我们应该如何应对该结构中的两个"都"呢?

在本书的理论框架下,我们秉承从左至右递增式线性解析的顺序,"双都"易位结构的难题也就随之迎刃而解了。下面我们将从语言解析的线性角度重新审视"双都"易位结构的生成机制,如下例[复述自例(2c)]:

(9) 酒吧其实好无聊的。都玩腻了都。

---

[1] Vendler(1957)根据事件特征对动词进行了分类,描写事件静态情状的是状态(states)动词,对应事件动态情状的是活动(activities)动词,而反映事件状态改变的为完成(accomplishments)动词和成就(achievements)动词。易位结构中的"都"所强化的事件类型可以归为动态情状与状态改变这两种类型,很少涉及静态情状的事件。

[2] 关于"双都"易位结构的语料分布,我们在北京语言大学汉语语料库共搜索到6例,而在北京大学中国语言学研究中心语料库仅检索到2例,其来源主要是微博或相声这样的口语体文本。其实,这一类结构在我们日常交际中非常普遍,从我们开展的语感测试来看,几乎所有"都"字句的句尾都可以再添加一个"都",此时句尾的"都"只可能具有程度加强的功能,这进一步验证了本书的假设,如果汉语中只有一个"都"的话,那么,它只能表程度加强功能。

在上例中，两个"都"共享同一个事件结构，也就是说，它们都强化了"酒吧我们玩腻了"这样的一个事件。其大致的解析过程如下：首先，在动词"玩腻"的词项行为指令驱动下完成句子的基本架构。动词"玩腻"的词项行为可表述如下（时体信息略去）：

(10) "都玩腻了都"中"玩腻"的词项行为指令

  IF $Tn(\alpha), ?Ty(t)$

  THEN IF $\langle\downarrow_0\rangle\langle\downarrow_1^*\rangle Ty(e)$

    THEN $go(\langle\downarrow_0\rangle\langle\downarrow_1^*\rangle); put(?\langle\uparrow_0\rangle\langle\uparrow_1^*\rangle Tn(\alpha), Ty(e), Fo(\varepsilon, y, Jiuba'(y)),$

     $?\exists y. Tn(y)); go(\langle\uparrow_0\rangle\langle\uparrow_1^*\rangle Tn(\alpha)); make(\langle\downarrow_0\rangle\langle\downarrow_1^*\rangle); go(\langle\downarrow_0\rangle\langle\downarrow_1^*\rangle);$

     $put(?\langle\uparrow_0\rangle\langle\uparrow_1^*\rangle Tn(\alpha), Ty(e), Fo(\iota, x, Shuohuaren'(x)), ?\exists x. Tn(x));$

     $go(\langle\uparrow_0\rangle\langle\uparrow_1^*\rangle Tn(\alpha)); make(\langle\downarrow_0\rangle\langle\downarrow_1^*\rangle); go(\langle\downarrow_0\rangle\langle\downarrow_1^*\rangle);$

     $put(?\langle\uparrow_0\rangle\langle\uparrow_1^*\rangle Tn(\alpha), ?Ty(e_{sit}), ?\exists x. Tn(x));$

     $go(\langle\uparrow_0\rangle\langle\uparrow_1^*\rangle Tn(\alpha)); make(\langle\downarrow_0\rangle); go(\langle\downarrow_0\rangle);$

     $put(?Ty(e_{sit})); go(\langle\uparrow_0\rangle); make(\langle\downarrow_1\rangle); go(\langle\downarrow_1\rangle);$

     $put(?Ty(e_{sit}\to t)); make(\langle\downarrow_1\rangle); go(\langle\downarrow_1\rangle);$

     $put(?Ty(e\to(e_{sit}\to t))); make(\langle\downarrow_1\rangle); go(\langle\downarrow_1\rangle);$

     $put(Fo(Wanni'), Ty(e\to(e\to(e_{sit}\to t))));$

     $go(\langle\uparrow_1\rangle); make(\langle\downarrow_0\rangle); go(\langle\downarrow_0\rangle); put(?Ty(e));$

     $go(\langle\uparrow_0\rangle\langle\uparrow_1\rangle); make(\langle\downarrow_0\rangle); go(\langle\downarrow_0\rangle); put(?Ty(e))$

  ELSE abort

 ELSE abort

在上述的词项行为中，通过运用 * 加接规则在命题节点 $Ty(t)$ 之下引入三个非固定节点，分别是内外论元节点及句尾"都"所触发的事件节点。[1]前两个非固定节点通过合并进入树结构，而事件节点则在解析的后期并入主树的事件节点。其树结构的初步扩展如图 8.19 所示：

---

[1] 此处"都"所触发的事件节点为待扩展节点，其完整的语义类型应为 $[?\langle\uparrow_0\rangle\langle\uparrow_1^*\rangle Tn(\alpha), ?Ty(e_{sit}), ?\exists x. Tn(x), ?\exists x. Fo(x)]$，但为了解析的方便及与前文一致，该节点上的语义需求 $?\exists. Fo(x)$ 被略去。

8 "都"易位结构的动态解析

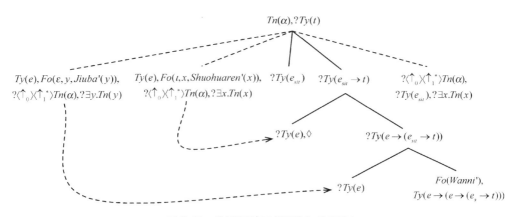

图 8.19 "都玩腻了都"的初步解析

在完成图 8.19 所示的解析后,句子的主干架构基本完成,解析的指针先后移至主树的事件节点及非固定的事件节点。正如前文提到的那样,两个事件节点具有相似的内部结构,第一个"都"的词项行为指令与树扩展分别如例(11)与图 8.20 所示:

(11) "都玩腻了都"中第一个"都"的词项行为指令

IF $?Ty(e_{sit})$

THEN   make($\langle\downarrow_1\rangle$); go($\langle\downarrow_1\rangle$); put($Ty(cn_{sit}\to e_{sit})$, $Fo(\lambda P.\ \tau, P)$); go($\langle\uparrow_1\rangle$);

      make($\langle\downarrow_0\rangle$); go($\langle\downarrow_0\rangle$); put($?Ty(cn_s)$); make($\langle\downarrow_1\rangle$); go($\langle\downarrow_1\rangle$);

      put ($?Ty(t\to cn_{sit})$), freshput($s, Fo(\lambda R.\ s, R)$); go($\langle\uparrow_1\rangle$);

      make($\langle\downarrow_0\rangle$); go($\langle\downarrow_0\rangle$); put($?Ty(t)$); make($\langle\downarrow_0\rangle$); go($\langle\downarrow_0\rangle$);

      put($?Ty(e_{sit})$, $?\exists x.Fo(x)$); go($\langle\uparrow_0\rangle$);

      make($\langle\downarrow_1\rangle$); go($\langle\downarrow_1\rangle$); put($?Ty(e\to(e_{sit}\to t))$);

      make($\langle\downarrow_1\rangle$); go($\langle\downarrow_1\rangle$); put($Fo(Wanni')$, $Ty(e\to(e\to(e_{sit}\to t)))$);

      go($\langle\uparrow_1\rangle$); make($\langle\downarrow_0\rangle$); go($\langle\downarrow_0\rangle$);

      put($Fo(V)$, $Ty(e)$, $?\exists x.Fo(x)$); go($\langle\uparrow_0\rangle\langle\uparrow_1\rangle$);

      make($\langle\downarrow_0\rangle$); go($\langle\downarrow_0\rangle$); put($Ty(e)$, $Fo(\iota, x, Shuohuaren'(x))$)

ELSE   abort

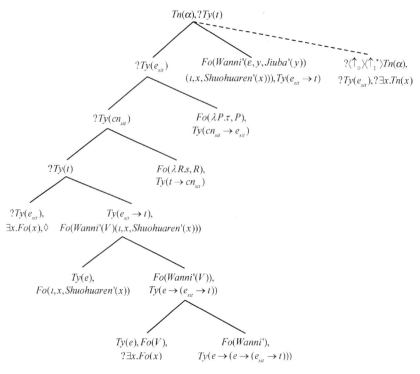

图 8.20 "都玩腻了都"中第一个"都"的解析

从图 8.20 可以看出,第一个"都"的使用使得树结构中的事件节点进一步扩展,表程度加强的项被引入以限制事件变量。除此之外,在其扩展后的事件节点还包含了另一有待扩展的事件节点,表征为 $[?Ty(e_{sit}), ?\exists x. Fo(x)]$,这一节点最终会成为非固定事件节点的落脚点。此时,标示待建节点的指针停留在该事件节点,这也就表示在句子解析的后期,这一节点会被非固定事件节点的语义表达式所填充。在完成事件节点的扩展后,按照句子解析的线性顺序,第二个"都"的解析也随之展开,其内部结构如图 8.21 所示(相关词项行为指令略去):

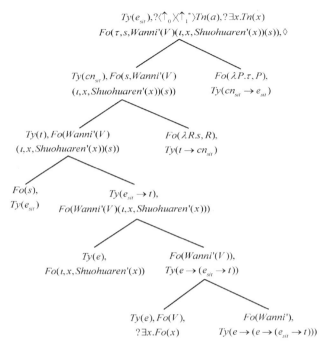

图 8.21 "都玩腻了都"中第二个"都"的解析

完成非固定事件节点的解析后,这一节点会与图 8.20 中指针所标示的节点合并,其合并解析如图 8.22 所示:

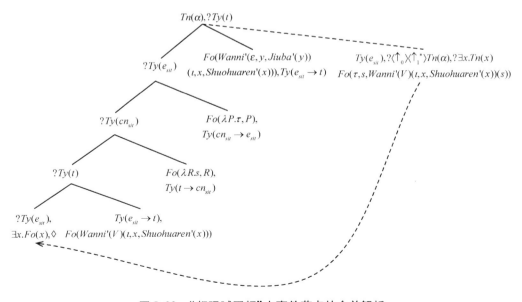

图 8.22 "都玩腻了都"中事件节点的合并解析

在完成如图 8.22 所示的合并后,纳入评估的事件结构就又增加了一个,也就是说,除了第一个"都"所触发的事件 E_x 外,句尾的"都"又引入一个新事件,可以记作 E_d。这两个事件会与主句事件 E_c 形成相互蕴含的真值依存关系,即 $E_x = E_c = E_d$,这一真值依存关系会被写入事件节点,并最终被添加至根节点的语义式中。其最终解析式如图 8.23 所示:

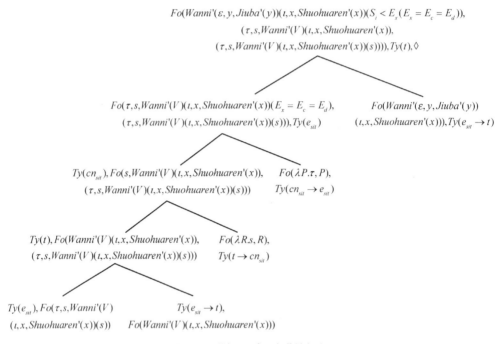

图 8.23 "都玩腻了都"的解析

与我们本章开始时的预测一致,"双都"易位结构中的两个"都"主要起强化作用,即对共享事件结构的双重强化,从而强化了句子所传递的语力,并实现了对句子的强化解读。其实,本书所论及的典型"都"字句几乎都可以转换成"双都句"。如以下各例[分别复述自第 4 章例(26)、例(32)和例(38)]:

(12) a. 所有美国女人都骂他都,不投他票,几乎使他落选。
　　　b. 那时的官兵不但不能打仗,连乡下的土匪都不能对付都。
　　　c. 都娃他妈了都,还这么花痴,我也控制不住呀!

上述例句的合法性再次验证了本书初步分析时的假设:如果我们寻求一个"都"的解释,那么它只可能具有统一的程度加强功能。

本节分析了"双都"易位结构的生成机制,并运用事件节点的合并解析实现了该结构的双重强化解读。需要注意的是,与"单都"易位结构一样,"双都"易位结构的语境影响也会显著下降,隐性强化所带来的事件选项集会消失,双重强化的对象仅限于主句所蕴含的事件结构。

8.3 本章小结

本章主要聚焦于"都"易位结构的生成与解析,并将其分为"单都"易位结构与"双都"易位结构,随后运用第5章提出的"都"的动态解析模型对"都"易位结构进行了统一解析。

本章首先回顾了"都"易位结构的研究现状,并分析了学界已有"移位说"与"原位说"的优缺点。"移位说"可以合理阐释易位结构的语序,但仍然存在自相矛盾的地方,后置的"都"仍然具有强调作用,而且这一分析无法应对自然语料中的"双都"易位结构。"原位说"似乎更符合语言的经济原则,其双子句假设也可以合理预测"双都"易位结构的生成,但这一分析无法突显"都"的功能,也无法合理解释"单都"易位结构的派生途径。

随后,在"都"强化已有解析的基础上,我们认为,"都"易位结构遵循从左至右递增式解析的线性顺序,"都"强化的依然是事件结构。在"单都"易位结构中,"都"触发非固定事件节点,并在解析的后期与主树中的事件节点合并实现强化解读;而在"双都"易位结构中,后置的"都"具有类似的强化功能,只是其合并的位置是在主树事件节点下的另一事件节点,并最终实现了双重强化解读。

此外,通过对"都"易位结构的解析发现,不管是显性强化还是隐性强化,"都"易位后,其主要功能都是强化谓词所标示的事件。这也可以合理预测"都"易位的可行性,即哪些"都"字句可以易位。当"都"所强化的事件变量是谓词内部成分时,也就是说,当"都"强化内论元变量、动词变量或与动词关联的附加语变量时,易位是可行的,而其他情况下,易位的可接受度会大大降低。总而言之,易位结构中"都"所关联的还是事件结构,其主要功能依然是强化或追加强化,"都"易位结构本质上与"追补"结构最为相似,类似结构的动态解析可参见 Chatzikyriakidis(2017)对希腊语的分析。

9 结　语

9.1 本研究的要点

一直以来,"都"的研究都是学界的热点。但已有的研究大多比附印欧语的研究成果,把"都"处理为算子类的量化成分,并带来所谓的全称、分配、加合或最大化等解读,忽略了"都"的功能与意义之间的联系。本书尝试在动态句法学框架下给出"都"的统一解释,并认为"都"表可高可低"程度"这个较为模糊的语义是由其表"汇聚"这个较具体的初始义逐步虚化而来的,它本质上是一个表程度加强的范围副词。此外,"都"的使用还同时能够触发某个关涉域,其作用范围可为显性,即可由所在的形态句法结构得以确定,也可为隐性,即存在于语用层面,常需要听者基于世界知识进行语用推理,即"都"的统一解释依赖于对句法、语义与语用三者之间互动关系的把握。本研究的主要内容包括以下几个方面。

首先,本书回顾了"都"的意义与功能研究的现状。"都"的意义研究重点梳理了"都"意义的"三分说""两分说""一元论",即根据"都"能够出现的句法环境来确定其意义。而"都"的功能研究则分别从句法与语义角度回顾了"都"的相关研究,特别是学界主流把"都"分析为全称量化算子、分配算子、加合算子、最大化算子及级差算子的分析。借助北京大学中国语言学研究中心语料库、北京语言大学汉语语料库、中国传媒大学有声媒体文本语料库及新浪微博中所抽取的自然语料,本书从共时与历时的角度分析了"都"的使用及其演化的种种语言事实,并重新界定了"都"的功能,即"都"的主要功能并不是为了量化、分配或最大化,它本质上是一个程度加强词。换言之,"都"与量幅有一定关系,由表"汇聚"等较为具体的初始义,虚化为表可高可低的"程度"这个较为模糊的引申义。"都"的使用涉及句法、语义和语用三个层面的互动,只有将这三个层面有机地结合在一起才能合理阐释所有的"都"字句。

其次,由于汉语中"都"的使用和理解明显涉及句法、语义与语用之间的互动,而动态句法理论可以在形式上刻画句子结构的同时,把语义与语境因素纳入语法解析模型中,这与"都"的研究完美契合,也使得"都"的动态解析成为可能。具体来说,程度加强词"都"的出现能够触发一个由事件构成的域,即在"都"字句投射的命题结构中可以引入一个事件节点。此外,我们将动态句法学中原有的基于变量之间的域评估关系进一步推广至基于真值条件的依存关系,即"都"所触发的事件可以通过这一评估条件与主句的事件产生真值依存关系。换言之,我们通过相应事件节点的引入构建起"都"的解析模型,并通过事件间的真值依存关系及 τ 项所起的限制作用实现句子的强化解读,统一解释所有的"都"字句。

最后,依托于"都"的动态解析模型,本书分别从显性强化与隐性强化的角度分析了"都"字句。在"都"的显性强化解析中,其所触发的事件节点为单一的事件结构,并不产生选项集,该隐性事件与主句事件在真值上是相互蕴含的关系,即 $E_x = E_c$。此外,根节点语义式中的 τ 项通过限定这一真值依存保障句子的强化解读。而"都"的隐性强化则会产生选项集,并与主句事件产生真值依存条件,即 $E_x < E_c$,这也是为什么有时候我们必须通过否定主句来保障这一真值依存关系。与显性强化一样,隐性强化语句的强化效果同样也源自项的限定。此外,"都"的动态解析模型还可以合理阐释"都"易位的线性生成机制,而"都"的易位解析反过来也可以验证本书的论点,即"都"具有程度加强的功能。

总的来说,"都"的程度加强功能决定了强化域的存在,其显域和隐域的动态解析与刻画则依赖于结构、语义和语用之间的互动关系。

9.2 本研究的创新与不足

本书立足于汉语的语言事实,在动态句法学框架下尝试着给出"都"的统一解释,并提出了"都"的动态句法解析模型,在"都"的个案研究及动态句法学理论的运用与推进方面取得了一定成绩,也存在一些有待深入或完善之处。现分述如下。

本研究的创新之处有以下几点。

第一,通过分析和处理来自语料库的自然语料,本书结合种种语言事实重新考察了"都"的意义与功能。描写语法中所谓的"都$_1$"(总括)、"都$_2$"(甚至)和"都$_3$"(已经)只是根据"都"使用的句法环境得出的解读,如果脱离语境,"都"似乎没有具体明确的意义。如果寻求一个"都"的统一解释,它本质上是一个范围副词,其语义表达功能为程度加强,亦可以称为程度加强副词,此即描写语法里提及的"都$_1$""都$_2$""都$_3$"共享的义素,DEGREE = DOU$_1$ ∩ DOU$_2$ ∩ DOU$_3$。这一分析可以合理规避前人研究(算子分析)中所面临的双射原则的制约,同时还可以将更多的语言事实(如"都"的易位)纳入"都"的程度加强分析中去。

第二,从历时与共时的角度重新审视"都"的语义。从"都"语义的历时演变来看,现代汉语里的"都"是由其"汇聚"这个比较具体的初始义,发展为表量幅的范围副词,而当量幅汇聚到一定的范围时,它逐步虚化为表可高可低的"程度"这个较为模糊的引申义。在共时环境下,"都"能与所谓的近义词共现且能够互换位置的事实体现了其表程度加强的模糊义(如:他们甚至都/都甚至没去过北京;孩子都已经/已经都睡着了)。此外,"都"可易位的语言事实也表明,它不大可能是一个算子类的量化词,其本质上只是一个具有程度加强功能的范围副词,并展现出所谓的事件关联性,即"都"所强化的是事件结构。

第三,在动态句法学框架下,本书尝试提出了统一刻画所有"都"字句的理论模型,拓展了动态句法学理论在汉语研究中的应用。依托动态句法学理论原有的域评估条件,本书运用真值依存关系作为域评估条件,并从显性强化与隐性强化入手,通过引入 τ 项与不同的事件变量统一解释了所有的"都"字句。具体来说,"都"的显性强化所触发的事件节点为单一的事件结构,其真值与主句事件的真值相互蕴含,记作 $E_c = E_x$,并通过根节点语义式中的 τ 项来限定这一真值依存条件,实现句子的强化解读。而"都"的隐性强化则会产生选项集,这一选项集与主句事件产生真值依存条件可以记作 $E_x < E_c$,我们可以通过否定主句及 τ 项的限定来保障句子的强化解读。

第四,通过对"都"易位结构的解析,本书重新界定了易位结构,即它在本质上更接近于"追补"结构,位于句尾的"都"所具有的依然是强化或追加强化的功能。几乎所有"都"字句的句尾还可以再使用"都"的事实再次表明:"都"的主要功能就是表示程度加强。

除了上面提到的一些创新之外,本研究还存在一些有待深入的地方。由于自然语料的复杂性,同时也为了解析的便利性,本书所挑选的语料大多不包含复杂的附加成分,即本书所解析句子的复杂度还不够。另外,由于本书研究的广度和深度所限,书中并没有涉及复句及一些特定结构(如"把"字句、比较结构等)中的"都",这些将成为未来研究的重点。

参 考 文 献

英文部分:

Athanasiadou, A. 2007. On the subjectivity of intensifiers[J]. *Language Sciences*, 29(4): 554-565.

Blackburn, P. and W. Meyer-Viol. 1994. Linguistics, logic, and finite trees[J]. *Logic Journal of IGPL*, 2(1): 3-29.

Barwise, J. and R. Cooper. 1981. Generalized quantifiers and natural language[J]. *Linguistic and Philosophy*, (4): 159-219.

Beghelli, F. and T. Stowell. 1997. Distributivity and negation: The syntax of each and every[A]. In A. Szabolcsi (ed.). *Ways of Scope Taking*[C]. London: Kluwer, pp. 71-107.

Bresnan, J. 2001. *Lexical-Functional Syntax*[M]. Oxford: Blackwell.

Bolinger, D. 1972. *Degree Words*[M]. The Hague: Mouton.

Cann, R. 1993. *Formal Semantics: An Introduction*[M]. Cambridge: Cambridge University Press.

Cann, R. 2011. Towards an account of the English auxiliary system[A]. In R. Kempson, E. Gregoromichelaki and C. Howes (eds.). *The Dynamics of Lexical Interfaces*[C]. Stanford: CSLI Publications, pp. 279-317.

Cann, R., Kempson, R. and L. Marten. 2005. *The Dynamics of Language*[M]. Oxford: Elsevier.

Cann, R., Kempson, R. and M. Purver. 2007. Context and well-formedness: The dynamics of ellipsis[J]. *Research on Language & Computation*, 5(3): 333-358.

Cann, R. and Y. Wu. 2011. The *Bei* construction in Chinese[A]. In R. Kempson, E. Gregoromichelaki and C. Howes (eds.). *The Dynamics of*

Lexical Interfaces[C]. Stanford: CSLI Publications, pp. 339 – 379.

Cao, H. 2013. *The Syntax and Syntax-external Interface of Quantification in Mandarin Chinese*[D]. London: University College London.

Chao, Y.-R. 1968. *A Grammar of Spoken Chinese*[M]. Berkeley and Los Angeles: University of California Press.

Chatzikyriakidis, S. 2017. Afterthoughts in Greek: Gender mismatches under a dynamic framework[J]. *Journal of Linguistics*, 53(2): 279 – 325.

Chen, L. 2008. *Dou: Distributivity and Beyond*[D]. New Brunswick, NJ: Rutgers, The State University of New Jersey.

Chen, Y. 2017. Covert quantification: A generalised quantifier theory analysis of -men[OL]. https://www.semanticsarchive.net/Archive/zc2YjNiN/GQT_men.pdf. [2018-11-07].

Cheng, L. L.-S. 1991. *On the Typology of Wh-Questions*[D]. Cambridge, MA: Massachusetts Institute of Technology.

Cheng, L. L.-S. 1995. On *dou*-quantification[J]. *Journal of East Asian Linguistics*, (3): 197 – 234.

Cheng, L. L.-S. 2009. On every type of quantificational expression in Chinese [A]. In M. Rathert and A. Giannakidou (eds.). *Quantification, Definiteness, and Nominalization*[C]. Oxford: Oxford University Press, pp. 53 – 75.

Cheng, L. L.-S. and A. Giannakidou. 2013. The non-uniformity of wh-indeterminates with free choice in Chinese[A]. In K.-H. Gil and G. Tsoulas (eds.). *Strategies of Quantification*[C]. Oxford: Oxford University Press, pp. 123 – 151.

Cheng, L. L.-S. and L. Vicente. 2013. Verb doubling in Mandarin Chinese[J]. *Journal of East Asian Linguistics*, 22(1): 1 – 37.

Cheung, Y.-L. 1997. *A Study of Right Dislocation in Cantonese*[D]. Hong Kong: Chinese University of Hong Kong.

Cheung, Y.-L. 2005. *Syntax and Semantics of Dislocation Focus Construction in Cantonese*[D]. Los Angeles, CA: University of California.

Cheung, Y.-L. 2009. Dislocation focus construction in Chinese[J]. *Journal of East Asian Linguistics*, 18(3): 197 – 232.

Cheung, Y.-L. 2015. Bi-clausal sluicing approach to dislocation copying in

Cantonese[J]. *International Journal of Chinese Linguistics*, 2(2): 227–272.

Chierchia, G. 1995. *Dynamics of Meaning: Anaphora, Presupposition, and the Theory of Grammar*[M]. Chicago & London: The University of Chicago Press.

Chierchia, G. 2013. *Logic in Grammar*[M]. Oxford: Oxford University Press.

Chiu, H.-C. 1993. *The Inflectional Structure of Mandarin Chinese*[D]. Los Angeles, CA: University of California.

Chomsky, N. 1957. *Syntactic Structures*[M]. The Hague: Mouton.

Chomsky, N. 1995. *The Minimalist Program*[M]. Cambridge, MA: MIT Press.

Christiansen, M. H. and N. Chater. 2017. Towards an integrated science of language[J]. *Nature Human Behaviour*, 1(8): 0163. DOI: 10.1038/s41562-017-0163.

Constant, N. and C.-C. Gu. 2010. Mandarin "even", "all" and the trigger of focus movement [A]. In University of Pennsylvania Working Papers in Linguistics 16. Pennsylvania: Proceedings of the 33rd Annual Penn Linguistics Colloquium, pp. 21–30.

Davidson, D. 1967. The logical form of action sentences[A]. In D. Davidson (ed.). *Essays on Actions and Events* [C]. Oxford: Oxford University Press, pp. 105–122.

Fauconnier, G. 1975. Polarity and the scale principle[R]. Paper presented at the Eleventh Regional Meeting of the Chicago Linguistic Society. Chicago.

Feng, Y.-L. 2014. *A Semantic Study of Distributive Effects in Mandarin Chinese* [D]. Hong Kong: City University of Hong Kong.

Farkas, D. 1997. Evaluation indices and scope[A]. In A. Szabolcsi (ed.). *Ways of Scope Taking*[C]. Dordrecht: Kluwer Academic Publishers, pp. 183–215.

Fodor, J. A. 1981. *Representations*[M]. Cambridge, MA: MIT Press.

Fodor, J. A. 1983. *The Modularity of Mind*[M]. Cambridge, MA: MIT Press.

Gabby, D. M. 1996. *Labelled Deductive Systems* [M]. Oxford: Oxford University Press.

Gao, C.-F. 1990. Quantifier raising at SS in Chinese and the role of *dou* in the process of it[J]. *Proceedings LCJL*, (1): 1–18.

Giannakidou, A. 2004. Domain restriction and the arguments of quantificational determiners[J]. *SALT*, (14): 110 – 128.

Giannakidou, A. and L. L.-S. Cheng. 2006. (In) Definiteness, polarity, and the role of wh-morphology in free choice[J]. *Journal of Semantics*, 23(2): 135 – 183.

Gil, D. 1995. Universal quantifiers and distributivity[A]. In B. Emmon, J. Eloise, A. Kratzer and B. H. Partee (eds.). *Quantification in Natural Languages*[C]. Dordrecht: Kluwer Academic Publishers, pp. 321 – 365.

Glass, L. 2018. *Distributivity, Lexical Semantics, and the World Knowledge*[D]. Stanford, CA: Stanford University.

Greenberg, Y. 2018. A revised, gradability-based semantics for even[J]. *Natural Language Semantics*, 26(1): 51 – 83.

Gregoromichelaki, E. 2006. *Conditionals: A Dynamic Syntax Account*[D]. London: King's College London.

Gregoromichelaki, E. 2011. Conditionals in dynamic syntax[A]. In R. Kempson, E. Gregoromichelaki and C. Howes (eds.). *The Dynamics of Lexical Interfaces*[C]. Stanford: CSLI Publications, pp. 237 – 278.

Grice, P. 1975. Logic and conversation[A]. In P. Cole and J. Morgan (eds.). *Syntax and Semantics*[C]. New York: Academic Press, pp. 41 – 58.

Groenendijk, J. and M. Stokhof. 1991. Dynamic predicate logic[J]. *Linguistics and Philosophy*, (14): 39 – 100.

Hamblin, C. L. 1973. Questions in Montague English[J]. *Foundations of Language*, 10(1): 41 – 53.

Haspelmath, M. 1995. Diachronic sources of "all" and "every"[A]. In B. Emmon, J. Eloise, A. Kratzer and B. H. Partee (eds.). *Quantification in Natural Languages*[C]. Dordrecht: Kluwer Academic Publishers, pp. 363 – 382.

He, C.-S. 2011. *Expansion and Closure: Towards a Theory of Wh-construals in Chinese*[D]. Hong Kong: The Hong Kong Polytechnic University.

Heim, I. 1990. E-type pronouns and donkey anaphora[J]. *Linguistics and Philosophy*, 13(2): 137 – 177.

Herburger, E. 2000. *What Counts: Focus and Quantification*[M]. Cambridge, MA: MIT Press.

Higginbotham, J. 1983. Logical form, binding, and nominals[J]. *Linguistic Inquiry*, 14(3): 395-420.

Higginbotham, J. 1985. On semantics[J]. *Linguistic Inquiry*, (16): 547-593.

Hole, D. 2004. *Focus and Background Marking in Mandarin Chinese: System and Theory behind cái, jiù, dōu and yě*[M]. London/ New York: RoutledgeCruzon.

Horn, L. 1972. *On the Semantic Properties of Logical Operators in English*[D]. Los Angeles, CA: University of California.

Hu, J.-H. 2007. Focus sensitivity in quantification[R]. The Symposium on Chinese Syntax and Semantics. CTL & The Halliday Center for IALS, City University of Hong Kong.

Huang, C.-T. 1982. *Logical Relations in Chinese and the Theory of Grammar*[D]. Cambridge, MA: Massachusetts Institute of Technology.

Huang, S.-Z. 1995. *Dou* as an existential quantifier[A]. In J. Camacho and L. Choueiri (eds.). *Proceedings of the 6th North American Conference on Chinese Linguistics*[C]. Los Angeles: USC GSIL, pp. 114-125.

Huang, S.-Z. 1996. *Quantification and Predication in Mandarin Chinese: A Case Study of Dou*[D]. Philadelphia, PA: University of Pennsylvania.

Jackendoff, R. 1972. *Semantic Interpretation in Generative Grammar*[M]. Cambridge, MA: MIT Press.

Jacobson, P. 2014. *Compositional Semantics*[M]. Oxford: Oxford University Press.

Kamp, H. and U. Reyle. 1993. *From Discourse to Logic*[M]. Dordrecht: Kluwer Academic Publishers.

Kaplan, R. M. and J. Bresnan. 1982. Lexical functional grammar: A formal system of grammatical representation[A]. In J. Bresnan (ed.). *The Mental Representation of Grammatical Relations*[C]. Cambridge, MA: MIT Press, pp. 173-281.

Karttunen, L. and S. Peters. 1979. Conventional implicature[A]. In *Syntax and Semantics 11: Presupposition*[C]. New York: Academic Press, pp. 1-56.

Ke, H.-Z., Epstein, S. and A. Pires. 2017. Syntactic constraints on quantifier domains: An experimental study of adult interpretation of the Mandarin Chinese quantifier *dou*[J]. *University of Pennsylvania Working Papers in*

Linguistics, 23(1): 101-110.

Kempson, R., Eshghi, A., Cann, R., Gregoromichelaki, E. and M. Purver. 2015. Ellipsis[A]. In S. Lappin and C. Fox (eds.). *The Handbook of Contemporary Semantic Theory*[C]. Oxford: Wiley-Blackwell, pp. 114-140.

Kempson, R., Meyer-Viol, W. and D. Gabby. 2001. *Dynamic Syntax: The Flow of Language Understanding*[M]. Chichester: Blackwell.

Kiaer, J. 2014. *Pragmatic Syntax*[M]. New York: Continuum Publishing Corporation.

Klein, H. 1998. *Adverbs of Degree in Dutch and Related Languages*[M]. Amsterdam: John Benjamins.

Koizumi, M. 1995. *Phrase Structure in Minimalist Syntax*[D]. Cambridge, MA: Massachusetts Institute of Technology.

König, E. 1991. *The Meaning of Focus Particles*[M]. London: Routledge.

König, E. 2017. The comparative basis of intensification[A]. In M. Napoli and M. Ravetto (eds.). *Exploring Intensification: Synchronic, Diachronic and Cross-linguistic Perspective*[C]. Amsterdam/Philadephia: John Benjamins, pp. 15-32.

Koopman, H. and D. Sportiche. 1982. Variables and the bijection principle[J]. *The Linguistic Review*, (2): 139-160.

Kratzer, A. 1991. Conditionals[A]. In A. von Stechow and D. Wunderlich (eds.). *Semantics: An International Handbook of Contemporary Research*[C]. Berlin: Mouton de Gruyter, pp. 651-656.

Lahiri, U. 1998. Focus and negative polarity in Hindi[J]. *Natural Language Semantics*, 6(1): 57-123.

Landman, F. 1989. Groups, I[J]. *Linguistics and Philosophy*, 12(5): 559-605.

Law, A. 2003. Right dislocation in Cantonese as a focus-marking device[J]. *UCL Working Papers in Linguistics*, (15): 243-275.

Lee, H.-T. 1986. *Studies on Quantification in Chinese*[D]. Los Angeles, CA: University of California.

Lee, T.-M. 2017. Defocalization in Cantonese right dislocation[J]. *Journal of the Linguistic Society of Japan*, (152): 59-87.

Levinson, S. 1983. *Pragmatics*[M]. Cambridge: Cambridge University Press.

Lewis, D. 1975. Adverbs of quantification[A]. In E. L. Keenan (ed.).

Formal Semantics of Natural Language[C]. Cambridge, MA.: Cambridge University Press, pp. 3 – 15.

Li, A. Y.-H. 2014. Quantification and scope[A]. In J. C.-T. Huang, A. Y.-H. Li and A. Simpson (eds.). *The Handbook of Chinese Linguistics* [C]. Chichester: Wiley-Blackwell, pp. 208 – 247.

Li, J. 1995. *Dou* and wh-questions in Mandarin Chinese[J]. *Journal of East Asian Linguistics*, 4(4): 313 – 323.

Li, X.-G. 1997. *Deriving Distributivity in Mandarin Chinese*[D]. Irvine, CA: University of California.

Li, W.-S. 2011. *A Dynamic Syntax Account of Argument Realization in Mandarin*[D]. Edinburgh: The University of Edinburgh.

Liao, H.-C. 2011. *Alternatives and Exhaustification: Non-interrogative Uses of Chinese WH-words*[D]. Cambridge, MA: Harvard University.

Lin, F.-W. 2000. *The Syntax, Semantics and Pragmatics of dōu and yě in Mandarin Chinese*[D]. Chicago, IL: The University of Chicago.

Lin, J.-W. 1996. *Polarity Licensing and Wh-phrase Quantification in Chinese* [D]. Amherst, MA: University of Massachusetts.

Lin, J.-W. 1998. Distributivity in Chinese and its implication[J]. *Natural Language Semantics*, 6(2): 201 – 243.

Link, G. 1983. The logical analysis of plurals and mass terms: A lattice-theoretic approach[A]. In R. Bäuerle, C. Schwarze and A. von Stechow (eds.). *Meaning, Use, and Interpretation of Language*[C]. Berlin: Mouton de Gruyter, pp. 302 – 323.

Liu, F. 1990. *Scope Dependency in English and Chinese*[D]. Los Angeles, CA: University of California.

Liu, M.-M. 2016. *Varieties of Alternatives*[D]. New Brunswick, NJ: Rutgers, The State University of New Jersey.

Liu, M.-M. 2017. Varieties of alternatives: Mandarin focus particles[J]. *Linguistics and Philosophy*, 40(1): 61 – 95.

Liu, M.-M. 2018. *Varieties of Alternatives: Focus Particles and wh-Expressions in Mandarin*[M]. Beijing: Peking University Press.

Luo, Q.-P. 2011. *Mei* and *dou* in Chinese: A tale of two quantifiers[J]. *Taiwan Journal of Linguistics*, 9(2): 111 – 158.

Lycan, W. 1991. Even and even if[J]. *Linguistics and Philosophy*, (14): 115 – 150.

Marten, L. 2002. *At the Syntax-Pragmatics Interface: Verbal Underspecification and Concept Formation in Dynamic Syntax*[M]. Oxford: Oxford University Press.

Mok, S.-S. and R. Rose. 1997. The semantics and pragmatics of *dou*: A non-quantificational account[A]. In L. Xu (ed.). *The Referential Properties of Chinese Noun Phrases*[C]. Paris: Centre de recherches linguistiques sur l'Asie orientale, École des hautes études en sciences sociales, pp. 141 – 166.

Napoli, M. and M. Ravetto. 2017. New sights on intensification and intensifiers [A]. In M. Napoli and M. Ravetto (eds.). *Exploring Intensification: Synchronic, Diachronic and Cross-linguistic Perspective*[C]. Amsterdam/ Philadephia: John Benjamins, pp. 1 – 12.

Parsons, T. 1990. *Events in the Semantics of English: A Study in Subatomic Semantics*[M]. Cambridge, MA: MIT Press.

Parsons, T. 1995. Thematic relations and arguments[J]. *Linguistic Inquiry*, 26 (4): 635 – 662.

Partee, B. H. 1991. Adverbial quantification and event structures[A]. In S. C. Laurel and R. Shields(eds.). *Proceedings of the 17th Annual Meeting of the Berkeley Linguistics Society: General Session and Parasession on the Grammar of Event Structure*[C]. Berkeley: Berkeley Linguistics Society, pp. 439 – 456.

Partee, B. H. 1995. Quantificational structures and compositionality[A]. In B. Emmon, J. Eloise, A. Kratzer and B. H. Partee (eds.). *Quantification in Natural Languages*[C]. Dordrecht: Kluwer Academic Publishers, pp. 541 – 601.

Pollard, C. and I. A. Sag. 1987. *Information Based Syntax and Semantics*[M]. Chicago: The University of Chicago Press.

Pollard, C. and I. A. Sag. 1994. *Head-Driven Phrase Structure Grammar*[M]. Chicago: CSLI publications.

Purver, M., Eshghi, A., and J. Hough. 2011. Incremental semantic construction in a dialogue system[A]. *Proceedings of the 9th International Conference on Computational Semantics*[C]. Oxford, pp. 365 – 369.

Quirk, R., Greenbaum, S., Leech, G. and S. Jan. 1985. *A Comprehensive Grammar of the English Language*[M]. London: Longman.

Rooth, M. 1985. *Association with Focus*[D]. Amherst, MA: University of Massachusetts.

Rooth, M. 1992. A theory of focus interpretation [J]. *Natural Language Semantics*, (1): 75–116.

Rooth, M. 1996. Focus [A]. In S. Lappin (ed.). *The Handbook of Contemporary Semantic Theory*[C]. Oxford: Blackwell, pp. 271–297.

Seraku, T. 2013. *Clefts, Relatives, and Language Dynamics: The Case of Japanese*[D]. Oxford: University of Oxford.

Schwarzschild, R. 1996. *Pluralities*[M]. Dordrecht: Kluwer Academic Publishers.

Shyu, S.-I. 1995. *The Syntax of Focus and Topic in Mandarin Chinese*[D]. Los Angeles, CA: University of Southern California.

Shyu, S.-I. 2004. (A)symmetries between Mandarin Chinese *lian ... dou* and *shenzhi*[J]. *Journal of Chinese Linguistics*, 32(1): 81–128.

Shyu, S.-I. 2016. Minimizers and EVEN[J]. *Linguistics*, 54(6): 1355–1395.

Shyu, S.-I. 2018. The scope of even: Evidence from Mandarin Chinese[J]. *Language and Linguistics*, 19(1): 156–195.

Sperber, D. and D. Wilson. 1986/1995. *Relevance: Communication and Cognition*[M]. Oxford: Blackwell.

Stanley, J. 2002. Nominal restriction[A]. In G. Peters and G. Preyer (eds.). *Logical Form and Language*[C]. Oxford: Oxford University Press, pp. 365–390.

Sybesma, R. 1999. Overt wh-movement in Chinese and the structure of CP[A]. In H.-S. Wang, F.-F. Tsai, and C.-F. Lien (eds.). *Selected Papers from the Fifth International Conference of Chinese Linguistics*[C]. Taibei: The Crane Publishing Co, pp. 279–299.

Tang, S.-W. 2015. A generalized syntactic schema for utterance particles in Chinese[J]. *Lingua Sinica*, (1): 1–23.

Tomioka, S. and Y. Tsai. 2005. Domain restrictions for distributive quantification in Mandarin Chinese[J]. *Journal of East Asian Linguistics*, (2): 89–120.

Tsai, C.-Y. 2015. *Toward a Theory of Mandarin Quantification* [D]. Cambridge, MA: Harvard University.

Tsai, Y.-P. 2009. *Aspects of Distributivity in Mandarin Chinese*[D]. Ann Arbor, DE: University of Delaware.

Ura, H. 1994. *Varieties of Raising and the Feature-based Phrase Structure Theory*[D]. Cambridge, MA: Massachusetts Institute of Technology.

Vendler, Z. 1957. Verbs and times[J]. *Philosophical Review*, 66(2): 143 – 160.

Von Fintel, K. 1994. *Restrictions on Quantifier Domains*[D]. Amherst, MA: University of Massachusetts.

Wang, W. S.-Y. 1967. Conjoining and deletion in Mandarin syntax[J]. *Project of Linguistic Analysis*, 26(1): 224 – 236.

Warner, A. 1993. *English Auxiliaries: Structure and History*[M]. Cambridge: Cambridge University Press.

Warner, A. 2000. English auxiliaries without lexical rules[A]. In R. D. Borsley (ed.). *The Nature and Function of Syntactic Category. Syntax and Semantics Vol 32*[C]. New York: New York Academic Press, pp. 167 – 220.

Wedgwood, D. 2005. *Shifting the Focus: From Static Structures to the Dynamics of Interpretation*[M]. Amsterdam & Boston: Elsevier.

Wu, J.-X. 1999. *Syntax and Semantics of Quantification in Chinese*[D]. College Park, MD: University of Maryland.

Wu, Y.-C. 2005. *The Dynamic Syntax of Left and Right Dislocation*[D]. Edinburgh: The University of Edinburgh.

Wu, Y.-C. 2011. The interpretation of copular constructions in Chinese: Semantic underspecification and pragmatic enrichment[J]. *Lingua*, (5): 851 – 870.

Wu, Y.-C. 2017. *The Interfaces of Chinese Syntax with Semantics and Pragmatics*[M]. London and New York: Routledge.

Wu, Y.-C. and A. Bodomo. 2009. Classifiers ≠ Determiners[J]. *Linguistic Inquiry*, (3): 487 – 503.

Xing, J.-Z. 2004. Grammaticalization of the scalar focus particle *lian* in Mandarin Chinese[J]. *Journal of Historical Pragmatics*, 5(1): 81 – 106.

Xiang, M. 2008. Plurality, maximality and scalar inferences: A case study of Mandarin *dou*[J]. *Journal of East Asian Linguistics*, 17(3): 227 – 245.

Xiang, Y.-M. 2016a. *Interpreting Questions with Non-exhaustive Answers*[D]. Cambridge, MA: Harvard University.

Xiang, Y.-M. 2016b. Mandarin particle *dou*: Exhaustification over pre-exhaustified alternatives[A]. In C. Pinón (ed.). *Empirical Issues in Syntax and Semantics (EISS) Volume 11*[C]. Paris: CSSP, pp. 275–304.

Xiang, Y.-M. 2020. Function alternations of the Mandarin particle *dou*: Distributor, free choice licensor, and "even"[J]. *Journal of Semantics*, 37(2): 171–217.

Yang, R. 2001. *Common Nouns, Classifiers, and Quantification in Chinese*[D]. New Brunswick, NJ: Rutgers, The State University of New Jersey.

Yang, X.-L. and Y. Wu. 2017. A dynamic account of verb doubling cleft construction in Chinese[J]. *Language Sciences*, (59): 69–82.

Yang, X.-L. and Y. Wu. 2019. A dynamic account of *lian…dou* in Chinese verb doubling cleft construction[J]. *Lingua*, (217): 24–44.

Zhang, N. 1997. *Syntactic Dependencies in Mandarin Chinese*[D]. Toronto: University of Toronto.

中文部分:

毕永峨."也"在三个话语平面上的体现:多义性或抽象性?//戴浩一,薛凤生.功能主义与汉语语法[M].北京:北京语言学院出版社,1994.

曹秀玲.现代汉语量限研究[M].延吉:延边大学出版社,2005.

陈丽萍."都"的形式语义研究[M].成都:四川大学出版社,2012.

程美珍.关于表示总括全部的"都"[J].语言教学与研究,1987(2):27–36.

崔希亮.汉语"连"字句的语用分析[J].中国语文,1993(2):117–125.

崔希亮.从"连……也/都……"结构看语言中的关联//邵敬敏.九十年代的语法思考[M].北京:北京语言学院出版社,1994.

崔希亮.语言理解与认知[M].北京:北京语言文化大学出版社,2001.

邓思颖.形式汉语句法学[M].上海:上海教育出版社,2010.

邓思颖.延伸句的句法分析[J].语言教学与研究,2018(3):48–57.

董为光.副词"都"的"逐一看待"特性[J].语言研究,2003(1):93–98.

董秀芳."都"的指向目标和相关问题[J].中国语文,2002(6):495–508.

董秀芳."都"与其他成分的语序及相关问题[J].世界汉语教学,2003(1):40–47.

冯予力. 最大化操作在语义研究中的解释力:兼论其应用于汉语时的问题[J]. 外国语, 2018(5):38-47.

冯予力, 潘海华. 集盖说一定必要吗?:谈集盖说在语义研究中的应用及其局限性[J]. 当代语言学, 2017(3):379-395.

冯予力, 潘海华. 再论"都"的语义:从穷尽性和排他性谈起[J]. 中国语文, 2018(2):177-194.

高明乐. 试谈汉语"都"的定义问题[J]. 语言教学与研究, 2002(3):30-34.

谷峰. "聚集"义动词"都"的形成及其语法表现//南开大学文学院, 汉语言文化学院. 南开语言学刊:2015年第1期[M]. 北京:商务印书馆, 2015.

何元建. 现代汉语生成语法[M]. 北京:北京大学出版社, 2011.

胡建华. 焦点与量化//程工, 刘丹青. 汉语的形式与功能研究[M]. 北京:商务印书馆, 2009.

胡裕树. 现代汉语:增订版[M]. 上海:上海教育出版社, 1981.

胡裕树, 范晓. 试论语法研究的三个平面[J]. 语言教学与研究, 1993(2):4-21.

黄瓒辉. 量化副词"都"与句子的焦点结构[D]. 北京:北京大学博士学位论文, 2004.

黄瓒辉. "都"和"总"事件量化功能的异同[J]. 中国语文, 2013(3):251-264.

黄瓒辉. 限定量词的语义解读及其句法语义结构关系[J]. 当代语言学, 2017(3):419-439.

蒋静. "都"总括全量手段的演变及其分类[J]. 汉语学习, 2003(4):72-76.

蒋静忠, 潘海华. "都"的语义分合及解释规则[J]. 中国语文, 2013(1):38-50.

蒋严. 语用推理与"都"的句法/语义特征[J]. 现代外语, 1998(1):10-24.

蒋严. 梯级模型与"都"的语义刻画//程工, 刘丹青. 汉语的形式与功能研究[M]. 北京:商务印书馆, 2009.

蒋严. "都"的形式语用学//蒋严. 走近形式语用学[M]. 上海:上海教育出版社, 2011.

蒋严, 潘海华. 形式语义学引论[M]. 北京:中国社会科学出版社, 1998.

兰宾汉. 副词"都"的语义及其对后面动词的限制作用[J]. 语言教学与研究, 1988(2):46-51.

李宝伦, 张蕾, 潘海华. 汉语全称量化副词/分配算子的共现和语义分工:以"都""各""全"的共现为例[J]. 汉语学报, 2009(3):59-70.

黎锦熙. 新著国语文法[M]. 北京：商务印书馆，1924.

李强，袁毓林. "都"和"只"的意义和用法同异之辨[J]. 中国语文，2018(1)：67-84.

李文浩. 作为构式的"都XP了"及其形成机制[J]. 语言教学与研究，2010(5)：57-63.

李文浩. "都"的指向识别及相关"都"字句的表达策略[J]. 汉语学报，2013(1)：31-39.

李文山. 也论"都"的语义复杂性及其统一刻画[J]. 世界汉语教学，2013(3)：319-330.

李文山，唐浩. 三种全称量化成分及全称量化表达共现[J]. 世界汉语教学，2021(1)：14-27.

李晓光. 事件量化中的全称量词[J]. 外语学刊，2002(3)：12-16.

李小军. 试论总括向高程度的演变[J]. 语言科学，2018(5)：520-529.

梁源. 语序和信息结构：对粤语易位句的语用分析[J]. 中国语文，2005(3)：239-253.

刘春梅. 全称量化视野下汉语"都"字研究综览[J]. 西安外国语大学学报，2013(2)：15-18.

刘丹青，徐烈炯. 焦点与背景、话题及汉语"连"字句[J]. 中国语文，1998(4)：243-252.

刘乃实，张韧弦. 《动态句法学》述评[J]. 当代语言学，2004(4)：372-378.

刘伟. 《动态句法学》评介[J]. 外语教学与研究，2003(6)：477-480.

刘伟. 代词隐现的动态解决方案[J]. 外国语，2005(5)：24-31.

刘伟. 代词隐现的动态研究[M]. 合肥：安徽大学出版社，2006.

刘伟. 动态句法：以汉语主题句复指代词的隐现为例[J]. 当代语言学，2007(3)：247-259.

陆俭明. 汉语口语句法里的易位现象[J]. 中国语文，1980(1)：28-41.

陆俭明. 再谈语言信息结构理论[J]. 外语教学与研究，2018(2)：163-172.

陆镜光. 延伸句的跨语言对比[J]. 语言教学与研究，2004(6)：1-9.

吕叔湘. 汉语语法分析问题[M]. 北京：商务印书馆，1979.

吕叔湘，等. 现代汉语八百词[M]. 北京：商务印书馆，1980.

罗琼鹏. 现代汉语中的分配量化[D]. 北京：北京大学博士学位论文，2009.

罗琼鹏. 匹配性与"都"对事件的量化[J]. 解放军外国语学院学报，2016(4)：58-66.

罗天华. 现代汉语中的两类全量表达成分[J]. 汉语学习, 2016(2): 40 – 47.

马真. 关于"都/全"所总括的对象的位置[J]. 汉语学习, 1983(1): 27 – 34.

牛长伟, 程邦雄. 疑问词与"都"的相对位置分析:"都"的关联次序及约束规则[J]. 语言研究, 2015(4): 1 – 8.

潘海华. 焦点、三分结构与汉语"都"的语义解释//语法研究和探索(十三)[M]. 北京: 商务印书馆, 2006.

尚新. 集盖、事件类型与汉语"都"字句的双层级量化[J]. 外语教学与研究, 2011(3): 363 – 374.

沈家煊. 走出"都"的量化迷途:向右不向左[J]. 中国语文, 2015(1): 3 – 17.

沈阳. "都"究竟表示什么意义?[R]. "探寻语言的架构"论坛. 杭州: 浙江大学, 2015-05-12 – 2015-05-14.

王晨. 现代汉语副词易位现象的句法解释:以"都"为例[D]. 徐州: 江苏师范大学硕士学位论文, 2014.

王还. "All"与"都"[J]. 语言教学与研究, 1983(4): 24 – 28.

王还. 再谈谈"都"[J]. 语言教学与研究, 1988(2): 52 – 53.

王力. 中国现代语法[M]. 北京: 中华书局, 1954.

温宾利, 乔政蔚. "都"量化的多标志语分析[J]. 外语学刊, 2002(4): 70 – 75.

吴平, 莫愁. "都"的语义与语用解释[J]. 世界汉语教学, 2016(1): 29 – 41.

吴义诚. 从动到静:动态句法学的语言观[N]. 中国社会科学报, 2012-07-16.

吴义诚, 于月. 省略结构的语义 – 语用接口研究[J]. 现代外语, 2015(4): 439 – 449.

吴义诚, 周永. "都"的显域和隐域[J]. 当代语言学, 2019(2): 159 – 180.

熊仲儒. "都"的右向语义关联[J]. 现代外语, 2008(1): 13 – 25.

熊仲儒. "总"与"都"量化对象的差异[J]. 中国语文, 2016(3): 276 – 288.

徐烈炯. "都"是全称量词吗?[J]. 中国语文, 2014(6): 498 – 507.

徐以中, 杨亦鸣. 副词"都"的主观性、客观性及语用歧义[J]. 语言研究, 2005(3): 24 – 29.

薛小英, 韩景泉. "都"的语义关联及其句法实现[J]. 现代外语, 2009(2): 127 – 136.

杨小龙. 句法语用界面下现代汉语反身代词的动态研究[D]. 杭州: 浙江大学博士学位论文, 2015.

杨小龙. 汉语动词拷贝结构的线性生成与动态解析[J]. 语言科学, 2017(3): 286–294.

于月. 句法语用界面下汉语省略结构的动态解析[D]. 杭州: 浙江大学博士学位论文, 2017.

于月, 吴义诚. 动态句法学理论及其发展[J]. 当代语言学, 2017(1): 122–141.

袁毓林. "都"的加合性语义功能及其分配性效应[J]. 当代语言学, 2005a(4): 289–304.

袁毓林. "都"的语义功能和关联方向新解[J]. 中国语文, 2005b(2): 99–109.

袁毓林. 论"都"的隐性否定和极项允准功能[J]. 中国语文, 2007(4): 306–320.

詹卫东. 范围副词"都"的语义指向分析[J]. 汉语学报, 2004(1): 74–84.

张伯江, 方梅. 汉语功能语法研究[M]. 南昌: 江西教育出版社, 1996.

张健军. "都"语义的统一刻画: 事态的极量[J]. 语言教学与研究, 2021(1): 55–66.

张蕾, 李宝伦, 潘海华. "都"的语义要求和特征: 从它的右向关联谈起[J]. 语言研究, 2012(2): 63–71.

张莉莉. 谈"都……了"句式的认知特点[J]. 南京师范大学学报(社会科学版), 2001(6): 118–122.

张谊生. 范围副词"都"的选择限制[J]. 中国语文, 2003(5): 392–398.

张谊生. 副词"都"的语法化与主观化: 兼论"都"的表达功用和内部分类[J]. 徐州师范大学学报(哲学社会科学版), 2005(1): 56–62.

赵元任. 汉语口语语法[M]. 吕叔湘, 译. 北京: 商务印书馆, 1968/2010.

周韧. "都"字的句法、语义和语用研究[M]. 上海: 学林出版社, 2019.

周韧. 向右无量化: "都"的性质再认识[J]. 中国语文, 2021(3): 271–287.

周小兵, 王宇. 与范围副词"都"有关的偏误分析[J]. 汉语学习, 2007(1): 71–76.

周永, 吴义诚. "都"的程度加强功能: 语法与语用的互动视角[J]. 外语与外语教学, 2018(6): 26–35.

周永, 吴义诚. 汉英全称量化对比研究[J]. 现代外语, 2020a(3): 293–305.

周永, 吴义诚. "都"的事件关联性及其语义阐释[J]. 外国语, 2020b(3): 2–13.

周永,吴义诚."都"易位结构的动态解析[J].语言科学,2021(6):608-622.

朱德熙.语法讲义[M].北京:商务印书馆,1982/2000.